Dagmar Petrick

Mit Gott im Kino

25 Filmandachten

SCM

R.Brockhaus

SCM

Stiftung Christliche Medien

© 2014 SCM R.Brockhaus im SCM-Verlag GmbH & Co. KG · Bodenborn 43 · 58452 Witten
Internet: www.scm-brockhaus.de; E-Mail: info@scm-brockhaus.de

Die Bibeltexte sind, wenn nicht anders angegeben, folgender Ausgabe entnommen:
Neues Leben. Die Bibel,
© 2002 und 2006 SCM R.Brockhaus im SCM-Verlag GmbH & Co. KG, Witten

Weiter wurden verwendet:

Elberfelder Bibel 2006,
© 2006 SCM R.Brockhaus im SCM-Verlag GmbH & Co. KG · Witten (ELB)

Lutherbibel, revidierter Text 1984, durchgesehene Ausgabe in neuer Rechtschreibung,
© 1999 Deutsche Bibelgesellschaft, Stuttgart (LUT)

Umschlaggestaltung: Sebastian Reichardt, Herrenberg
Satz: Burkhard Lieverkus, Wuppertal | www.lieverkus.de
Druck und Bindung: CPI – Ebner & Spiegel, Ulm
Gedruckt in Deutschland
ISBN 978-3-417-26574-3
Bestell-Nr. 226.574

Inhalt

Vorspann: Damit wir uns nichts einbilden

Eigentlich bin ich Filmwissenschaftlerin. Als solche habe ich gelernt, Filme zu analysieren. Sie zu beurteilen nach Kameraführung, Einstellungsgrößen, Schnittgeschwindigkeit, nach Licht und Ton. Ich kenne *suspense* in den Filmen Alfred Hitchcocks, weiß, was die Farben bei Michelangelo Antonioni bedeuten und wie Sam Peckinpah die Zeitlupe in seinen Western eingesetzt hat.

Mit den Mitteln hehrer Analyse hielt ich mir den Film jahrelang vom Leib, der mir nichtsdestotrotz unvermindert auf die Pelle rückte. Denn machen wir uns nichts vor: Filme *berühren* – sogar Wissenschaftlerinnen, und inzwischen habe ich den Eindruck, dass sie nichts weiter wollen als genau das.

Wenn wir bedenken, woher das unscheinbare Wörtchen *Film* stammt, verwundert das allerdings wenig. Film wurzelt in der germanischen Wortgruppe um *Fell* und bedeutet *Häutchen*. Gemeint ist der dünne Streifen Zelluloid. Ein Film wäre demnach – wie unsere Haut – Kontakt- und Nahtstelle zugleich, Grenze wie auch Berührungspunkt, an dem sich Inneres wie Äußeres verbindet.

Das Wort *Kinematografie* wiederum (von dem uns heute, mundfaul geworden, nur das Kino bleibt) stammt aus dem Griechischen und setzt sich zusammen aus den Worten *kinema*, Bewegung, und *grafie*, aufzeichnen. Das Kino besteht aus aufgezeichneten, in Bewegung versetzten Bildern, die freilich wirkungsvoll auch uns, das Publikum, bewegen.

Wer wollte anderes behaupten? Filme begeistern und entgeistern, sie verstören und empören, bringen zum Lachen, zum Heulen, drücken uns in den Sessel, reißen uns von den Stühlen, machen gute Laune, machen schlechte Laune und bisweilen sogar Beine.

So wie das Kino voller Bewegung steckt, dient dieses Buch besonders jenen Menschen, die sich gern bewegen lassen, die unterwegs sind und sich Fragen stellen, die wachsen und lernen wollen – genau wie ich!

Bewusst habe ich deshalb mein Ich hineingewoben in die Texte – damit niemand denkt, es handele sich dabei um Unumstößliches, oder sie gar für Belehrungen hält. Vielmehr verhält es sich so: Wir sind *gemeinsam* unterwegs, Sie und ich, wie Wanderer, die ein Andachtsbuch in Händen halten, das am ehesten einer Karte gleicht: Wir können darin lesen und doch entscheiden wir eigenständig, wo wir langgehen möchten.

Als ein Buch mit Andachten führt es uns letztlich, so hoffe ich, zu dem, was das Herzstück einer Andacht ausmacht: dass wir Gottes Wesen achtsam, das heißt behutsam mit uns selbst und anderen, bedenken und sich das, was wir vernehmen, leise in uns senkt. Vielleicht rutscht es einmal auch in unsere Hände und Füße, wer weiß, und dann hätte uns das Kino wahrlich Beine gemacht!

Aber das ist nicht das Entscheidende! Dürfte ich mir etwas wünschen, wäre es Folgendes: Am Ende allen Tuns und Machens, allen Lesens und Begrübelns reden wir mit Gott selbst wie Kinder oder Freunde, vertrauensvoll und unverstellt, weil wir vor allen Dingen das Eine vernommen, gesehen und gehört haben: Gott liebt uns, der Höchste, dem alle Ehre gebührt.

Pfronten im Allgäu, Juli 2013

Einführung:
Gottesbegegnungen im Lichtspielhaus

»Husch, nun aber fort und das Licht aus!« Der Priester scheucht die Putzhilfe aus dem Saal und versinkt, als der Filmprojektor surrend anspringt und die Bilder im Dunkeln aufflackern, tief und immer tiefer im Sessel. Der ganze Saal des *Cinema Paradiso* gehört jetzt ihm. Denn die besondere Vorschau, eine Kirchenpreview gewissermaßen, dient dazu, all jene Szenen aufzuspüren, die seine Gemeinde in Versuchung führen könnten; vor allem Küsse gehen gar nicht ... Der Priester lächelt. Er seufzt und schluckt. Unverkennbar hat das Geschehen auf der Leinwand auch ihn erfasst, bis die Lippen der beiden Liebenden einanderherrücken. Und näher. Schon zucken die Finger um das Glöckchen, das der Priester in Händen hält, und dann bimmelt er und BIMMELT.

In seiner Kabine oben reißt Alfredo, der Vorführer, einen Verleihschein vom Haken, er klappt die Trommel auf, in der die Filmspule strudelt, und stopft den Zettel zwischen das Zelluloid, wo schon eine Menge anderer Schnipsel ihre Kreise ziehen. Abends dann, als der Kinosaal aus allen Nähten platzt, wird es just an jenen Stellen peng! machen, an denen doch ein Kuss begeistern sollte. »Zwanzig Jahre gehe ich ins Kino und noch nie habe ich einen Kuss gesehen!«, empört sich ein Mann, und ein anderer knurrt gleich mit: »Ja, langsam reicht's!«

Bilder, die bewegen

Filme bewegen Menschen. Und sie strömen herbei – in Giuseppe Tornatores *Cinema Paradiso* (Italien/Frankreich 1988) allabendlich – um im Kino ihr eigenes Leben gespiegelt zu sehen: Lachen wie Weinen, Streiten wie Lieben und ihre Hoffnungen und Träume gleich mit, sodass im Widerschein der Geschichten zudem die Fragen aufflammen, die das Dasein an uns stellt: Was kann ich wissen? Was soll ich tun? Was darf ich hoffen? Der Philosoph Immanuel Kant hat das einst so ausgedrückt, lange bevor die Bilder laufen lernten.

Das Geschick, Tieferliegendes in Geschichten sichtbar zu machen, kennen wir auch aus den Gleichnissen, die Jesus erzählte und die wie Perlen in unseren Bibeln funkeln.

Jesus liebte Bilder! In seinen Reden von verlorenen Schafen und verschwundenen Münzen, vom Teigkneten, Säen und Festefeiern sollte seinen Zuhörern mitten im Alltag etwas vom Reich Gottes aufblitzen, das »unter euch« ist, aber nicht so, dass man es ergreifen könnte (Lukas 17,20f).

Nicht immer verstanden die Leute allerdings, was Jesus ihnen damit sagen wollte!

»Das habe ich euch in Bildern gesagt«, tröstet Jesus seine Jünger, deren Frage er just mit einer Bildrede beantwortet hatte! »Es kommt die Zeit, dass ich nicht mehr in Bildern mit euch reden werde, sondern euch frei heraus verkündige von meinem Vater« (Johannes 16,25).

Bilder bewegen. Aber sie verunsichern auch, als ahnten wir, dass hier mehr zu holen sei oder als fürchteten wir ihren Einfluss. Und dann mag es geschehen, dass auch wir, wie der Priester, unsere Merkzettel an Filmrollen heften und alles verbannen, von dem wir denken, es dürfe nicht sein (obwohl es zweifelsohne dennoch ist).

Ob der Argwohn, den mancher solcherart dem Kino entgegenschleudert, von jenem Wort herrührt, das Paulus einst den Römern schrieb (Römer 10,17), dass der Glauben nämlich »durch das Hören« komme?

Obwohl wir auch den Sinn lesen sollten. Denn Paulus wünschte sich, dass die frohe Botschaft von Jesus Christus überall gepredigt, vor allen Dingen aber *vernommen* würde – weshalb doch zu fragen bleibt, ob er heutzutage nicht ebenfalls zu Camcorder und Super-8-Kamera greifen würde, damit von Jesus weltweit obendrein zu sehen sei?

Wie dem auch sei: Die Sache Jesu kommt sowieso mit gänzlich anderen Tönen ins Rollen.

Ein Evangelium der Bilder

»Kommt mit, dann werdet ihr es *sehen*!«, antwortete Jesus denen, die mehr von ihm erfahren wollten (Johannes 1,39). Prompt lockte Philippus, einer der ersten, die Jesus folgten, Nathanael, der unter dem Feigenbaum döste, mit ähnlichen Worten: »Komm und sieh!« (Johannes 1,46). Und wozu anders lädt dies ein, als sich selbst zu überzeugen, *sich ein*

Bild zu machen, von dem, der ruft, um dann freilich auch mit ihm zu leben?

Für die Dichter der Bibel war es jedenfalls geläufig, von Gott in Bildern zu erzählen. Gott selbst beschenkte sie schließlich mit der Gabe, innerlich Geschautes in Worte zu fassen. Also berichteten sie, Gott sei wie ein Felsen (und wir ahnen, er gäbe uns Halt) und nannten ihn Licht, Feuer, König und Burg.

Auch Jesus gebrauchte Bilder, wenn er von sich sprach, und wurde zur Tür, zum Brot, zum Licht, zum Hirten, zum Weinstock *für uns*. Nicht, damit wir ihn unverrückbar festlegten, sondern damit wir nun im Bilde seien über unsere Beziehung zu ihm: Bilder, die uns Beine machen – fort von den eigenen Vorstellungen, hin zu Gott.

Aber darf das Kino das – uns dermaßen bewegen, dass uns mitten in einem Film etwas aufscheint über uns selbst, über Gott und unsere Beziehung zu ihm? Kurzum: Würde Jesus mit ins Lichtspielhaus gehen, und was flüsterte er uns dabei wohl ins Ohr?

Freilich, ich kenne manchen, der diese Fragen entschieden mit Nein! beantwortet.

Kleiner Glaube, große Angst und ein noch größerer Gott

Ich bin neunzehn, als ich von zu Hause ausziehe. In der Stadt will ich Filmwissenschaften studieren, um einmal eine kluge Journalistin zu werden (Gott schreibt Lebenspfade bisweilen anders, das wissen wir, und also bin ich weder Journalistin noch besonders klug geworden). Zuvor aber erhalte ich eine Einladung.

Jan und Vera haben schon vier Kinder, ein fünfter Sprössling ist unterwegs. Die beiden kommen mir unendlich alt vor, lebensweise eben; ich fühle mich geehrt! Doch wie wir einander gegenübersitzen, während Nüsse und Rosinen vor uns auf dem Tisch stehen und der Früchtetee rot in den Tassen dampft, erklärt mir Jan, denn Vera schweigt und nickt zu allem, dass ich *auf keinen Fall* Film studieren könne. Es verstoße gegen die Regeln des Glaubens, sämtliche Gebote und Gottes Willen sowieso, ob ich denn nicht wüsste, was in meiner Bibel stünde? »Trachtet nach dem, was droben ist, nicht nach dem, was auf Erden ist!« (Kolosser 3,2). Denn der Film, wie jede Art von Kunst, sei eitel – sagt Jan und sieht mich an mit einem Blick, in dem ich Mitleid und Bedauern lese – und werde mich wegziehen von der Quelle des Lebens, von Gott, dem einzig unser Sehnen und Verlangen gebührt; ob ich das denn wirklich wolle?

Erschüttert schüttele ich den Kopf.

Und studierte schließlich doch.

Aber wenn ich es recht bedenke, habe ich Jans Worte lange begrübelt. Und während all der Jahre, in denen ich über Filmbilder nachsann, solche, die der Priester mit Schnipseln beklebt hätte, und andere, weniger verdächtige, war es mir, als hätten sie sich wie ein Dorn hineingeschoben zwischen meinen Glauben und das, was mich anrührte und mich auf erstaunliche Weise belebte. Und zwar so wie – darf ich es gestehen? – kaum ein Gottesdienst! Als hätte ich jedes Mal, wenn ich ein Kino betrat, Gott am Kartenschalter abgeben müssen, nur um ihn hinterher wieder einzusammeln wie einen auf der Gasse vergessenen Regenschirm.

Aber hatte Gott wirklich draußen gewartet? Oder verhielt es sich nicht vielmehr so: Mein Glaube fasste nicht, was ich im Dunkeln sah. Und also schrumpfte er. Er wurde kleiner als das Kino und kleiner als das Leben, was nun wirklich verwundert, wo doch Jesus selbst das Leben ist (Johannes 11,25). Wie hatte mir das bloß entfallen können?

Und deshalb frage ich heute, mehr als zwanzig Jahre nachdem mich Jan in seinem Wohnzimmer belehrte:

Hatte er recht?

Oder hatte er Angst?

Angst, etwas falsch zu machen und einmal nicht untadelig dazustehen. Angst, sich am Kino anzustecken, als trüge es ein Virus und er könnte erkranken oder er würde sich daran beschmutzen, unwiederbringlich, wie die Pechmarie. Angst, letztlich, vor dem, was Christen manchmal »die Welt« nennen, aber oft genug doch nur das Leben meint mit allem, was es mit sich bringt: Gutes wie Schlechtes, Schönes wie vermeintlich Hässliches.

»Aber wenn ihr solche Leute meiden wolltet, müsstet ihr ja die Welt verlassen!« (1. Korinther 5,10b), schrieb Paulus den Korinthern und wischte damit unmissverständlich ein Missverständnis beiseite, dem schon die ersten Christen aufgesessen waren. »Die Welt räumen«, übersetzte Martin Luther in seiner unverkennbar anschaulichen Sprache – und sofort denke ich an einen Schneepflug, der die weiße Pracht, auf die die Kinder lange gewartet haben, pflichteifrig zur Stadt herausbrummt.

Was aber geschähe, wenn alle Christen aus der Welt auszögen? Wo blieben dann »das Salz der Erde« und »das Licht der Welt« (Matthäus 5,13f)?

Leben in der Welt

Nicht VON der Welt, sagte Jesus schließlich, sind die Menschen, die ihm folgen, wohl aber IN der Welt (Johannes 15,19b). Jesus selbst stellt sie ja dort hin, damit sie – mitten in der Welt – ihm folgen. »Ich bitte dich nicht, dass du sie aus der Welt herausnimmst«, betete Jesus zu Gott, dem Vater, »sondern dass du sie vor dem Bösen bewahrst. Sie gehören genauso wenig zur Welt wie ich. Wie du mich in die Welt gesandt hast, so sende ich sie in die Welt« (Johannes 17,15.16.18).

Und da stecken wir nun, mitten im Getümmel, wobei uns nicht die eigene Unfehlbarkeit vor Augen stehen sollte und auch nicht die Angst, sondern Jesus allein.

Denn letztlich gilt – und wäre es auch das Einzige, das uns im Gedächtnis haften bliebe, wenn unsere Gehirne löchrig würden, genügte es schon: Gott LIEBT seine Welt – und zwar so, »dass er seinen einzigen Sohn hingab, damit jeder, der an ihn glaubt, nicht verloren geht, sondern das ewige Leben hat« (Johannes 3,16).

Wie könnten wir da weniger tun und Gottes Welt verachten oder befürchten, es gäbe einen Ort, den Gottes Liebe nicht erreichen könnte – wo doch Jesus selbst den Toten gepredigt hat, damit auch sie von ihm erführen (1. Petrus 3,19f)?

»Bin ich nur ein Gott, der in der Nähe ist?«, spricht der Herr. »Bin ich nicht auch ein Gott in der Ferne? Gibt es Schlupfwinkel, in denen sich ein Mensch verbergen könnte, sodass es mir nicht mehr möglich wäre, ihn zu sehen? Bin ich denn nicht überall, fülle ich nicht den Himmel und die Erde aus?« (Jeremia 23,23f).

Wenn wir das aber wirklich glaubten, nicht allein mit den Lippen, sondern mit dem Herzen, bräuchten wir bloß unsere Augen und Ohren zu spitzen und wir würden Gott tatsächlich überall entdecken, auch im Kino, wo uns ein Licht aufgeht oder es dunkel bleibt – je nachdem. Und wenn es Jesus ist, der plötzlich neben uns sitzt, was machen wir dann?

»Die Erde ist von seiner Herrlichkeit erfüllt!«, bekannte der Prophet Jesaja vor zweitausendsiebenhundertfünfzig Jahren (Jesaja 6,3).

Wäre es nicht schön, wir würden das ebenso sehen?

Jeden Morgen rasiert sich Evan Baxter (Steve Carell), bis die Wangen glänzen, zupft die Haare aus der Nase und klopft sich mit Selbstbestätigungen tagtauglich: »Ich bin erfolgreich, ich sehe gut aus ...« Evan möchte die Welt verändern. Mit diesem Versprechen ist er im Wahlkampf angetreten – ein energiegeladener, aufstrebender Politiker, von dem sich die Menschen einiges versprechen. Nun sitzt er, hoppla, hier komme ich!, als Abgeordneter im Washingtoner Kapitol. Doch schon prallen Evans hehre Vorsätze auf die harten Gegebenheiten des Politikalltags.

Ein geschäftshungriger Senator (John Goodman) möchte Evan für seine Interessen gewinnen und knallt ihm einen zwielichtigen Gesetzesentwurf auf den Schreibtisch: »Unterschreiben Sie, am besten sofort!« Zunehmend versinkt Evan unter immer neuen Aktenbergen, während zu Hause seine Frau (Lauren Graham) und die drei Jungs auf ihn warten. Doch der versprochene Familienausflug scheitert ein ums andere Mal an Vaters wachsender To-do-Liste. Zumal Evan, als er früh zur Arbeit stürmt, über einen Stapel Bauholz stolpert. Obendrauf sitzt ein weiß gekleideter Mann (Morgan Freeman) und lächelt ihn an. »Guten Morgen, Evan. Ich bin Gott und ich möchte, dass du eine Arche für mich baust!« Das passt nicht in Evans Pläne, und doch hat er sich den Schlamassel selbst eingebrockt.

Mit einem schlichten Gebet fing es an. »Schatz«, flüsterte ihm seine Frau in der ersten Nacht im neuen Haus zu, denn als Abgeordneter muss man umziehen, »du willst die Welt verändern und betest nicht? An deiner Stelle würde ich alle Hilfe annehmen, die ich

Evan-Allmächtig, Universal

kriegen könnte!« Und weil seine Frau recht haben könnte, kniete Evan sich vors Bett. »Hallo, Gott. Danke für das neue Haus. Ich bin jetzt Senator. Hilf mir. Bitte. Danke!« Gott hört prompt. Der Archebau ist seine Antwort. Schließlich will auch Gott die Welt verändern, obgleich anders, als es Evan annimmt. Denn wo Evan auf seine Pläne und scheinbar Naheliegendes stiert – wie auf die Akten auf dem Schreibtisch, seine Verantwortung als Politiker, seine Karriere, und und und –, sieht Gott weiter. Viel weiter. Er weiß, dass eine Katastrophe auf Washington zurollt, eine Art zweite Sintflut, die der geschäftshungrige Senator mit dem verpfuschten Bau des Staudamms verschuldet hat.

Doch Evan hat Wichtigeres zu tun. Und ohnehin erscheint ihm der Bau eines Schiffes zwei Nummern zu groß. Da aber lacht Gott herzhaft. »Ja, das höre ich öfter«, sagt er, »die Menschen wollen die Welt verändern, aber sie wissen nicht, wo sie anfangen sollen. Willst du wissen, wie man die Welt verändert? Sei aufopfernd, redlich und klug!« Und dabei stellt Gott einem streunenden Hund einen Napf mit Wasser hin. Das liegt nun wirklich nahe: Die Welt verbessern fängt dort an, wo die Not sitzt.

Doch Evan sträubt sich weiterhin beharrlich. Was sollen denn die anderen von ihm denken, seine Kollegen, die Familie?

Evan ist ein zappelnder Auserkorener, dem störrischen Propheten Jona nicht unähnlich, den Gott allerdings beharrlich und nicht gerade zimperlich an das Werk zurückzieht, zu dem er ihn gerufen hat. Denn wer die Welt verändern will, verändert am besten erst einmal sich selbst. Jeden Morgen warten fortan neue Überraschungen auf Evan, sobald er in den Spiegel blickt: Aus Kinn und Wangen sprießt ein Bart, den selbst die eifrigste Rasur nicht entfernt. Die Haare auf dem Kopf wachsen ebenso fix. Bald hängt statt dem schicken Anzug ein wallender Mantel am Schrank, daran klebt ein Zettel: »Ich dachte, der wäre gemütlicher! Gott.«

Und so lernt Evan vor allen Dingen eines, je mehr ihn Gott seiner herkömmlichen Stützen beraubt: Evan braucht Gott, und also beginnt er, Gott zu vertrauen, ihm zu gehorchen und ihn um Hilfe zu bitten. Denn auch wenn Evan vor Tatendrang strotzt, allmächtig ist er keineswegs; insofern lockt der Filmtitel auf eine falsche Fährte.

Und endlich, nach langem Warten und viel Spott, trifft ein, was Gott vorhergesagt hat. Aber anders, als Evan dachte. Nicht von oben, nicht vom Himmel kommt ein Regen, der alles wegschwemmt, vielmehr bricht der Staudamm. Die Menschen aber, die zuvor über Evans göttliches Bauprojekt lachten, finden nun Zuflucht in der Arche.

Bunt biegt sich am Ende ein Regenbogen über Washingtons Kapitol. Eine Taube flattert in die Luft, wie schon zu Beginn des Films. Weil ein Mensch Gott vertraute und im Glauben an ihn mutige, wenn auch einsame Schritte ging, schließt sich der Kreis, ein Reigen der Bewahrung und Rettung. Gott, der das Leben liebt, erlässt ein elftes Gebot: »Du sollst deinen Tanz tanzen!« Und so wiegen sie sich miteinander im Takt: Gott und Evan – wobei die Freude von der Leinwand funkelt!

Kann es sein, dass es uns manchmal wie Evan geht? Da beten wir: »Herr, hilf mir, die Welt zu verändern!« und wissen prompt nicht, was wir tun sollen, wenn uns die Aufgaben vor die Füße plumpsen. Wir wollen es überall und jedem recht machen, auf der Arbeit, in der Familie, in der Gemeinde. Doch was will Gott von uns? In Epheser 2,10 lesen wir: »Wir sind sein Werk, geschaffen in Christus Jesus zu guten Werken, die Gott zuvor vorbereitet hat, dass wir darin wandeln sollen.« Das ist ein Versprechen, das Gott uns gibt; darauf dürfen wir uns berufen!

Sicherlich, es ist ein großes Werk, an das Gott Evan stellt. Aber es ist ein noch viel größerer Gott, der Evan dabei hilft. Gott will ja nicht, dass wir alleine wirbeln. Wir dürfen ihn um seinen Beistand und um seine Weisheit bitten, mit der er uns zeigt, was ansteht. »Ich will dir den Weg zeigen, den du gehen sollst. Ich will dir raten und dich behüten«, heißt es in Psalm 32,8.

Mag sein, dass wir einsame Wege beschreiten, wenn wir auf diese Weise nachfolgen. Vielleicht kommen wir uns gar wie die größten Trottel auf Erden vor. Wir erzählen dem Nachbarn, dass wir eine Macke in sein Auto gestoßen haben, als wir die Fahrertüre allzu schwungvoll öffneten. Wir kopieren auch nicht unseren Privatkram auf der Arbeit, obwohl alle anderen das machen. Und wir bekommen trotzdem Kinder, auch wenn es sich rein rechnerisch nicht lohnt. Nicht jeden ruft Gott zum Bau einer Arche, obwohl es uns manchmal fast so erscheinen mag, wenn wir unser Lebensschiffchen durch unruhiges Fahrwasser geleiten.

Aber es gibt auch Zeiten, da will es uns durchaus nicht gelingen, Gottes Willen zu erkennen, so sehr wir auch strampeln. Wir wollen Großes tun, die Welt verändern und sehen nicht das Naheliegende, das Gott uns vor die Haustür legt, damit wir hier ein Segen sind.

Heute ist so ein Tag. Unter unzähligen Handgriffen zerkrümelt er mir ins Klein-Klein. Die Kinder sind krank, alle vier auf einmal. Ich putze triefende Nasen, koche Tee, laufe von einem Zimmer ins andere, schüttele Decken auf, erzähle eine Geschichte. Und noch eine. In der Küche stapelt sich das Geschirr, die Wäsche türmt sich im Keller, die Stapel auf dem Schreibtisch wachsen schon beim Zusehen. Da bohrt der Hund seine Nase in meine Wade und guckt, als wolle er fragen: Und wann gehst du mit mir Gassi?

Meine hehren Pläne für diesen Tag haben sich in Luft aufgelöst. In nichts. In nichts? Ist es wirklich nichts, wenn wir ein Kind trösten, eine hungrige Meute versorgen, die Kollegin freundlich grüßen und einander mit voll bepackten Taschen die Tür im Kaufhaus aufhalten?

»Was ihr für einen der geringsten meiner Brüder und Schwestern getan habt, das habt ihr für mich getan!«, sagte Jesus (Matthäus 25,40). »Stell dem Hund Wasser hin!«, sagt Gott zu Evan.

Ich überlege: Vielleicht ist das scheinbar Unscheinbare gar nicht so unscheinbar bei Gott? Als die Jünger über ihren Platz im Himmel stritten, stellte Jesus ein Kind in ihre Mitte. »Das Reich Gottes«, sagte er, »gehört Menschen wie ihnen« (Markus 10,14). Die Jünger fassten es nicht, aber Jesus setzte noch eins drauf. »Wer ein solches Kind in meinem Namen aufnimmt, der nimmt mich auf!« (Matthäus 18,5). Na bitte. Da weiß ich wieder, dass ich eine ziemlich zweifelhafte Sicht von dem habe, was Gott von mir will. Wie Evan möchte ich Gewichtiges bewirken und versäume das Wenige, das ich jetzt tun kann. Denn auch viele kleine Schritte machen einen langen Weg, und wer im Kleinen segnet, verändert, wo er steht, die Welt.

Es ist tröstlich, dass Gott so langmütig mit seinem zappelnden Helden umgeht. Evan darf lernen. Er darf Fehler machen und von vorne anfangen. Gott hat Geduld mit uns! Sobald wir ihn aber ernsthaft um seine Führung bitten, um dann im Vertrauen auf ihn die Dinge zu tun, die er von uns will und seien sie noch so bescheiden, geschieht etwas

Erstaunliches: Wir merken, dass all das vielleicht gar nicht mal so schwer ist. Wir verbiegen uns nicht länger. Im Gegenteil: Wir tanzen fröhlich unseren Tanz – und Gott tanzt mit.

Fragen

- Was sind die guten Werke, die Gott für mich vorbereitet hat, damit ich darin wandeln soll?
- Wie lauten meine Zerreißproben zwischen Arbeit, Familie, Ehe und Glauben?
- Rechne ich mit Gottes Hilfe in meinem Leben, in der Familie, auf der Arbeit, im täglichen Klein-Klein? Bitte ich darum? Oder klammere ich Gott aus, weil ich denke, meine Anliegen seien zu gering für solch einen großen Gott – es ist ja keine Arche, an der ich baue?

Mein Gebet

Guter Gott, mein Schöpfer und Bewahrer. Du hast mich geschaffen zu guten Werken, die du in Christus bereits vorbereitet hast. Ich will diese Werke suchen und sie leben. Bitte leite mich dabei! Hilf mir, die vielen kleinen Dinge, die mir vor die Hände fallen und mir aber mitunter nutzlos erscheinen, nicht gering zu schätzen. Lass sie mich mit deinen Augen sehen und mit einem liebenden Herzen ausführen. Amen.

Für Hand und Fuß

In Micha 6,8 lesen wir: »Es wurde dir, Mensch, doch schon längst gesagt, was gut ist und wie Gott möchte, dass du leben sollst!« Und in 5. Mose 30,14 heißt es: »Seine Botschaft ist euch ganz nah; sie liegt auf euren Lippen und eurem Herzen, sodass ihr sie befolgen könnt.« Gestatten Sie sich, in dieser Woche die kleinen, naheliegenden Schritte zu entdecken und, auch wenn es Ihnen wenig erscheint, Gesten der Freundlichkeit zu verschenken, mehr braucht es nicht. Fehlt dem Hund Wasser? Füllen Sie seinen Napf auf! Der Nachbar hat sich das Bein gebrochen? Kaufen Sie für ihn mit ein! Und der Kollegin, die so müde dreinguckt, stellen Sie eine Tasse Kaffee auf den Schreibtisch.

Weitersehen

- Gott bewahrt den Überblick, das macht bereits die Anfangssequenz deutlich. Eine weiße Taube taucht, mit einem Ölzweig im Schnabel, durch die Wolken. Diese Aufsicht lässt uns schwindeln, sie verrät aber gleichzeitig, dass Gott die Welt mit anderen Augen ansieht, Augen, die weiter blicken als unsere.
- *Evan Allmächtig* erzählt die Geschichte von Noah und der Arche neu als Geschichte einer großen Gelegenheit. Eine beiläufig ausgeführte Geste genügt, auch mit ihr lässt sich die Welt verändern: »Sei aufrecht, redlich und klug«, sagt Gott. In der englischen Originalfassung heißt das: »one act of random kindness«. Aus den Anfangsbuchstaben lässt sich das englische Wort für Arche, ark, bilden; in der deutschen Fassung entfällt dieser Bezug.
- Immer wieder finden sich Anspielungen auf 1. Mose 6,14 – Gottes Auftrag an Noah, die Arche zu bauen: Evans Radiowecker, ein General Electric, klingelt jeden Morgen aufs Neue um 6 Uhr 14. Das Nummernschild seines Dienstwagens lautet GEN 614, und die Lieferung des Bauholzes erfolgt stets an die falsche Adresse: 614 statt 416.

Idee für einen gemeinsamen Filmabend

Wo haben wir einander Gutes getan und es nicht erkannt? Erzählen Sie sich davon! Ihnen fällt nichts ein? Dann überlegen Sie sich für die kommende Woche ein, zwei Dinge, mit denen Sie sich gegenseitig eine Freude bereiten können!

Eine Schallplattennadel kratzt über schwarzes Vinyl. Die ersten Takte erklingen: *I was dancing when I was twelve.* Schon verwandelt sich das Bett vor der grüngeblümten Tapete in ein Trampolin, und ein schlaksiger Junge, gerade mal elf Jahre alt, hebt ab, als wolle er davonfliegen.

Billy (Jamie Bell) bewegt sich für sein Leben gern, vor allen Dingen zu Musik. Das geht jedoch nur, wenn der große Bruder Tony (Jamie Draven), mit dem er sich das Zimmer teilt, weg ist, was in letzter Zeit häufig vorkommt, weil Tony streikt. Seit Margaret Thatcher 1984/85 die Kohleminen im Norden Englands schloss und einen ganzen Landstrich in Perspektivlosigkeit versenkte, kämpft Tony gemeinsam mit dem Vater (Gary Lewis) um den Erhalt ihrer Grube. Morgens ziehen sie los, um gemeinsam die Busse der Streikbrecher mit Eiern zu bewerfen und die Polizisten zu beschimpfen, die mit ihren Schilden die Straßenränder säumen.

Billy bleibt zu Hause. Er versorgt die altersschwache und immer auch ein wenig verwirrte Oma, kocht ihr Tee und röstet den Toast, bevor er zur Schule und danach zum Boxunterricht aufbricht. Die Fäustlinge hat er vom Vater bekommen; der wiederum hat sie von seinem Vater geerbt. So sollte es am besten ewig weitergehen.

Doch dann ziehen wegen des Streiks Mrs. Wilkinsons Ballett tanzende Mädchen zu den boxenden Jungs in die Gemeinschaftshalle um. Und Billy, ohne Sinn für Kinnhaken und Schwinger, linst verstohlen zur Stange hinüber, wo unter sanft säuselnden Klavierklängen zarte Mädchen ihre Beine schwingen.

»Du bist eine Schande für deine Familie!«,

Billy-Elliot, Universal

---

faucht der Trainer, als sich Billy, abgelenkt, k.o. schlagen lässt. Zur Strafe soll er nachboxen. Doch als die anderen Jungs die Halle verlassen haben, reiht Mrs. Wilkinson (Julie Walters) Billy, dessen Seitwärtsschielen ihr nicht entgangen ist, ohne große Umschweife in die Reihe der Tutu beröckten Miniballerinen ein. Denn die entschlossene Frau mit dem nie verglimmenden Zigarettenstummel im Mundwinkel hat in Billy längst das Talent erkannt, welches ihr selbst zu haben nicht vergönnt war. Sie will Billy fördern, am wirkungsvollsten wäre es, er würde sich an der Royal Ballett School in London bewerben. »Du wirst lernen, dich selbst auszudrücken!« – »Was für ein Selbst?«, fragt Billy, der von solchen Dingen nichts versteht. Aber in der Hosentasche knistert der hundertmal gelesene Brief der verstorbenen Mutter, in dem sie fleht: »Sei du selbst!« Und eine leise Ahnung von dem, was einmal sein könnte – würde Billy weitertanzen und üben –, schimmert auf, als sein Schatten ihm voraus in die Turnhalle fällt.

»Jungs tanzen nicht!«, knurrt der Vater, als er hinter Billys Geheimnis kommt. Billy wird doch wohl nicht schwul sein? Und nicht zuletzt ringt Billy mit sich selbst: »Tanzen fühlt sich mädchenhaft an!«, jammert er. »Benimm dich nicht wie eins!«, faucht Debbie (Nicola Blackwell), die Tochter der Lehrerin, zurück. Und recht hat sie, weil sich Billys Gaben nur entfalten, wenn er selbst sie gänzlich vorurteilslos annimmt.

Und also übt Billy weiter. Und noch einmal dreht er die Pirouette. Und abermals fällt er um dabei. Und rappelt sich auf. Ausgerechnet an Weihnachten aber, als der Vater entdeckt, dass Billy nach wie vor unverdrossen weitertanzt, stampft Billy entschieden mit dem Fuß auf und tanzt – vor dem Vater und zum ersten Mal einzig für sich selbst, mit einer Leidenschaft, die knisternd durch den Raum springt. Und nun schraubt er sich, indem er eine Pirouette nach der anderen dreht, nach vorne, bis er schließlich vor dem Vater steht, der ihm zuschaut mit großen, immer GRÖSSEREN Augen und Billy sieht, wie nie zuvor: Mein Kind, das eine wunderbare Gabe hat!

Okay, mögen wir jetzt sagen. Wie schön für Billy, dass er so ein großartiges, unverwechselbares Talent hatte. Sicherlich half ihm dies, seinem Leben eine klare Richtung zu geben und das Ziel, einmal ein großer Tänzer zu werden, nicht aus den Augen zu verlieren; auch wenn es sicherlich nicht einfach war, dorthin zu gelangen, das geben wir gern zu. Und was würden wir selbst nicht alles tun, wenn in uns etwas derartig Wunderbares läge!

Doch halt, wenn wir uns da bloß nicht täuschen!

»Ihr seid ein auserwähltes Volk. Ihr seid eine königliche Priesterschaft, Gottes heiliges Volk, sein persönliches Eigentum«, lesen wir in unserer Bibel (1. Petrus 2,9). Und ein paar Zeilen später heißt es: »Gott hat euch in seiner Gnade durch Jesus Christus zu seiner ewigen Herrlichkeit berufen« (1. Petrus 5,10). Das klingt nicht sonderlich bescheiden: Wir sind Mittler zwischen den Menschen und Gott – wie ein Priester. Und diese Berufung gilt nicht allein denen, die ihre mannigfaltigen Gaben nicht mehr zählen können, sondern einem jeden, der Christus folgt.

Da kann es uns schon im Bauch kribbeln, denn wir ahnen wohl, dass es etwas für unser Leben bedeuten könnte, für unseren Alltag, hier und jetzt. »Gott hat uns durch seine Herrlichkeit und Güte berufen! (2. Petrus 1,3). Strengt euch deshalb an (Luther übersetzte: So wendet alle Mühe an!), diese Zusagen Gottes in eurem Glauben zu leben!« (Vers 5). Aha, wussten wir es doch: Ein Leben des Berufenseins versumpft nicht im Alltäglichen. Also brechen wir auf, doch wohin?

Wir erinnern uns: Nachdem Mose die Israeliten aus Ägypten geführt hatte, steckten sie erst einmal fest. Sie irrten durch die Wüste und stolperten im Kreis. Gott versorgte sie zwar mit Manna, sodass es ihnen nicht wirklich an etwas fehlte, und doch fingen sie bald an zu maulen. In Ägypten waren sie unfrei gewesen und hatten nichts als Frondienste geleistet, aber jetzt sehnten sie sich nach der Regelmäßigkeit, mit der sich dort die Tische unter Fleisch und Melonen gebogen hatten. »Denkt nur an die vielen Fische, die wir in Ägypten ganz umsonst bekamen!« (4. Mose 11,5), jammerten sie. Statt einer Kaffeefahrt glich der Weg in die verheißene Freiheit eher einer ernüchternden Durststrecke, und es ist sehr wahrscheinlich, dass ihnen zudem der Wind Sand ins Gesicht blies.

Aber mal ehrlich: Wollen wir in Ägypten bleiben, im allseits Vertrauten, Geregelten, bei »Zwiebeln und Knoblauch«, weil uns die Fußsohlen schmerzen?

Oder wollen wir das Leben in seiner ganzen Fülle schmecken, wie es Christus dem verheißt, der ihm folgt (Johannes 10,10b)?

Nie werde ich den Tag vergessen! Ich bin acht und nehme beim traditionellen Sporttag unserer Schule am ersten Sechshundert-Meter-Lauf meines Lebens teil. Auf der Zielgerade traben wir, aufgereiht wie die Gänse, artig hintereinander her. Aber ich verspüre noch Kraft! Schon schere ich aus und will gerade an meinen Vorläuferinnen vorbeiziehen, als eine Hand ausklappt und mich zurück in die Reihe schiebt. »Überholen auf der Zielgerade gilt nicht!«, knurrt eine Stimme. Und so bleibe ich, wo ich bin, obwohl alles in mir brüllt: »Lauf!«

Warum habe ich mich zurückdrängen lassen? Vielleicht, weil ich dachte, *das mache man halt so*? Und doch bleibt es eine Tatsache: Ich hatte mich täuschen lassen und so – möglicherweise – um einen Sieg gebracht.

Wenn Paulus von seinem Leben als Christ erzählte, gebrauchte er ein ähnliches Bild. »Ich will nicht behaupten, ich hätte alles schon erreicht oder wäre vollkommen! Aber ich arbeite auf den Tag hin, an dem ich endlich alles sein werde, wozu Christus Jesus mich errettet und wofür er mich bestimmt hat. Nein, liebe Freunde, ich bin noch nicht alles, was ich sein sollte, aber ich setze meine ganze Kraft für dieses Ziel ein. Indem ich die Vergangenheit vergesse und auf das schaue, was vor mir liegt, versuche ich das Rennen durchzuhalten und den Preis zu gewinnen, für den Gott uns durch Christus Jesus bestimmt hat« (Philipper 3,12ff).

Sind wir schon, was wir sein sollen? Nein. Aber der Preis gilt uns allen, auch denen, die sich klein und unbedeutend vorkommen.

Wir könnten noch ein anderes Bild wählen.

Als unsere Kinder laufen lernten, taumelten sie aus den ausgespannten Armen meines Mannes in meine weit geöffneten. Und umgekehrt. Immer wieder plumpsten sie hin und immer wieder rappelten sie sich auf. Sie ließen sich durchaus nicht unterkriegen. Und welch Jubel erfüllte uns stolze Eltern, wenn sie auf ihren Wackelbeinen bei uns ankamen, und was für ein Glanz lag dann auf ihren Gesichtern!

Wohin laufen Sie? Und was treibt Sie dabei an?

Paulus nannte es: all das werden, wozu Christus Jesus mich errettet und wofür er mich bestimmt hat. Doch wie kann der einzigartige Glanz, den nur Sie verbreiten können, aus Ihnen herausstrahlen, wenn Sie ihn unter dem verstecken, was man immer schon getan hat?

Wenn die anderen also rufen: »Du sollst boxen!«, aber alles in Ihnen drängt: »Du sollst tanzen!« – was machen Sie dann? Könnte es sein, dass es an der Zeit ist, *aus der Reihe zu tanzen?*

Jesus wusste, dass uns dabei mulmig werden würde. Wir sind ja noch nicht da! Vielleicht hat er deshalb seine Zuhörer so oft dazu ermutigt, ihr Leben, wenn es von Gott durchdrungen wurde, nicht allein nach dem zu beurteilen, was man mit Händen wiegen kann. Im Gleichnis vom »winzigen Senfkorn« (Lukas 13,18f), das zu einem stattlichen Baum heranwächst, oder in der Geschichte vom Sauerteig (Lukas 13,20f), der allmählich den gesamten Teig durchdringt, machte er klar, dass manches reift, auch wenn wir es (noch) nicht sehen.

Erwarten uns Widerstände auf unserem Weg, unsere Berufung zu leben?

Gewiss.

Fallen wir dabei um?

Selbstverständlich, und nicht zu knapp.

Und DENNOCH machen wir weiter.

Die Griechen in Philippi verstanden, was Paulus ihnen sagen wollte, als er sein Leben mit einem Lauf verglich. Es war der Versuch, ihnen anhand eines Beispiels, das sie aus dem Alltag kannten (die Griechen liebten Sport!), klarzumachen, was Berufensein auch für sie bedeuten könnte. *Billy Elliot* pinselt uns ein anderes Gleichnis: Wir mögen uns im Kreis drehen und dabei umfallen. Und doch stehen wir auf und versuchen es erneut. Denn wir wissen, dass einer uns ansieht in Liebe: unser himmlischer Vater, vor dem wir eines Tages stehen werden.

Dann könnte es im Übrigen geschehen, dass uns all unser Mühen nicht länger wie eine Leibesübung, ein Boxring erscheint, sondern eher jenem Trampolin gleicht, auf dem Billy zu Beginn vergnügt herumhopste. Weil es Freude macht, das zu entdecken und auszudrücken, was Gott in uns hineingelegt hat.

Und deshalb endet der Film fast wie er begann: Jahre später tanzt Billy, erwachsen geworden. Doch diesmal in der Oper. Und erneut setzt er zu einem tollkühnen Sprung an, auf dessen Gipfelpunkt das Bild einfriert. Und die Augen seines Vaters strahlen – voller Staunen, voller Stolz.

Fragen

- Welches Bild ermutigt mich, das Leben zu leben, zu dem mich Christus bestimmt hat? Das Bild des Wettläufers, Billys Pirouetten oder das des Kindes, das in die Arme seiner Eltern stolpert?
- Was bremst mich auf diesem Weg? Was oder wer redet mir ein, ich sollte lieber etwas anderes tun?
- Wo habe ich den Eindruck, ich drehe mich im Kreis – wie Billy, als er seine Pirouetten übt? Könnte es sein, dass ich dennoch vorwärtskomme?

Mein Gebet

Lieber Herr, du rufst mich, all das zu werden, wofür du mich errettet und bestimmt hast. Ich wünschte, ich würde klar erkennen, was das ist! Wenn du heute deine Arme ausbreitest, will ich zu dir laufen, auch wenn ich dabei stolpere. Ich stehe wieder auf, denn du siehst mich in Liebe an. Amen.

Für Hand und Fuß

Manchmal herrscht in uns ein großes Durcheinander, und es fällt uns schwer, den nächsten Schritt zu erkennen. Machen Sie sich auf, so wie sich auch Billy in Bewegung setzt; gehen Sie spazieren! Schon der Kirchenvater Augustinus wusste: »Solvitur ambulando – es löst sich beim Laufen!« Im Gehen gewinnen wir neue Eindrücke, verschieben sich Ansichten, gerät Festgelegtes in Fluss. Hier können Sie Gott Fragen stellen und auf seine Antwort lauschen. Wenn Sie es einrichten können, gönnen Sie sich täglich solch eine Auszeit.

Weitersehen

- Die Farbe Grün taucht häufig in Daldrys Erstlingsfilm auf. Grün leuchtet die Tapete, vor der Billy hopst, grün ist seine Hose, ein grünes Hemd trägt zu Beginn auch der Vater. Je deutlicher sich jedoch abzeichnet, dass der Streik scheitern wird, desto augenscheinlicher verblasst die Farbe der Hoffnung.

- Während die Minen eingehen, kämpft auch Billy um sein Überleben. Doch trotz einem ständigen Gefühl der Bedrohung, das durch die Allgegenwart der Polizisten entsteht, bricht der Film dies scherzhaft auf, indem er sich die Sicht der Kinder zu eigen macht: Als Debbie einen Stock an den Häuserwänden entlangschlurfen lässt und plötzlich stattdessen die Schilde der Polizisten abklopft, merkt sie es nicht einmal.

- Billy tanzt aus der Reihe und gehört doch dazu, zumindest bei Mrs. Wilkinsons Tanzmädchen. Als die Kamera die an der Stange aufgestellten Ballettschühchen der kleinen Ballerinen abfährt, fängt sie Billys Turnschuhe wie nebenbei ein – als wäre es das Selbstverständlichste auf der Welt, dass ein Bergarbeiterjunge tanzen lernt.

Idee für einen gemeinsamen Filmabend

Planen Sie einen gemeinsamen Hauskreisausflug. Gehen Sie zusammen wandern! Setzen Sie sich ein klares Ziel. Behalten Sie es im Auge. Und kommen Sie an.

Aufbruch ohne Navi:
Vaya con dios. Und führe uns in Versuchung

(Regie: Zoltan Spirandelli, D 2002, 103 Minuten, FSK 6)

Der Abt läutet zum Mittagsgebet. Da reißt das verschlissene Seil und fällt mit lautem Sausen auf den Backsteinboden.

Kurz nach der Wende steht das Kloster des (erfundenen) Cantorianer-Ordens in Brandenburg vor dem finanziellen Aus. Die Gläubigerin aus dem Westen will nicht länger auf die Tilgung der Schulden warten und fordert die Rückgabe der Klosteranlage. Zutiefst getroffen sinkt Abt Stephan (Traugott Buhre) aufs Sterbebett.

Bislang hielt er sich und seine drei Confratres in strengster Abgeschiedenheit von der Welt - die Mönche kennen noch nicht einmal ein Auto -, doch nun schickt er sie hinaus: Die ungleichen Brüder sollen die heilige Ordensregel und einziges schriftliches Dokument des Ordens, die »Regula Cantorianorum«, nach Montecerboli in die Toskana in das letzte verbleibende Kloster der Cantorianer bringen. Und in Sicherheit. Denn der Ordensregel droht Gefahr.

Einst wurden die Cantorianer von der katholischen Mutterkirche ausgeschlossen, weil sie in ihrem Glauben an Gott ohne Vermittler auskommen, und manch einer möchte die Ordensregel vernichten. Arbo (Daniel Brühl), der die Geschichte erzählt, erklärt es so: »Wir glauben, dass der Heilige Geist im Klang ist, dass wir im Gesangbuch bei Gott sind.« Eine Stimmgabel in Form eines Kreuzes soll die Mönche daran erinnern; der Abt hängt es Arbo um den Hals: »Sequi vocem« - »Folge der Stimme!«, lautet ihre Botschaft.

Vaya_con_dios, Senator

Kaum aber treffen die Mönche aus der Klarheit ihres klösterlichen Lebens auf das Stimmengebrumm der modernen Gesellschaft, wird der Leitsatz einer Bewährungsprobe unterzogen. Nutzt das Schweigegebot, wenn man mit einem schweren Buch und Blasen an den Füßen unterwegs ist in ein fernes Land, ohne den Weg zu kennen, ohne Karte und ohne Navi? Die Brüder beginnen miteinander zu reden und trotzen den Gefahren dieser Welt – singend, wie es ihrem Glauben entspricht. Doch lauern andere Versuchungen auf die drei, die sich als weitaus gefährlicher erweisen als vorbeirauschende Züge.

Die Mönche begegnen Chiara (die Sängerin Chiara Schoras). Für Arbo, der als Findling ins Kloster kam, ist sie die allererste Frau, die er in seinem Leben sieht. Chiara knipst für eine Agentur geheime Müllskandalfotos; mühelos und unbeschwert jongliert sie mit den technischen Schlauheiten der Neuzeit. Und doch ist das schlichte Leben der Mönche dem modernen nicht zwangsläufig unterlegen. Als der Sprit ausgeht und Chiaras Handy in der Einöde verstummt, versorgt Tassilo die Truppe mit köstlicher Bucheckernsuppe. Und stets nahen sich die Mönche im Gesang ihrem Gott, der ihnen ein verlässlicher Halt ist. Chiara beginnt zu ahnen, dass es mehr geben könnte als Spaß und gute Laune. Arbo dagegen merkt, dass er selbst entscheiden muss, ob er Mönch sein will oder nicht. Denn, natürlich, verlieben sich die beiden ineinander.

Doch auch der grüblerische Benno (Michael Gwisdek) und der bodenständige Tassilo (Matthias Brenner), die schon vor Jahren Cantorianer geworden sind, rutschen unversehens in Versuchung. Tassilo landet auf dem Bauernhof seiner Kindheit; in der Unverfänglichkeit von Hefeknödeln und Traktorfahrten bleibt er kleben, bis ihn Arbo und Chiara daraus befreien. Benno wiederum verfällt dem umfangreichen Partiturenbestand der Jesuitenbibliothek, den er editieren soll. Wobei ihm entgeht, dass es der Jesuitenpater einzig auf die Regula Cantorianorum abgesehen hat.

Allein in der Musik findet Benno zurück zu dem Weg, auf den ihn Gott gerufen hat. Und so singen Arbo und Tassilo im Gottesdienst der Jesuiten das alte Kirchenlied von Georg Neumark »Wer nur den lieben Gott lässt walten«, wobei singen spärlich beschreibt, wie märchenhaft ihre Stimmen erklingen.

Vaya con dios. Und führe uns in Versuchung

 27

Kaum fluten die ersten Töne durchs Kirchenschiff, flammt es hell über Bennos eingefallenes Gesicht. Kurz kämpft es noch in ihm. Dann erhebt er sich. Würdevoll und mit großer Stimme setzt er ein: »Sing, bet' und geh' auf Gottes Wegen, verricht' das Deine nur getreu und trau' des Himmels reichem Segen, so wird er bei dir werden neu. Denn welcher seine Zuversicht auf Gott setzt, den verlässt er nicht.« Ein gesungenes Glaubensbekenntnis.

Chiara beeindruckt die Haltung der Mönche; in solch eine innige Gottesbeziehung möchte sie nicht eindringen. Sie entschließt sich, Arbo freizugeben. Arbo wiederum entscheidet sich, bei Chiara zu bleiben und dem Orden den Rücken zu kehren.

Gott folgen und einander lieben muss sich jedoch nicht ausschließen, wie beide zunächst meinen. Denn im Glauben geht es nicht darum, dass wir Äußerlichkeiten befolgen, sondern dass wir Jesus folgen. Und so behält Arbo seine Mönchskutte an und fährt damit zu Chiara, während Benno und Tassilo in Anzug und Jogginghose im Kloster von Montecerboli erscheinen.

Doch nicht immer gelingt es uns, Gottes Stimme so unmissverständlich wahrzunehmen wie den Figuren im Film – obwohl wir uns dies zweifelsohne wünschen würden – oder etwa nicht?

Wer kennt das nicht? Da purzeln wir durch unseren Alltag und ein Freiraum tut sich auf. Ich spitze die Ohren: Was möchte Gott, dass ich jetzt mache? Ich könnte mit den Kindern eine Sandburg bauen, an meinen Manuskripten weitertippen, die Wäsche falten. Oder soll ich lieber einen Kaffee trinken? Pausen sind auch wichtig ...

Ich entscheide mich, eine Freundin anzurufen. Sie sorgt sich um ihren Sohn, dessen Schulnoten stetig abwärts tröpfeln. So stopfe ich die Lücke. Heute. Morgen, vielleicht, setze ich mich an den Schreibtisch. Ganz sicher weiß ich selbst am Abend nicht, ob mein Anruf Gottes Willen war. Aber dagegen hatte er doch auch nichts? Ach, was für ein Durcheinander!

Denn wie oft vermischt sich unser Hören auf Gott mit den eigenen Wünschen und Vorlieben! So erklärt auch Tassilo entschuldigend: »Ich kann Gott beim Ziegenmelken genauso nahe sein wie du in deiner verstaubten Bibliothek.« Und Benno verteidigt sich: »Es gibt viele Wege zu Gott.« Ebenso kann niemand zwingend für den anderen hören und ihm vorschreiben, was er tun soll, so sehr wir das auch manchmal gerne hätten. Für Benno jedenfalls steht fest, dass Arbo im Kloster bleiben soll, doch entscheidet der sich für Chiara. Nichtsdestotrotz spricht Gott auch durch den Glaubensbruder, die Glaubensschwester. Als Arbo und Tassilo Benno aus dem Jesuitenorden heraussingen, erkennt Benno darin klar Gottes Ruf und folgt seinen Freunden.

Eins aber gilt: Gott verspricht uns, dass wir seine Stimme hören werden. »Meine Schafe hören auf meine Stimme«, sagte Jesus in Johannes 10, »ich kenne sie und sie folgen mir« (Vers 27). »Einem Fremden aber folgen sie nicht, sondern laufen vor ihm weg, weil sie seine Stimme nicht kennen« (Vers 5). Meine Sorgen, die Fragen, ob ich richtig liege mit meinen Entscheidungen – über so etwas brütet ein Schaf nicht! Ihm steht einzig sein Herr vor Augen, der ihm vorangeht und es versorgt, ohne sein Zutun. »Ich bin gekommen, um ihnen das Leben in ganzer Fülle zu schenken« (Vers 10b), drückte es Jesus aus.

Nachfolge geht schließlich nur, wenn wir uns aufmachen, wenn wir auch *gehen*. Wer Jesus folgt, verlässt die schützenden Mauern des Gewohnten, wie Schafe den Pferch verlassen und hinter ihrem Hirten hertraben, hinaus in die Welt.

Sicherlich: Das erfordert Vertrauen und den Glauben, dass Gott uns schenken wird, was wir brauchen, auch wenn wir womöglich ein wenig darauf warten werden.

Vertrauen wächst jedoch mit den Erfahrungen, die wir mit Gott machen, und wir machen sie, wenn wir uns in Bewegung setzen. Am Ende findet Benno im Abt von Montecerboli einen anregenden Gesprächspartner. Tassilo tobt sich in der Klosterküche aus. Auf Arbo wartet Chiara. Und – komisch – als ich mit meiner Freundin telefonierte, fiel mir plötzlich ein, wie ich meinen eigenen Sohn für die ungeliebten Lateinvokabeln anspornen könnte – auch wenn das natürlich nicht die Drei in Latein garantiert. »So kommt Gott, eh wir's uns versehn, und lässet uns viel Guts geschehn!«, heißt es bei Neumark.

Ein kleiner blauer Bus schaukelt durch die Weite, bis er hinter einer Kurve verschwindet. Arbo fährt zu Chiara. Das Leben bleibt ein

Vaya con dios. Und führe uns in Versuchung

29

Unterwegssein, unablässig stellt es uns vor neue Herausforderungen. Wer trotz der vielen Stimmen, die ihn umschwirren, nach der einen Stimme Gottes fragt – so *Vaya con dios* – darf getrost aufbrechen. Fangen wir an!

Fragen

- Jesus ruft uns, und wir folgen ihm. Wie erlebe ich sein Leiten? Was heißt es, Jesus stets vor Augen zu haben?
- Welche Rolle spielen meine Glaubensgeschwister, wenn ich nach Gottes Willen für mein Leben frage?
- Glaube ich, dass mir in Christus das »Leben in ganzer Fülle« (Johannes 10,10b) zuteilwird?

Mein Gebet

Jesus, du bist der gute Hirte. Du rufst mich und versprichst mir, dass ich dich hören werde, heute, jetzt. Dafür danke ich dir. Danke, dass du mir vorangehst und ich dir folgen darf. Ich bitte dich, dass ich nicht länger darauf starre, was gut und richtig ist und was ich tun soll, sondern dass ich dich sehe, meinen lebendigen Herrn, der mich versorgt. Amen.

Für Hand und Fuß

Lernen Sie aus Georg Neumarks Lied »Wer nur den lieben Gott lässt walten« (EKG 369) die Strophen auswendig, die Ihnen besonders zusagen. Was wir im Kopf tragen, rutscht – sofern wir es wiederholen – auch ins Herz. Und vieles geht uns leichter von der Hand, wenn wir uns der Zusagen Gottes vergewissern.

Weitersehen

- Gleich zu Anfang werden die Mönche von zwei vorbeirauschenden Zügen eingekeilt. Eng umeinander geschlungen singen sie, als ginge es um ihr Leben. Nachfolge ist kein Zuckerschlecken, kein

Sonntagsspaziergang. Wir brauchen einander, wenn wir im Glauben unterwegs sind.

- Als Tassilo das leere Kirchenschiff betritt, um dessen Klang auszutesten, fährt die Kamera in die Höhe. Von dort blickt sie auf Tassilo hinab und umfährt ihn kurz darauf in immer schwindelnderen Kreisen. Vergangenes gerät in Fluss, Neues beginnt. Der Philosoph Sören Kierkegaard sprach von einem »Schwindel«, einem Taumel, wie er uns angesichts der Ungeheuerlichkeit des Glaubens befalle.

- Das Lied, über das sich die Mönche im Auto lustig machen, stammt vom Komponisten der Filmmusik Detlev Friedrich Petersen – augenzwinkernd nimmt er sich damit selbst auf den Arm.

Idee für einen gemeinsamen Filmabend

Immer wieder stehen wir im Leben vor Entscheidungen. Ob groß oder klein, berichten Sie einander davon: Ich überlege, die Arbeit zu wechseln, was denkt ihr darüber? Sollen wir in eine andere Wohnung umziehen? Ein Haus kaufen? Die Glaubensgemeinschaft der Quäker kennt den Brauch der »clearness committee«, der »klärenden Versammlung«. Dabei werden einem Ratsuchenden keinerlei Ratschläge oder Lebensweisheiten erteilt, wohl aber drei Stunden lang offen und ehrlich Fragen gestellt, bis dem Befragten selbst ein Licht aufgeht. Wollen Sie das einmal ausprobieren? Welche Erfahrungen machen Sie damit?

Am Fuße der großen Berge läuft ein elfjähriger Junge, läuft und läuft. Als wäre er auf der Flucht und wüsste nicht, wohin er rennen soll – wie eine Kompassnadel, die ihren Nordpol sucht.

Doch von vorne: Sebastians Mutter ist bei seiner Geburt gestorben. Das weiß das ausgekochte Schlitzohr aber nicht, bis es ihm der große Bruder in einem Augenblick der Rache erzählt – wir wussten ja, dass Kinder grausam sein können. Sebastian hat die Hasen des Bruders totgefahren, acht Stück an der Zahl. Nachdem der ihn im Keller ans Regal mit den Einweckgläsern gefesselt hat, fordert der Große Abbitte vom Jüngeren. Und der beginnt die Litanei: »Es tut mir leid, Walpurga, des du wege mir nemmer auf dieser schönen Erden sein darfst! Es tut mir leid, Karl, des du wege mir nemmer auf dieser schönen Erden sein darfst!« Und so weiter und so fort. Bis ihm der Bruder ein Foto der geliebten Mutter unter die Augen hält und ebenfalls eine Entschuldigung verlangt. »Fällt dir was auf? Du bist am gleichen Tag geboren, wie die Mutter gestorben ist! Du bist schuld an ihrem Tod.« Da bricht für Sebastian eine Welt zusammen. Davon hat er nichts gewusst, und wie soll er nun mit dieser übergroßen Schuld umgehen?

Wer früher stirbt, Movienet

Auch die Erwachsenen sind keine rechte Hilfe. Der Vater hat als Kandlerwirt ohnehin kaum Zeit für seine beiden Burschen. Eher noch kommen die Stammtischbrüder infrage, die Sebastian mit ihren Schlauheiten allerdings eher verwirren, als dass sie Klarheit in seinem Jungenhirn stiften. Schlimmer noch: Nachts, wenn Sebastian schläft, proben sie ihr neuestes Theaterstück, ein

Spuk-und-Höllenszenario, das durch die Zimmerwände an Sebastians Bett wabert und ihn bis in seine Träume verfolgt, die allesamt zu Albträumen missraten.

Vor einem Tribunal wird Sebastian zur Rechenschaft gezogen. Gewaltig ist die Strafe, die man ihm aufbrummt: 40 Jahre Fegefeuer für 2713 ungesühnte Verbrechen, allen voran – den Tod der eigenen Mutter! Keuchend und nass geschwitzt schreckt Sebastian hoch. Und stürzt von Neuem los, auf der Suche nach Rettung.

Nur zwei Möglichkeiten sieht Sebastian, um dem Schrecken zu entrinnen: Der Vater braucht eine neue Frau. Oder Sebastian wird selbst unsterblich. Die Stammtischbrüder warten sogleich mit allerlei Ideen auf: »Da musst du dich halt fortpflanzen!« Prompt fragt Sebastian die Lehrerin, ob sie mit ihm *vögeln* will. Oder wie wäre es mit der Reinkarnationslehre: »Iss das Hasenragout! Dann leben die Hasen in dir weiter!«

Und weil ihm niemand wirklich sagt, wo's lang geht, – selbst der Pfarrer nicht, der den Jungen mit billigen Sprüchen vertröstet (»du musst halt glauben!«) – läuft Sebastian weiter und weiter und nimmt alles, was ihm widerfährt, als Zeichen: Der Vogelschiss auf seinem Kopf wird da genauso zur Antwort auf seine drängenden Fragen wie das aufziehende Gewitter und die Krähe auf dem Grabstein.

Doch dann, im Keller, zwischen altem Gerümpel, entdeckt Sebastian die Gitarre der Mutter. Die will er haben, auf der will er spielen. Und als schließlich auch noch Alfred, der Radiomacher auf der Radiostation hoch auf dem Wendelstein über den Wolken, von Jimi Hendrix erzählt, der durch seine Musik unsterblich geworden sei, steht für Sebastian fest: Hier leuchtet der Weg zur eigenen Unsterblichkeit. Fortan übt er nachts, bis er Schwielen an den Fingern bekommt und ihn seine Albträume heimholen.

Doch es dauert, ein Star zu werden. Und so läuft Sebastian auf den Wendelstein, um Alfred zu erschießen. Denn Alfred ist der Mann der Lehrerin, in die sich Sebastians Vater soeben verliebt hat – und sie sich umgekehrt in ihn –, und gäbe es den Alfred nicht, könnte der Vater endlich heiraten und alles wäre wieder gut.

Allerdings hat sich Alfred vor Sorge, er könnte seine Frau verlieren, bereits selbst den Strick um den Hals gelegt. Nun japst er nach Luft und möchte doch viel lieber leben. Da passt es schon, dass Sebastian gut zielen kann! Mit einem scharfen Schuss durchtrennt er den Strick um Alfred Hals und rettet ihm das Leben, auch wenn er ihn kurz zuvor am liebsten tot gesehen hätte.

Ende gut, alles gut, der Vater heiratet die Lehrerin und ist wieder vermählt. Und Sebastian? Der steht neben Alfred in der Radiostation und spielt auf seiner Gitarre und die Klänge sausen hinab ins Tal und in das kleine Dorf am Fuße der Berge, wo die Leute stillstehen und lauschen.

Was für ein Brimborium und was für ein abenteuerlicher Lauf, den der kleine Held da unternimmt. Aber mal ehrlich: Läuft das bei uns nicht manchmal ähnlich? Etwas treibt uns um, beschäftigt uns. Wir finden, wir sollten *dringend etwas unternehmen*, eine Antwort finden, Lösungen suchen. Wir rennen, wir machen, wir tun. Und dabei wächst die Unruhe umso mehr. Denn es ist schwer, die Ungewissheit auszuhalten, wenn wir möchten, dass sich etwas ändert. Jetzt. Sofort.

Vielleicht fragen wir auch wie Sebastian andere Menschen um Rat, allerdings wahllos und ohne – wie Sebastian – je recht zu verraten, worum es uns eigentlich geht. So aber bleiben wir letztlich doch wieder nur allein und laufen immer weiter.

Dabei läge die Antwort womöglich näher als wir denken, vielleicht zum Greifen nahe. »Durch Umkehr und Ruhe könntet ihr gerettet werden«, heißt es in der Bibel. »Durch Stillsein und Vertrauen könntet ihr stark sein« (Jesaja 30,15). Und meint: Halte einmal in deinem Rennen an und steh still. Dann nämlich würdest du merken, wie dein Atem dich durchströmt und dass du in erster Linie bist, weil ein anderer, einer, der größer ist als du selbst, dein Leben trägt, einer, der dich will und für dich sorgt.

Oder ist das graue Theorie?

Mein Mann und ich haben ein Kind, das regelmäßig durch die Raster der Kinderarztuntersuchungen plumpst. Allein die Tatsache, dass mich vier Söhne umgeben, versetzt mein Leben mitunter in aufgeregte Wirbel. Aber mit diesem Kind, das seinen Kopf zumeist woanders hat, verdoppelte sich die Geschwindigkeit. Termine prasselten wie Gewitterregen auf uns nieder: Ergotherapie, Logopädie, Physiotherapie, die ganze Palette, und wie oft habe ich dabei schon Nein gesagt? Haben Sie es mit Tomatistherapie versucht? Aber nein, wir gehen ja schon zum therapeutischen Reiten!

Im Jahr, bevor mein Junge eingeschult werden sollte, galoppierten wir noch flotter. Wir stellten einen Antrag auf Verschiebung. Ich war am Flattern und Rühren, und endlich war der Antrag durch und - bewilligt! Doch obwohl ich mich nun hätte freuen können, verspürte ich nichts weiter als eine übergroße Müdigkeit. Außerdem waren da noch die Kinder der *anderen*. Mit wippenden Ranzen auf den Rücken zogen sie allmorgendlich an unserem Küchenfenster vorbei, Kinder, so alt wie das unsere, die nun alle schreiben und lesen lernten. Mein Junge dagegen saß neben mir, zupfte an meinem Ärmel und wollte, dass ich ihm Müsli in die Schüssel kippte. »Dinge haben Namen!«, sagte ich zu ihm. »Deine Schüssel zum Beispiel; man kann das schreiben!« Er blickte mich groß an, dann mampfte er sein Frühstück weiter.

Mein Terminkalender kann sich durchaus sehen lassen, ich sagte es schon, aber an diesem Morgen, ehe ich meinen Sohn zum Kindergarten brachte, setzte ich mich noch einmal hin. Ich atmete ein, ich atmete aus. Ein, aus, ein, aus. Und mit einem Mal schwappte die Traurigkeit in mir hoch, als hätte sie immer schon auf diesen Augenblick gewartet, da ich endlich einmal stillhielt. Und während all die wütenden Gedanken aus mir herausspazierten - der Ärger über die anderen, ach so schlauen Kinder und die Vorwürfe, die ich mir insgeheim machte (denn vielleicht hätte ich es doch mit musikalischer Früherziehung versuchen sollen?) -, zog etwas anderes in mir ein. Etwas, das ich Frieden nennen würde. Und Liebe. Denn, richtig, ich liebe dieses Kind. Vielleicht ist es das Einzige, das ich ihm geben kann, aber vielleicht ist gerade das ausreichend genug.

Und mit einem Mal verstand ich auch den Bibelvers, den ich oben aufgeschrieben habe, als hätte ich ihn eben zum ersten Mal gelesen, aber auch, als wäre er einzig für mich geschrieben worden: »Durch Umkehr und Ruhe könntet ihr gerettet werden. Durch Stillsein und Vertrauen könntet ihr stark sein.« Denn in jenem Augenblick des Nichtstuns spürte ich wie nie zuvor, wie nicht nur das Leben meines Kindes, sondern auch mein eigenes Leben gehalten wurde von einem, der alles Leben liebt und schenkt - von Gott selbst.

Bis heute haben wir Termine. Aber längst nicht so viele, und ich renne - meistens jedenfalls - nicht mehr. Denn jetzt weiß ich, dass es einen Weg gibt, um zur Ruhe zu kommen.

Natürlich hätte ich es schon eher erfassen können, es hatte ja in meiner Bibel gestanden. Denn Gott lässt uns nicht allein mit unseren Fragen. Er schenkt uns sein Wort, damit wir darin Wegweisung erfahren. Nicht als eine Karte allerdings, die wir ausbreiten und bei der wir die Höhen und Tiefen, Wüsten und Seen auf einen Blick erfassen könnten, sondern als Leuchte. »Licht auf meinem Weg«, nennt es der Psalmist (Psalm 119,105), *während* wir gehen.

Besäßen wir dieses Zutrauen, dass für den nächsten Schritt, den wir setzen, stets ein Licht scheint, sobald wir uns Gott aussetzen (und also einmal hinsetzen!), wären wir bestimmt auch weniger anfällig für das, was andere dahinplappern an Ratschlägen, die manchmal keine sind.

Ich wünschte, auch Sebastian hätte das erfahren. Denn es braucht nicht viel, ein paar Atemzüge genügen. Dort jedoch, wo wir stillhalten, sind unsere Ohren ganz gespitzt für das, was Gott zu uns spricht. Dort hören wir gut.

Fragen

- Wo laufe ich, statt einmal stillzustehen? Wo kann ich heute innehalten, mich fünf Minuten hinsetzen, meinen Atem spüren?
- Was oder wer gibt mir Orientierung? Welche Rolle spielt die Bibel in meinem Leben?
- »Wer klug ist, suche sich weisen Rat!«, sagt die Bibel (Sprüche 1,5b). Doch nicht alles, was andere sagen, ist hilfreich, und auch nicht jeder Mensch eignet sich als Ratgeber. Welche weisen Menschen kenne ich, die ich um Hilfe bitten kann, wenn ich nicht weiter weiß?

Mein Gebet

Lieber Herr, du siehst mein Tun. Manchmal ist es ein einziges Laufen. Manchmal weiß ich gar nicht, wohin ich renne und warum. Ich möchte stillsitzen vor dir und wieder merken, dass ich bin, weil du mich wolltest und mich liebst. Dafür danke ich dir. Amen.

Für Hand und Fuß

Stellen Sie den Wecker. Setzen Sie sich fünf Minuten still hin. Legen Sie die Hände auf die Oberschenkel. Atmen Sie aus, atmen Sie ein. Legen Sie in Ihren Atem den Namen Jesus. Geben Sie so alles, was in Ihnen aufsteigt, an Jesus ab, bis nur noch sein Name in Ihnen schwingt. Das Herzensgebet ist eine uralte Gebetsform – schon die Wüstenväter, die Mönche und Nonnen des frühen Christentums haben es gebetet.

Weitersehen

- Sebastians Albträume wurden in einem Silo gedreht, also auf engstem Raum mit steilen Winkeln, die die Gesichter fratzenhaft verzerren. Anschließend wurden die Farben digital überarbeitet. So wirken die nächtlichen Gerichtsszenen, als wären sie geradewegs einem Hieronymus-Bosch-Gemälde entstiegen: Höllenqual im Computerzeitalter, während die Blechbläser im schönsten Fortissimo dröhnen dürfen.
- Die Figuren schnattern, wie ihnen der Schnabel gewachsen ist. Dialektstolz und bajuwarisches Selbstbewusstsein gehen hier Hand in Hand. Aber auch wenn man in den ersten Filmminuten noch überlegt, auf hochdeutsche Untertitel umzuschalten, fuchst man sich doch schnell hinein. Es kann ja auch niemand so schön poltern wie die Bayern: »Wer hat dir denn ins Hirn g'schissen, Sebastian?«
- Unbekümmert setzt der Dokumentarfilmer Marcus H. Rosenmüller in seinem Spielfilmdebut in Bilder um, was sich seine Figuren ausdenken. Ewig leben geht nicht, da wäre die Kneipe gewiss hoffnungslos überfüllt – und schon rauschen die verstorbenen Stammtischbrüder mit ihren Bierkrügen an und umstellen den Tisch ... Filmischer Konjunktiv gewissermaßen, zielstrebig auf die Leinwand gebracht!

Idee für einen gemeinsamen Filmabend

Haben Sie schon einmal gemeinsam geschwiegen? Beginnen Sie das nächste Treffen mit STILLE. Aus dieser Stille heraus erzählen Sie einander, wie es Ihnen heute geht. Möglicherweise verblasst mancher Ärger des Tages, wenn Sie zuvor eine Minute ruhig dasitzen, vielleicht schon mit einem wärmenden Glas Tee in den Händen? Ihr Herz schlägt? Sie dürfen einfach da sein? Wunderbar!

Der Film beginnt so verheißungsvoll wie ein Wandertag im Dezember. Die Kopenhagener Vorortgemeinde, die Andreas (Anders W. Berthelsen) als vorübergehenden Stellvertreter berufen hat, empfängt ihn mit leeren Stuhlreihen, eine vorbestrafte Diakonin (Elsebeth Steentoft) führt ihn in sein Amt ein. »Sind Sie verheiratet?«, fragt Andreas die Frau. »Nein«, antwortet sie und lächelt, »aber ich mache einen Italienischkurs.«

Der nächste Gottesdienst wird nach wenigen Minuten abgebrochen. Nur drei Besucher sind anwesend, darunter Andreas' Vorgänger, der dem Neuankömmling mit wüsten Beschimpfungen in die Predigt fällt. Pastor Wredmann (Bent Mejding) wurde entlassen, nachdem er den Organisten die Empore hinabbefördert hatte. Wredmann ist ein aufbrausender Rechthaber, der an Gott zweifelt, seit seine Frau gestorben ist. Ähnliches hat Andreas erlebt. Seine Frau kam bei einem Verkehrsunfall ums Leben, doch trägt Andreas seinen Zweifel und seine Traurigkeit zu Gott und niemand muss für seinen Kummer büßen. Weil Wredmann noch das Pfarrhaus bewohnt, zieht Andreas ins Hotel. Zwischen Fernseher und Minibar entwirft er seine Predigten über Einsamkeit und Gottvertrauen.

An der Rezeption wird Andreas von Jørgen (Peter Gantzler) auf Italienisch begrüßt und prompt zum Italienischkurs an der Volkshochschule eingeladen. Jørgen verströmt zuvorkommende Freundlichkeit.

Italienisch für Anfänger, Studiocanal

Niemand ahnt, dass unter seinem Lächeln eine große Last kauert, ihn der Gedanke quält, er könne impotent sein. Und dabei wartet das Glück nur auf ihn – in Gestalt der quirligen Giulia (Sara Inrio Jensen), die zwar Dänisch versteht (ohne dass dies Jørgen allerdings wüsste), grundsätzlich aber auf Italienisch antwortet. Weil Giulia ein Auge auf Jørgen geworfen hat, taucht sie ebenfalls im Italienischkurs auf.

Giulia arbeitet in einer Vereinsgaststätte, in der Jørgens Freund Hal-Finn (Lars Kaalund), ein ehemaliger Fußballer, als Wirt durch die Stube poltert. Hal-Finns Wutanfälle, mit denen er die Gäste anpöbelt (»Was fällt dir ein, den Löffel auf das Tischtuch zu legen, du Schwein!«), versöhnen uns mit jedem eigenen dienstleistungsmäßig verunglückten Restaurantbesuch. Kein Wunder, dass er bald den Job verliert. Doch Hal-Finn hat Glück. Dank seiner grandiosen Sprachbegabung wird der wütende junge Mann im Italienischkurs gebraucht, nachdem dessen Leiter unerwartet verstorben ist. Hal-Finn übernimmt die überschaubare Truppe, die bald darauf um Karen (Ann Eleonora Jørgensen) anwächst.

Karen leitet einen Frisiersalon und beginnt ein sprunghaftes Techtelmechtel mit Hal-Finn. Karens Mutter ist schwer alkoholkrank. Regelmäßig büxt sie aus dem Krankenhaus aus und vertreibt Karen die Kundschaft, weil sie im Laden um Geld anklingelt. Erst als Karens Mutter stirbt, stellt sich heraus, dass sie noch eine Tochter hat und Karen somit eine Schwester.

Olympia (Anette Støvelbaek) arbeitet in einer Bäckerei, doch ist es schon ihr vierzigster Job, seit sie die Schule verlassen hat. Olympia schreibt in ungelenken Druckbuchstaben, fortwährend fällt ihr etwas aus den Händen, überall schlägt sie sich wund. Das, so erfahren wir später, ist einem pränatalen Alkoholschaden geschuldet – Olympia denkt jedoch, es läge an ihr. Dann aber rafft sie sich auf, sie will Italienisch lernen. Der Volkshochschulkurs erscheint ihr wie ein Rettungsanker, die letzte Gelegenheit, dem Leben zu entfliehen, das sie mit ihrem Vater zusammenpfercht.

Der vergammelt seine Tage Schnittchen kauend vor dem Fernseher und beschimpft nebenbei die Tochter. »Wenn du dahin gehst, kennen wir uns nicht mehr!«, brüllt er ihr nach. Und in der Tat ist der verhärmte alte Mann tot, als Olympia vom Kurs nach Hause kommt. Mit offenem Mund starrt er auf die flimmernde Mattscheibe, als wäre er am übermäßigen Konsum erstickt.

So umflattern Scherfigs alltagsgraue Filmhelden bald den Italienischkurs wie die Nachtfalter eine Straßenlampe. Denn hier finden sie endlich eine verlässliche Struktur und Ordnung für ihr aus den Fugen geratenes Leben. Der Kursleiter spricht die fremden Sätze vor, die Schüler sprechen sie nach, zögerlich zunächst, doch bald schon immer flüssiger.

Auch Andreas macht sich auf, verlässt die leere Kirche und geht dorthin, wo die anderen sich versammeln. Und er hört zu. Hal-Finn hat Stress mit Karen. »Was soll ich machen?«, fragt er. »Fang an!«, sagt Andreas, »Entschuldige dich!« Jørgen möchte wissen, ob man Gott auch wegen einer »Geringfügigkeit« wie Impotenz bitten darf. »Das entscheidet man selbst«, antwortet Andreas.

Langsam tauen die Kursteilnehmer auf. Aus Fremden werden Vertraute, sogar Freunde, und an Weihnachten füllt sich mit einem Mal die Kirche, und die inbrünstig singende Gemeinde bittet Andreas, sich dauerhaft auf Wredmanns Stelle zu bewerben.

Zuvor aber fahren die Kursteilnehmer miteinander nach Venedig. Dort versöhnen sich Hal-Finn und Karen, Jørgen gesteht Giulia endlich, endlich seine Liebe und Andreas beschließt, sein Auto zu verkaufen. Er will in der Gemeinde bleiben und – was entscheidender ist – bei Olympia. Alle sitzen sie um einen Tisch. Sie plaudern und lachen, essen und trinken und feiern ein Fest, wie es kaum schöner sein könnte.

Niemals aber würde es dieses krönende Schlussbild geben, hätte Andreas sich nicht aufgemacht und einen ersten Schritt aus der Sicherheit seiner Kirche gewagt. Den Schritt hinaus zu denen, die sich »auf den Landstraßen und hinter den Hecken« tummeln (Lukas 14,23). Und unversehens wurde er dabei, es war nicht einmal seine Absicht, »Licht der Welt« (Matthäus 5,14) und »Salz der Erde« (Matthäus 5,13) – woraufhin sich die Kirche füllte, bis zur letzten Bank.

Die meisten Dinge, die uns großartig und gewichtig erscheinen, beginnen aber nicht so erfolgsgekrönt, sondern eher klein und unscheinbar. Und nichts fällt uns vermutlich schwerer, als genau dies: Dass wir uns getrauen, leise zu werden und Anfänger zu sein, zu stammeln und zu stottern – wie Olympia, als sie die ungewohnten Sätze wiederholt, die zunächst wie Stroh im Mund stoppeln, und wie oft kommen sie dabei verquer heraus!

Es stimmt: Wir stolpern, wenn wir Neues wagen. Das behagt uns nicht gerade. Und dennoch gilt: Wer wünschte sich nicht, dass manches sich verändert? Dass Festgefahrenes in unserem Leben und alte Gewohnheiten, die uns zwar liebgeworden sind, uns aber eher binden, Heilsamem und Gutem weichen? Olympia verlässt ihren alten Vater und den Fernseher, denn wer nicht länger die Chipstüte umklammert, kann etwas anderes anpacken.

Trotzdem ist es für den, der Altes verlässt, hilfreich zu wissen, was es ihm zuvor ersetzte. Zu groß könnte sonst die Versuchung werden, die dadurch entstandene Lücke bald wieder mit Dingen zu füllen, die nicht glücklich machen. »Und so kommt der Geist zurück«, erklärte es Jesus in Lukas 11,25f, »und stellt fest, dass seine frühere Wohnung sorgfältig gefegt und gesäubert wurde. Dann holt er sieben andere Geister, die noch schlimmer sind als er selbst, und sie alle ziehen dort ein. Dann ergeht es diesem Menschen noch schlimmer als zuvor.«

Unheilvolles soll durch Heilsames ersetzt werden, Schädliches durch Dienliches – so sah es der Apostel Paulus: »Wer ein Dieb ist, soll aufhören zu stehlen. Er soll seine Hände zu ehrlicher Arbeit gebrauchen und dann anderen, die in Not sind, großzügig geben. Verzichtet auf schlechtes Gerede, sondern was ihr redet, soll für andere gut und aufbauend sein, damit sie im Glauben ermutigt werden« (Epheser 4,28).

Gewiss vollziehen sich solche Neuanfänge nicht in Siebenmeilenschritten, das wissen wir: Rom wurde nicht an einem Tag erbaut, und einen Liter Tee kann man auch aus kleinen Tassen trinken. So wie auch die Reise nach Venedig ihren Anfang in einem ersten bescheidenen Schritt nahm, der die Teilnehmer in einen unscheinbaren Italienischkurs führte.

Und doch fängt es womöglich sogar *noch* früher an, dort nämlich, wo sich der *Gedanke*, sich einmal aufzuraffen, ein allererstes Mal in unsere Herzen pflanzte.

Wo die Gedanken nisten, wachsen auch die Taten. So lesen wir es im Talmud, dem großen Weisheitsbuch der Juden: »Achte auf deine Gedanken, denn sie werden Worte. Achte auf deine Worte, denn sie werden Handlungen. Achte auf deine Handlungen, denn sie werden Gewohnheiten. Achte auf deine Gewohnheiten, denn sie werden dein Charakter. Achte auf deinen Charakter, denn er wird dein Schicksal.«

Neurologen behaupten, es brauche nicht viel länger als zwei Wochen, damit aus einer wiederholten Handlung eine Gewohnheit werde. Die

Synapsen legen in unserem Gehirn neue Bahnen an, welche uns wiederum bei allen weiteren Schritten helfen.

Zwei Wochen nur – im Grunde ist das keine lange Zeit, um Gutes in unser Leben zu pflanzen!

Zunächst kostet es natürlich Energie, eine neue Routine, einen neuen Rhythmus zu schaffen. Denn dort Wege zu bahnen, wo es uns heute noch wie eine Ödnis erscheinen mag, ist keine Leichtigkeit. Und doch kann es gelingen! Gott selbst macht es uns vor. »Ich bahne einen Weg durch die Wüste und lasse Flüsse in der Einöde entstehen«, heißt es beim Propheten Jesaja (Jesaja 43,20).

Wo vorher noch nichts war, kann durchaus etwas werden. Und das geschieht, ich sage es noch einmal, in allererster Linie dort, wo wir uns selbst erlauben, Anfänger zu werden, jeden Tag neu und einerlei, wie alt wir sind. Wir machen einen ersten Schritt. Und noch einen. Und mit einem Mal entstehen aus unseren zaghaften Gehversuchen Gewohnheiten, die zu Wegen anwachsen, zu Flüssen, wie es Jesaja sagte, auf denen unser Lebensschiff bald fröhlich vorwärtstreibt.

Nach einer Krebsdiagnose beginnt eine Freundin, Klavier zu lernen. Eine andere eröffnet, obwohl sie an Multipler Sklerose erkrankt ist, einen Laden für Kindermoden. Ich staune. Wie machen die das bloß? Woher rührt ihre Kraft?

Denn natürlich kenne ich das auch. Da habe ich selbst angefangen, Saxophon zu spielen und schon höre ich, wie es in mir flüstert, ob sich das denn lohne, schließlich bist du schon soooo alt und überhaupt – niemals wirst du so gut spielen wie jene, die das von Kindesbeinen an tun!

»Nun«, antwortet meine Freundin, »wenn ich heute anfange, bin ich in einem Jahr weiter, als wenn ich nicht anfinge.«

Ha, denke ich da, wo sie recht hat, hat sie recht.

Letztlich widerspricht die Bibel selbst entschieden meinem Kleinglauben und jenen Sätzen, die wir alle zur Genüge kennen, weil man sie uns von klein auf eingetrichtert hat. Wie der, dass Hans nun mal nie lerne, was Hänschen nicht gelernt habe. Stattdessen heißt es beim Propheten Sacharja (Sacharja 4,10): »Wer immer den Tag des geringsten Anfangs verachtet, wird doch mit Freuden den Schlussstein sehen.«

Schließlich bleibt Gott selbst ein großer Anfänger, der Anfänger und Vollender unseres Glaubens (Hebräer 12,2), der jeden Morgen neu mit uns und seiner Welt beginnt, wenn er die Sonne aufgehen lässt, als wäre es der allererste Tag.

Ich spiele inzwischen Saxophon und tanze sogar, obwohl ich schon rostig werde, ein bisschen Ballett (ja, ich falle ständig um!). Ich würde lügen, wollte ich behaupten, dass die Leute, denen ich an diesen Orten, an denen ich lerne und Anfängerin bin, begegne, mittlerweile in die Kirche gingen – wie es bei Andreas der Fall ist. Und doch macht es mich unsagbar stolz und froh, all diese wunderbaren Menschen kennen zu dürfen. Vielleicht, so hoffe ich, wächst ja Vertrauen unter uns; vielleicht erfüllt sich das Bibelwort vom Salz der Erde und dem Licht der Welt ganz nebenbei – weil wir Christen einfach dort auftauchen, wo die anderen sind, mittendrin?

Das habe ich nicht in der Hand. Alles, was ich sicher weiß, ist: Ich breche auf und fange an, denn immer – richtig, das sagte ich bereits! – beginnt es mit dem ersten Schritt.

Fragen

- Welche Anfänge vermeide ich? Und warum? Welche »Lücke« scheue ich, die entstehen kann, wenn ich Altes loslasse?
- Wo stecke ich in Gewohnheiten fest, die mich am Aufbrechen hindern?
- Was könnte ich lassen und stattdessen beginnen?

Mein Gebet

Lieber Herr, stets beginnt es mit jenem ersten Schritt, doch gerade der fällt uns oft am schwersten. Bitte mache aus mir einen fröhlichen Anfänger, eine fröhliche Anfängerin, wie auch du jeden Tag neu beginnst mit uns und deiner Welt. Gib mir den Mut, den ich dafür brauche und die Weisheit, um klar zu erkennen, worin dieser Anfang bestehen könnte. Vielleicht werde ich so unversehens an der Stelle, wohin ich aufbreche, Licht und Salz, ein Segen für andere. Das wünsche ich mir. Amen.

Für Hand und Fuß

Was hat Gott an Sehnsüchten in Sie hineingelegt? Was wollten Sie immer schon mal tun? Denken Sie an ein Samenkorn! Aus den winzigsten Anfängen erwachsen mitunter große Dinge.

Sie wollen Italienisch lernen, Russisch, Sanskrit? Salsa tanzen, Tango? Jazzgitarre spielen? Ein Steak brutzeln, dass es wie Butter im Mund schmilzt? Mit Speckstein arbeiten, Papier schöpfen, einen Quilt für die Hochzeit Ihrer Tochter nähen? Besorgen Sie sich ein Programmheft Ihrer Volkshochschule und melden Sie sich bei einem Kurs an. Es könnte durchaus zutreffen, dass Sie genau dort das Salz sind, das gebraucht wird.

Weitersehen

- 1995 entwarfen die dänischen Filmemacher Lars von Trier und Thomas Vinterberg in nicht mehr als fünfundzwanzig Minuten ein Keuschheitsgelübde für den Film: Künftig sollte er ohne technischen Schnickschnack auskommen. Dogma 95 war geboren, ein strenges Regelwerk, das unter anderem vorsieht, nur mit Originalton und Licht aus der Szene zu drehen. Von nachträglichen Schönheitspinseleien im Studio befreit, erhoffte man sich eine neue Glaubwürdigkeit für das Kino. Neben den dänischen Filmen *Das Fest* und *Idioten* gilt Scherfigs *Italienisch für Anfänger* als einer der wichtigsten Filme, die den Anforderungen des Dogma 95 folgen.
- Mit wackelnder Handkamera fasst Kameramann Jørgen Johansson die flatternden Hoffnungen und zerbrechlichen Träume der Figuren in grobkörnigen Bildern ein.
- Form follows function – die Art, wie erzählt wird, deckt sich mit dem, was erzählt wird: Das ewige Schummerlicht, welches selbst in Venedig nicht wirklich der Sonne weicht (da regnet es), passt zum Alltagsgrau der Charaktere wie der Nebel zum Herbst.

Idee für einen gemeinsamen Filmabend

Italienisch für Anfänger endet nach all der Mühsal gemeinsamen Sprachenlernens mit einem Fest in Venedig. Belohnen Sie sich für die Strecke, die Sie schon miteinander unterwegs sind. Gehen Sie aus oder kochen Sie zusammen! Nehmen Sie sich füreinander Zeit. Feiern Sie!

Wie auch wir vergeben

(Regie: Gregg Champion, USA 2010, 88 Minuten, FSK 12)

Die Stiefel sind neu, und Mary Beth (Madison Davenport) entzückt das so sehr, dass sie in ihnen schlafen will. Ihr Vater Gideon Graber (Matt Letscher) hat ihr die Stiefel geschenkt – der Schaft eine kunstvolle Naht und das Leder derart blank gerieben, dass die Sonne darin glitzert. »Danke, Daddy, danke!«, ruft Mary Beth und wirft sich ihrem Vater um den Hals. Morgen wird sie in den Stiefeln zur Schule gehen, wenn sie als Hilfslehrerin in dem kleinen weißen Holzhäuschen am Rande der Amish-Gemeinde Nickel Mines in Pennsylvania anfängt, und damit ihrem Traum, selbst einmal Lehrerin zu werden, wieder ein Stückchen näher rückt.

Doch dann kommt alles anders.

Es ist der 2. Oktober 2006, als Charlie Roberts (John Churchill) einen Truck vor die Tür der Amish-Schule setzt. Aus dem Kofferraum wuchtet er mehrere Gewehre, Seile und Patronen. Dann stürmt er das Gebäude.

Einen Augenblick herrscht eine merkwürdige Ruhe, als hielte die Welt den Atem an. Dann schlägt krachend die Tür auf. Die Lehrerin stürzt hinaus und rennt und rennt, bis das schrille Geheul von Martinshörnern die Stille zerreißt.

Fünf Mädchen sind verletzt, fünf weitere tot. Ihr Mörder hatte sie vor der Tafel aufgereiht, an den Füßen gefesselt und ihnen in den Kopf geschossen, wie bei einer Hinrichtung. Danach tötete er sich selbst.

Als man die toten Mädchen auf Bahren hinausträgt, ragt unter dem Leichentuch ein Schuh heraus. Gideon erkennt ihn sofort: Es ist der Stiefel seiner Tochter. Erschüttert bricht er zusammen.

Doch bereits am selben Tag besuchen drei Amishmänner

»Wir auch wir vergeben«, SCM Hänssler

die Witwe des Mörders – darunter auch Gideon. Amy Roberts (Tammy Blanchard) lebt mit ihren drei Kindern unweit der Siedlung, ihr Mann arbeitete als Milchmann für die Amish. Nun bieten die Amish Amy ihre Hilfe an. Sie sprechen Vergebung aus und zeigen Mitgefühl für Amys Schmerz, über den diese bislang noch nicht einmal nachdachte. »Wir bedauern auch Ihren Verlust«, sagt Levi Brennaman (Madison Mason), einer der Ältesten. Da zuckt Amy erkennbar zusammen.

Doch für Mary Beths Mutter Ida Graber (Kimberly Williams-Paisley) ist es nicht so einfach. Nichts wird sein wie zuvor, und die Regeln der Gemeinschaft – wie die Forderung, dem Mörder zu vergeben – vergrößern nur den Schmerz. Und plötzlich, wie herbeigepfiffene Hunde, stehen all die Fragen stramm, die Ida bislang beharrlich verdrängte: Wieso vergeben die Amish nicht ihrer Schwester, die die Gemeinde vor Jahren verließ, um einen anderen zu heiraten, nachdem sie selbst verwitwet war? Wieso besucht ihr Mann die Ehefrau des Mörders, während sie alleine zu Hause die Beerdigung der Tochter vorbereitet?

Zunehmend erscheint ihr Gideon jetzt fremd. Er, mit seinen klaren Regeln und seiner raschen Bereitschaft, dem Mörder ihres Kindes zu vergeben. Nur der Reporterin Jill Green (Fay Masterson), die die Ereignisse um den Amoklauf mit Kamera und Mikrofon einfängt und zu verstehen sucht, wieso die Amish keinen Hass zeigen, vertraut sich Ida an. Ihr gegenüber flüstert sie die Fragen, die sie in der eigenen Gemeinschaft nicht auszusprechen wagt. »Die verstehen einfach nicht ...«, beginnt Ida zögernd, ehe sie stockt. Da ergänzt Jill den Satz: »... dass manche Dinge einfach unverzeihlich sind?«

Jetzt will Ida nur noch fort, die Gemeinde verlassen, deren Werte sie nicht länger teilt; Jill wird sie wegbringen.

Doch da wacht eines der verletzten Mädchen im Krankenhaus auf, und Ida erfährt, wie ihre Tochter gestorben ist: Noch in ihrer Todesstunde betete Mary Beth für den Mann, der sie erschoss.

Und so reicht Ida über dem Grab des Mörders seiner Witwe Amy die Hand. »Wieso?«, fragt Amy da verwundert. Ida aber lächelt sie an. »Als meine Tochter starb, trug sie Vergebung im Herzen. Wie könnte ich weniger tun?«

Doch bis Ida das sagt, ist es ein mühevoller, ein langer Weg. Denn Idas Wunde klafft abgrundtief. Und mit einem Mal hasst die sonst so sanfte Frau mit jeder Pore ihres Körpers, der sich nach dem toten Kind verzehrt, sodass sie alles am liebsten hinausschreien möchte: die Wut über den Mörder, der ihr das Kind genommen hat; die Wut über den Mann, der sie alleine lässt; die Wut über Gott, der ihr mit einem Mal fern und ungerecht erscheint oder wie einer, der allenfalls gutes Benehmen verlangt.

»Wir müssen Liebe wählen«, beharren Idas Freundin, ihr Mann und die Gemeinde. »Gott will es so!«

Aber stimmt es wirklich, dass Gott uns zum Vergeben *zwingt*? Und dass er unseren Schmerz, die Wut und den Hass nicht ertragen könnte?

Wenn wir durch die Bibel blättern, entdecken wir durchaus andere Töne. In den Psalmen schreien uns die Klagen förmlich an. Und auch beim Propheten Jeremia klingt es ähnlich.

»Warum muss ich endlos leiden?«, klagt der Prophet. »Warum sind meine Wunden unheilbar?« Tagelang hat Jeremia für Gott geschuftet. Doch nun erscheint der ihm wie einer, auf den er sich nicht länger verlassen kann – trotz der Treue, die Jeremia Gott bislang erwiesen hast. »Du hast mich im Stich gelassen wie ein Bach, der im Sommer austrocknet und kein Wasser mehr gibt!« (Jeremia 15,18). Nicht immer erleben Menschen Gott als sprudelnden Quell!

Auch Jesus hat ähnlich gerufen. Als er am Kreuz starb, war es ein Psalm, den er betete: »Mein Gott, mein Gott, warum hast du mich verlassen!« (Psalm 22,2). Ja, Gott erscheint mitunter fern, und statt in Licht gehüllt, taucht er sich in Dunkelheit (Psalm 18,12).

Und doch nimmt Gott, so bezeugen es jedenfalls die biblischen Berichte, den Menschen ihre Klage, die aus dem Empfinden seiner Ferne hervorquillt, nicht übel. Im Gegenteil. Dem zusammengeklappten, verzweifelten Propheten verspricht Gott, er werde ihn wieder aufrichten. »Ich werde dich diesem Volk gegenüber zu einer Mauer aus Erz machen; sie werden dir nichts anhaben können, selbst wenn sie noch so sehr gegen dich anstürmen sollten« (Jeremia 15,20a).

Nein, dass wir vergeben, bleibt unsere Entscheidung; niemand verlangt sie von uns, nicht einmal Gott. »Wem ihr die Sünden vergebt, dem sind sie vergeben«, sagte Jesus. »Wem ihr sie nicht vergebt, dem sind sie nicht vergeben« (Johannes 20,23).

Damit setzt uns Jesus frei, dass wir selbst einen Weg zur Vergebung suchen. Einen Weg, um den wir ringen.

Dabei hat Idas Mann durchaus recht in dem, was er sagt. Hass ist in der Tat wie ein gefräßiges Biest mit vielen spitzen Zähnen, das unser ganzes Herz auffressen will. Und ebenfalls stimmt, dass Gott sich wünscht, dass wir einander vergeben, so steht es schließlich in der Bibel (»Wenn ihr anderen vergebt, wird euch auch vergeben werden!«, Lukas 6,37b; »Vergebt euch gegenseitig, wie auch Gott euch durch Christus vergeben hat«, Epheser 4,32).

Desgleichen trifft zu: Vergebung ist in allererster Linie für uns selbst da, damit wir nicht an dem zerbrechen, was an uns nagt.

Gott hört unsere Fragen. Und er nimmt sie ernst.

Leider aber handelt seine Gemeinde oftmals anders.

Denn die Art, mit der andere Gottes Leitlinien wie Peitschenhiebe herabknallen, reißt Idas Wunde nur noch weiter auf. Glauben die Amish vielleicht, sie müssten sich ähnlichen Fragen und Empfindungen stellen, wenn sie Ida einmal zuhörten mit ihrem Schmerz? Lauert dahinter die Angst, ihr festgefügtes Glaubensfundament könnte wegbrechen, sobald sie sich auf Idas Zweifel einließen?

Würde die Gemeinde sich doch auch an das Bibelwort aus 1. Petrus 4,8 erinnern und den Mantel der Liebe aufspannen, *weit* aufspannen: »Das Wichtigste aber ist, dass ihr einander beständig liebt (wörtlich: eine ausgespannte Liebe habt), denn die Liebe deckt viele Sünden zu!«

Was, nur mal angenommen und herumgesponnen, würde geschehen, wenn auch unsere Gemeinden lernten, solche Fragen anzunehmen, sie vielleicht sogar zu lieben? Würden wir dann allesamt zugewandtere Menschen werden? Und damit glaubwürdiger? Sodass sich vielleicht mehr Menschen dem Heil zuwenden würden, von dem wir behaupten, dass es in Gott zu finden sei?

Denn angesichts der Gebrochenheit des Lebens und den vielen ungelösten Fragen, kann es ohnehin nicht länger darum gehen, dass wir unser Dasein beherrschen, als säßen wir am Mischpult und hielten alle Regler in der Hand. Vielmehr ist uns aufgetragen, inmitten allem Unwägbaren, dem Unfertigen und Zerbrochenen *mit Gott* zu leben, einem Gott, der all das zulässt und von sich sagt: »Bin ich etwa nur ein Gott, der in der Nähe ist, bin ich nicht auch ein Gott in der Ferne?« (Jeremia 23,23).

Denn wahr bleibt gleichfalls: Wo der Schmerz schweigen soll und man ihn wegsperrt, schwelt er weiter wie Glut, die im Verborgenen glimmt. Der Mörder hat es so erlebt: Den Schmerz über das eigene verlorene Kind, das noch als Neugeborenes starb, trug er neun Jahre in sich, bis zu jenem Tag, an dem er dafür Rache nahm an Gott – so die Botschaft seines Abschiedsbriefs.

Wie aber wollen wir nun leben angesichts der Wunden, die uns geschlagen wurden? Und der offenen Fragen und der ungestillten Wut?

Der Dichter Rainer Maria Rilke beschrieb es in einem Brief an den Freund Franz Xaver Kappus (vom 16. Juli 1903 von Worpswede nach Bremen) auf seine Weise: »... ich möchte Sie bitten, Geduld zu haben gegen alles Ungelöste in Ihrem Herzen und zu versuchen, die Fragen selbst lieb zu haben wie verschlossene Stuben und wie Bücher, die in einer sehr fremden Sprache geschrieben sind. Forschen Sie jetzt nicht nach den Antworten, die Ihnen nicht gegeben werden können, weil Sie sie nicht leben könnten. Leben Sie jetzt die Fragen. Vielleicht leben Sie dann allmählich, ohne es zu merken, eines fernen Tages in die Antworten hinein ...«

Meinen Sie, Sie könnten das versuchen?

Mitten im Leben lernen wir nicht, Kontrolle zu leben, sondern Vertrauen. Deshalb buchstabieren wir es jeden Tag aufs Neue. Wir lesen die Bruchstücke auf und hoffen, dass sie sich zusammensetzen lassen, um einen Sinn darin zu finden. Doch nicht immer gelingt uns das. Mitunter bleibt ein Rest, der sich nicht einfügen lässt, und was machen wir dann? Wenden wir uns von Gott ab, oder rufen wir nur umso lauter nach ihm? Vielleicht aber könnten wir jetzt, am Ende all dieser Gedanken und ganz behutsam nur, den Gedanken zulassen, dass Gott sich sogar freut, wenn wir mit ihm ringen?

Nur Mut! Rufen Sie weiter nach Ihrem Gott, wenn der Hass an Ihnen nagt und Sie nicht vergeben wollen. Wenn Sie blind sind und verkrümmt vor Schmerz. Rufen Sie laut und immer lauter und einerlei, was andere dazu sagen! So wie Bartimäus, der blinde Mann, der viele, viele Jahre schon auf dem Boden kauert und sich dann die Seele aus dem Leib brüllt, als er hört, dass Jesus vorübergeht – weil er die Hoffnung hat, dass dieser ihm endlich helfen könnte (Markus 10,46-52).

Wenn Sie dann aber vor Jesus stehen, bettelarm und vielleicht ohne jede Liebe im Herzen, und er Sie fragt, was er Ihnen tun soll und Sie antworten: »Herr, ich verstehe nicht, was mir widerfuhr, aber ich lasse mich dir und auch den, der mir Böses tat!«, so ist das bereits unendlich viel: Denn jetzt stehen Sie vor Jesus.

Bei ihm beginnen wir zu verstehen, was vergeben heißt.

Und bei ihm werden wir heil.

Fragen

- Welche Wunden gären noch in mir? Pflastere ich sie zu oder klage ich sie meinem Gott? Was für Fragen bewegen mich? Lebe ich sie?
- Was geschähe, wenn ich meine Unruhe mit den vorgefertigten Antworten einmal zuließe und stattdessen auf das hörte, was mir mein Körper sagt? Wenn ich also Nackenschmerzen habe, was (oder wer) sitzt mir im Nacken? Oder wenn mir übel wird, was finde ich zum ... na, Sie wissen schon!
- Wem mute ich mich zu wie ich bin? Kenne ich einen Menschen, dem ich Ungeklärtes anvertraue?

Mein Gebet

Lieber Herr, du hältst meine Dunkelheiten aus, meine Zweifel und Klagen. Du möchtest sogar, dass ich damit zu dir komme! Ich will mit dir leben, so wie ich bin: mit meinen Fragen, meinen Wunden und meiner Sehnsucht. Wie Bartimäus rufe ich zu dir: Komme du und mach mich heil! Amen.

Für Hand und Fuß

Stolpern wir durch Lebensabschnitte, die uns zersplittert und dunkel vorkommen, kann es hilfreich sein, rein äußerlich einmal Ordnung zu schaffen. Bringen Sie Ordnung in die Dinge um Sie herum, wenn das

Chaos in Ihnen tobt. Misten Sie den Kleiderschrank aus! Topfen Sie Chrysanthemen und Hibiskus in größere Kübel um. Schaffen Sie Platz in Ihrer Kruschtelschublade. Legen Sie ein Puzzle! Mitunter lichtet sich mit den Griffen, die wir setzen, das Zerstreute in uns, und durch Unaufgeräumtes weht mit einem Mal ein Hauch von Weite.

Weitersehen

- Der Film erzählt in einer großen Kreisbewegung: Von der Neueinweihung der Schule springt die Handlung in die Vergangenheit und endet schließlich wieder in der Gegenwart.
- Um in die Vergangenheit überzuleiten, bedient sich *Wie auch wir vergeben* eines Match Cuts. Bei dieser Schnitttechnik schneidet man mitten in eine Bewegung, die in der nächsten Einstellung zeit- oder raumversetzt fortgeführt wird: Erst zeigt die Kamera Katie, Mary Beths kleine Schwester, wie sie an Krücken humpelt, und erfasst dann in einer Nahaufnahme ihren amputierten Fuß. Anschließend sehen wir Katie, sechs Monate zuvor – so verrät es ein Untertitel – unbeschwert auf beiden Beinen herbeispringen.
- Das Attentat kündigt sich bereits in den Bildern an: Fröhlich begrüßt die Lehrerin die Klasse, bevor sie auf die Kamera zugeht und diese vollständig mit ihrem Rock zudeckt, sodass das Bild ins Schwarz abtaucht – eine düstere Vorahnung! Nach der Tat fängt die Kamera in mehreren Einstellungen verlassenes Spielzeug ein: einen Ball im Gras, die leere Wippe. Bilder, die vom Schrecken erzählen, ohne ihn abzubilden.

Idee für einen gemeinsamen Filmabend

Das Wörtchen, das der Heilung innerer Wunden meines Erachtens am meisten entgegensteht, lautet *muss*. Versuchen Sie gemeinsam einmal, es aus Ihrem Vokabular zu streichen – vielleicht für zwei Wochen? Sagen Sie »ich will« oder »ich habe freiwillig gewählt!«, wenn Sie etwas vorhaben oder etwas ansteht. »Davon kann wohl kaum die Rede sein!«, jammern Sie? Dann sagen Sie: »Ich will nicht!«

Wie fühlt sich das an? Fällt es Ihnen schwer? Verändert sich etwas bei Ihnen und in Ihrem Umgang miteinander?

Die Truman Show

(Regie: Peter Weir, USA 1998, 99 Minuten, FSK 12)

Ein Mann (Ed Harris) blickt durchdringend in die Kamera, als dächte er angestrengt über etwas nach. Es ist Christof, gefeierter Erfinder und Regisseur einer gigantischen Fernseh-Live-Show. Schon vor der Geburt adoptierte Christofs Fernsehfirma einen kleinen Jungen, nannte ihn Truman Burbank und richtete die erste Kamera auf ihn, sodass alle Welt zusah, wie Truman im Bauch seiner leiblichen Mutter strampelte. Unbekümmert, ahnungslos. Christof bringt es auf den Punkt: »Während die Welt, die Truman bewohnt, in gewisser Weise gefälscht ist, ist absolut nichts Gefälschtes an Truman selbst. Es ist nicht immer Shakespeare, aber es ist echt. Es ist das Leben.« Die Namen der Schauspieler folgen, der Titel flimmert übers Bild und wir sind mittendrin in der »Truman Show«.

Über fünftausend Kameras belagern mittlerweile Trumans Leben, an dem eigentlich nichts außergewöhnlich ist. Truman (Jim Carrey) ist mit Meryl (Laura Linney) verheiratet. Tagsüber arbeitet er in einer Versicherung, abends trinkt er mit seinem Freund Marlon (Noah Emmerich) am nahe gelegenen Strand ein Bier. Wir sehen, wie er sich morgens Rasierschaum auf die Wangen klatscht, die Nachbarn grüßt und mit dem Auto zur Arbeit fährt.

Lange ahnt Truman nichts von der Künstlichkeit der Welt, die ihn umgibt und in der jeder seinen Platz kennt und seinen Text. Zumal es sich recht behaglich lebt in dem beschaulichen Städtchen Seahaven, das Christof unter einer Kuppel, dem OmniCam-Ecosphere-Gebäude, erbaut hat als Insel mit allem Drum und Dran, Sternenzelt, Sonne und Mond.

Truman Show, Paramount

Doch eines Morgens knallt ein Scheinwerfer aus dem reisebroschürenblauen Himmel vor Trumans verdutzte Füße. Prompt meldet das Radio, ein Flugzeug habe eine Lampe verloren. Truman aber, als wäre er aus tiefem Schlaf erwacht, beobachtet fortan genau, was um ihn herum geschieht. Die Gleichmäßigkeit, mit der Autos wie Spaziergänger an ihm vorbeischnurren, verstört, denn sie wirkt, als läge hinter alledem ein unsichtbarer Plan, ein Drehbuch. Und die Pannen häufen sich: Einmal gerät Truman in Christofs Funk, der jeden seiner Schritte haarklein wiedergibt. Dann regnet es – doch einzig über ihm. Buchstäblich blickt Truman hinter die Kulissen, als er hinter einem Fahrstuhl eine doppelte Wand erblickt. Und wieso drückt man ihn beharrlich vor Plakate und macht Meryl noch im heftigsten Ehekrach Werbung für eine Kaffeesorte?

Truman will jetzt fort, einmal auf die Fidschiinseln reisen und seine Jugendliebe Lauren Garland (Natascha McElhone) suchen, die Christof längst aus Seahaven entfernt hat, weil sie nicht ins Drehbuch passte; Lauren, mit dem Sticker am Pulli, der die Lage so treffend beschrieb: »Wie wird dies alles enden?« Doch schon rückt Marlon mit den Sixpacks an und säuselt Trumans Unruhe mit Bier und sanften Worten zu. Meryl spricht von Überspanntheit und möchte ein Baby haben.

Ohnehin ist es nicht so einfach, den wasserumspülten Ort zu verlassen, denn vorausschauend hat Christof Truman das entsprechende Trauma verpasst: Als kleiner Junge sah er mit an, wie sein Vater beim Segeln ertrank – angeblich; seitdem meidet Truman jedes Wasser. Doch dann taucht der alte Mann unvermutet am Set auf und Christof kommt nicht umhin, ein Wiedersehen zu inszenieren samt Nebelschwaden und Geigen, die sich in Verzückung schrauben. Jetzt aber will Truman erst recht aufbrechen und wissen, wer er wirklich ist; zumal er nun von seinem Trauma geheilt ist. Da mögen die Wellen noch so romantisch am blankgeputzten Sandstrand lecken und Marlon beharren, nirgendwo leuchte der Mond schließlich schöner als hier, während just dort Christof lauert und seinem Schauspieler per Minimikrofon die Zeilen zuflüstert: »Was auch geschieht, ich werde dich nie belügen!«

Und so bricht Truman auf, heimlich, allein und im Dunkeln, sodass selbst die Gestirne durcheinanderpurzeln: Denn Christof lässt die Sonne anknipsen mitten in der Nacht, damit man Truman besser finden kann.

Der aber segelt längst auf dem Kunstmeer dahin und lässt sich auch vom Sturm nicht aufhalten, den Christof wutentbrannt befiehlt und in dem Truman beinahe untergeht, bis sein kleines Boot den Horizont rammt, das Ende seiner ganzen bisherigen Welt. Stufen führen zu einer Tür, die sich ins Unbekannte öffnet – auch wenn Christof jetzt zum ersten Mal mit Truman spricht.

»Wer bist du?«, fragt der.

»Ich bin der Schöpfer der größten Fernsehshow der Welt.«

»Wer bin ich?«

»Du bist der Star!«, antwortet Christof und wirbt darum, dass Truman bleibt. Doch als der schweigt, bricht sich Christofs berechnendes Herz unverhohlen Bahn. »Sag was, alle Welt hört zu!« Da verbeugt sich Truman, wie er es jeden Morgen tat: »Und falls wir uns nicht mehr sehen sollten: Guten Tag, guten Abend und gute Nacht!«

Da leben wir womöglich ganz beschaulich unser Leben. Wir haben uns eingerichtet, doch plötzlich machen sich Bruchstellen bemerkbar. Kleine, feine Risse in unserem Alltagsgefüge, ein Unbehagen, das leise, aber beharrlich anklopft: »War's das jetzt?« Und: »Könnte es wohl anders sein?«

Vielleicht waren wir bis zu unserem dreißigsten Lebensjahr damit beschäftigt, die Versatzstücke unseres Lebens zu einem, wie es uns erschien, wunderbaren Drehbuch zusammenzukleben, und das ist auch ganz in Ordnung so: Wir erlernen einen Beruf, der uns (hoffentlich) Freude macht, wir heiraten, bekommen Kinder (und einen Hund), bauen ein Haus und genießen im Sommer unseren Urlaub auf Rügen.

Doch mit einem Mal, unvermutet, als würde auch uns ein Scheinwerfer vor die Füße plumpsen aus einer bislang heilen Welt, stellt sich der Gedanke ein, dass es durchaus einen Unterschied geben könnte zwischen den Rollen, die wir tagein, tagaus spielen – als Ehefrau und Ehemann, als Tochter, Sohn, Mutter, Vater, im Beruf und in der Gemeinde –, und unserem Selbst, zu dem uns Gott schuf, als er seinen Lebensodem in uns blies (1. Mose 2,7). Und was machen wir dann?

Eine Zeit lang mögen wir das nagende Stimmchen abtun. Doch irgendwann, wenn die Fragezeichen hinter unseren Fragen zunehmen, lässt es sich nicht länger überhören: Sind die Rollen, die wir uns zwar möglicherweise selbst ausgesucht haben, tatsächlich ein Ausdruck dessen, wer wir sind? Oder handeln wir nur noch nach einem Drehbuch, das andere für uns schreiben?

Vielleicht ergeht es uns wie Claudia.

Claudia möchte Künstlerin werden, doch ihre Mutter, die Claudia sehr liebt, hat Angst um die Tochter. Die Aussichten, eine berühmte Malerin zu werden, sind ja so gering; wie soll sie sich ernähren? Ach was, Claudia wird es trotzdem versuchen! Doch einen Winter später, ohne Freunde in der großen Stadt und umso mehr umringt von anderen ehrgeizigen Kunststudentinnen, rückt der Traum von Anerkennung in weite Ferne, und die Reden der Mutter drängeln sich umso kräftiger herein. So bricht Claudia das Studium ab und lernt etwas »Solides«. Sie macht eine Banklehre, heiratet und bekommt zwei Kinder. Und doch fragt sie sich heute, ob die Kunst, die ihr einst so viel bedeutete, wirklich nur ein Hobby hatte bleiben sollen und warum es ihr manchmal so vorkommt, als sei ihr Leben zum Klischee geschrumpft.

Truman entdeckt das Drehbuch, das andere für ihn schreiben, an den fein geregelten Abläufen um ihn herum. Manche nennen das Routine. Und auch wir spüren plötzlich, mittendrin im Alltag, dass wir auf dem langen Weg, in dem wir die Bausteine unseres Lebens aufeinanderstapelten, unser Selbst verloren, und ahnen: Es wird Zeit, dass wir uns um unsere Seele kümmern, ehe sie verkümmert. Höchste Zeit.

Also machen wir uns auf.

Claudia belegt einen Zeichenkurs, und auch samstags greift sie jetzt zum Pinsel.

Doch hoppla.

Wenn einer einen Schritt macht, purzeln die anderen gleich mit, wir kennen das vom Tanzen, und es ist eher unwahrscheinlich, dass es ihnen gefällt.

Vielleicht klingt es sogar fürsorglich: »Nimmst du dir nicht zu viel vor? Verschieb es doch auf später, warte, bis die Kinder groß sind!« Drängeln wir aber weiter, weil es in uns drängelt, wird der Ton schon schärfer: »Denk an deine Kinder. An deine Eltern. An mich!«

Und prompt werden unsere Schuldgefühle wach: »Hast du es denn nicht gut genug? Was willst du eigentlich noch mehr??«

Unversehens stecken wir im dichtesten Stau fest, ganz wie es Truman erlebt. Denn wer sich aufmacht, sollte sich auf Widerstände einstellen. Truman wird von einer Meute gesichtsloser Männer in Schutzanzügen zu Boden gedrückt – ein Bild, das schmerzt, weil es so viel Raum für Eigenes lässt: Was uns persönlich niederringt, wissen wir selbst am besten. Bei mir sind es Schokoriegel, jede Menge Koffein und eine leise nagende Stimme im Hinterkopf: »Das schaffst du nie!« Warum, fragt man sich da, fällt es uns nur so schwer, wir selbst zu sein?

In 5. Mose 30,19 stellt Mose das Volk vor eine Entscheidung: »Heute stelle ich euch vor die Wahl zwischen Leben und Tod, zwischen Segen und Fluch. (...) Wählt doch das Leben!«

Wie sonderbar! Warum sollten Menschen den Tod wählen statt das Leben?

Christof drückt es so aus: »Wir akzeptieren die Welt, die man uns darbietet.« Zwar mögen wir nicht glücklich sein mit dem Leben, das wir führen, aber es ist zumindest da, überschaubar, berechenbar und vermutlich ganz bequem wie das Sofa, auf dem wir allabendlich zur Fernbedienung greifen oder der Job, der uns anödet, aber immerhin ein geregeltes Einkommen verschafft. Wir können darüber schimpfen – und vielleicht bemitleidet mancher uns sogar –, ändern brauchen wir es deshalb noch lange nicht.

Und so werden wir selbst zum größten Hindernis, wenn es darum geht, das Drehbuch unseres eigenen Lebens zu schreiben.

»Du verlässt deine vertraute Welt nicht«, höhnt Christof, »weil du dich nicht traust.«

Autsch, ich glaube, er hat recht!

Angst hält uns davon ab, Veränderungen anzugehen.

Angst vor dem Neuen.

Angst vor dem Ungewohnten.

Angst vor einer Niederlage.

Angst vor dem Erfolg.

Angst vor dem, was alles sein könnte, wäre es nicht so, wie es heute ist – so gemütlich und überschaubar.

Vollkommene Sonnenuntergänge aber gibt es nur in einer Welt, in der alles geregelt und abgesichert ist, weil wir nichts mehr wagen.

»Wer sein Leben so einrichtet, dass er niemals auf die Schnauze fallen kann, der kann nur auf dem Bauch kriechen!«, sagte einst Heinz Riesenhuber, der ehemalige deutsche Forschungsminister.

Wer hingegen sein Leben selbst gestaltet, gerät ziemlich sicher in heftige Stürme. Es reißt uns das Ruder aus der Hand, unser Lebensschiffchen schwankt. Schon befürchten wir, unterzugehen und schreien: »Herr, kümmert es dich nicht, dass wir versinken?« (Markus 4,35-41).

Und trotzdem ruft uns Jesus über das Wasser. »Herr, wenn du es wirklich bist«, sagte Petrus, »befiehl mir, auf dem Wasser zu dir zu kommen!«

»Dann komm!«, antwortete Jesus (Matthäus 14,25-33).

Gut, versuchen wir es also, weil wir wissen, dass der Preis, den wir zahlen, wenn wir auf dem Trockenen bleiben, unvergleichlich höher ist, als wenn wir losziehen und dabei nass werden.

»Was nützt es, die ganze Welt zu gewinnen«, warnte Jesus, »und dabei seine Seele zu verlieren? Gibt es etwas Kostbareres als die Seele?« (Matthäus 16,26).

Verlieren wir uns selbst, lässt sich der Verlust nicht bezahlen.

Warum blieb am ersten Dezember 1955 in Montgomery, Alabama, die zweiundvierzigjährige schwarze Näherin Rosa Parks auf einem Busplatz für »whites only« – »nur für Weiße« – sitzen, ungeachtet dessen, was es sie kosten würde? Und doch setzte sie damit eine Bewegung in Gang, die den Schwarzen zu mehr Rechten verhalf.

Fragte man Parks später, warum sie nicht aufgestanden war, lautete ihre Antwort: »Ich war müde!« Müde, weiterhin das Leben zu führen, das andere ihr zuwiesen, ein Leben, in dem sie zwar existierte, aber nicht sie selbst sein durfte. Und so durchbrach sie die vorgefertigten Rollen und begann, ihr eigenes Drehbuch zu schreiben.

Und wir?

»Meine lieben Freunde, wir sind schon jetzt die Kinder Gottes, und wie wir sein werden, wenn Christus wiederkommt, das können wir uns nicht einmal vorstellen. Aber wir wissen, dass wir bei seiner Wiederkehr sein werden wie er, denn wir werden ihn sehen, wie er wirklich ist.« (1. Johannes 3,2).

Gottes Wort wird uns zum Trost auf unserem Weg. Einmal, so ist es uns versprochen, werden wir so sein wie er; aber es dauert noch. Fest steht nur, dass wir uns unsicher fühlen werden, wenn wir uns aufmachen. Höchstwahrscheinlich fallen wir sogar auf die Nase und wissen bald gar nicht mehr, wer wir sind.

Aber lieber einmal vom Pferd plumpsen, wie es Paulus widerfuhr, der einst ein Saulus war, als ewig in die falsche Richtung weitertraben; lieber drei Tage blind, als ein Leben lang ohne Einsicht wüten!

Womöglich liegt das Neue sogar näher als wir befürchten. Wo wir nämlich ehrlich werden mit Haut und Haar, weil wir müde geworden sind von unserem Lebensspiel, so müde wie einst Rosa Parks, dass wir einfach sitzen bleiben inmitten all unseres Tuns, könnte das jener entscheidende erste Schritt werden, dass wir unsere Seele wiederfinden, die Jesus so kostbar ist, dass er dafür starb.

Weil aber so vieles noch verborgen liegt, dürfen wir uns doch schon heute damit trösten, dass Gott uns für das Ende aller Tage einen Stein verheißt, auf dem ein Name geschrieben steht, *unser* Name. »Ich werde ihm einen weißen Stein geben; und auf dem Stein wird ein neuer Name geschrieben sein, den niemand kennt außer dem, der ihn erhält« (Offenbarung 2,17).

Und dann werden wir wirklich wissen, wer wir sind.

Fragen

- Wessen Lebensgeschichte lebe ich? Meine eigene? Oder erfülle ich lediglich die Erwartungen anderer, meiner Eltern, meiner Familie, meines Chefs, meiner Freunde?
- Welche Bruchstellen kenne ich in meinem Leben? Kann ich in ihnen die Gelegenheit zu Wendepunkten entdecken?
- Wenn ich das Leben führen würde, das ich mir insgeheim wünsche, welchen Namen würde ich dann tragen? Oder hieße ich womöglich gleich, aber mein Name wäre mit anderer Bedeutung gefüllt?

Mein Gebet

Lieber Herr, ich möchte ich selbst werden und das Leben leben, zu dem du mich rufst. Danke, dass mein Wert sich nicht in den Rollen, die ich ausübe, begründet, sondern einzig in der Tatsache, dass ich dein geliebtes Kind bin. Amen.

Für Hand und Fuß

Andere Menschen treffen Aussagen über uns, und vielfach übernehmen wir sie. Ursprünglich mag das notwendig gewesen sein; so erfuhren wir in unserer Ursprungsfamilie vielleicht ein Mindestmaß an Anerkennung. Aber gilt das heute noch? Seit Gott in unser Leben kam, schreibt er seine Sätze für uns. Gottes Wort ist wirksam (Jesaja 55,10f, Hebräer 4,12), setzen Sie sich ihm aus! Verwandeln Sie die Sätze, die sich in ihnen eingegraben haben wie Gipsabdrücke und die Sie niederdrücken und festlegen, in Worte des Lebens:

»Ich habe Angst!«, klagen wir. Gott sagt: »Fürchte dich nicht!« (Jesaja 41,10). »Ich bin dumm!«, sagen wir. Gott antwortet: »Ich gebe dir Weisheit!« (Jakobus 1,5). »Ich schaffe das nicht«, jammern wir. Gott sagt: »Das schaffst du« (Philipper 4,13). Wir wissen nicht weiter. Gott sagt: »Ich leite dich« (Sprüche 3,5-6). Was ist Ihr persönlicher So-lege-ich-mich-fest-Spruch, und was könnte Gott darauf antworten?

Weitersehen

- Seit 2008 im British Journal of Psychiatry von Patienten berichtet wurde, die davon überzeugt waren, Hauptdarsteller in einer Reality-Show zu sein, gibt es den »Truman-Show-Wahn«.
- Im Film wimmelt es von sprechenden Namen: Trumans Vorname setzt sich aus den Wörtern true (von »wahr, echt«) und man (»Mensch, Mann«) zusammen. Truman ist die einzige ungekünstelte Person im Film (Trumans Nachname Burbank ist eine Anspielung auf den realen Ort Burbank in Kalifornien, an dem sich viele Fernseh- und Filmstudios angesiedelt haben). Weitere sprechende Namen sind Trumans Frau Meryl, von englisch merely – bloß; auch sie täuscht lediglich Gefühle für Truman vor, und der Name des Bootes, mit dem Truman in die

neue Welt aufbricht: Santa Maria hieß das größte Schiff in Christoph Kolumbus' Flotte.

- Finanziert wird die Truman Show durch Product-Placement, dessen Mechanismen der Film zur Schau stellt: Product-Placement bezeichnet die gezielte Einbringung von Markenprodukten in die Handlung eines Films, zum Beispiel, indem sie als Requisiten auftauchen.

Idee für einen gemeinsamen Filmabend

»Meine lieben Freunde, wir sind schon jetzt die Kinder Gottes, und wie wir sein werden, wenn Christus wiederkommt, das können wir uns nicht einmal vorstellen. Aber wir wissen, dass wir bei seiner Wiederkehr sein werden wie er, denn wir werden ihn sehen, wie er wirklich ist« (1. Johannes 3,2). Das ist ein aufregender Vers. Denn was bedeutet es, dass wir sein werden wie Jesus? Hat das Auswirkungen auf unser Leben heute? Und was bedeutet das für unser Miteinander? Lernen Sie den Vers auswendig und tauschen Sie sich darüber aus.

Schutzraum für wunde Punkte:
Blind Side – die große Chance

(Regie: John Lee Hancock, USA 2009, 128 Minuten, FSK 6)

Er ist groß, geradezu bullig, spricht wenig und wenn, dann mühsam, als müsste er jedes Wort auf der Zungenspitze umdrehen. Und er ist schwarz. Doch als die Thanksgiving-Feier der Schule vorüber ist und er allein und offensichtlich planlos auf der Straße rumhängt – im T-Shirt und frierend – lässt die Innenarchitektin Leigh Anne Tuohy (Sandra Bullock) ihren Mann Sean (Tim McGraw) den Wagen wenden und schiebt den massigen Kerl, der keine Bleibe hat, ohne großes Federlesen auf die Rückbank. Der kleine S. J. (Jae Head) rückt bereitwillig zur Seite und ist entzückt. Die quirlige Teenietochter Collins (Lilly Jane Collins), die sich daheim mit Gurkenmaske im Gesicht auf dem Sofa lümmelt, guckt zwar erstaunt, als der Hüne im Wohnzimmer steht, aber sei's drum: Michael Oher (Quinton Aaron), genannt »Big Mike«, ist da, und so ist es gut.

Seiner drogensüchtigen Mutter wurde Michael weggenommen, als er sieben war. Seitdem reicht man ihn von einem Heim zum nächsten weiter. Seinen Vater hat Michael nie gesehen. Dreizehn Halbgeschwister lungern irgendwo im gesetzlichen Zwielicht, verstreut über die ganze Stadt. Michael kennt weder seinen richtigen Namen noch sein genaues Alter, vielleicht ist er siebzehn. Doch Leigh Anne kümmert das wenig. Sie nimmt Michael auf, als wäre es das Selbstverständlichste auf der Welt, dass eine wohlhabende weiße Familie aus der Mittelschicht einen Schwarzen unbekannter Herkunft bei sich beherbergt. Sie kauft Michael Kleidung und richtet ihm ein eigenes Zimmer her, wo er zum

Blind Side, Warner

ersten Mal ein Bett ganz für sich alleine hat. Später übernimmt sie auch die Vormundschaft für ihn.

Auf der christlichen Schule, die bislang nur weiße Kinder unterrichtet, nimmt man Michael auf, weil er das Zeug zu einem guten Sportler hat: massig, dennoch gelenkig, stämmig und stark. Der Coach des Footballteams zeigt sich begeistert, aber es ist Leigh Anne, die Michaels Stärken wachkitzelt und seinen außergewöhnlichen Beschützerinstinkt entdeckt, der ihn geradezu für einen Posten vorherbestimmt: den Linken Tackle.

In jeder Footballmannschaft gibt es einen besonders wichtigen Spieler: Der Quarterback gestaltet das Spiel und bestimmt den nächsten Zug. Doch auch der stärkste Spieler hat seine Schwachstelle. Hinter seinem Rücken liegt seine *blind side*. Michaels Aufgabe wird es sein, diese Seite als Linker Tackle zu beschützen, und bald macht er es so wirkungsvoll, dass die Trainer der Colleges bei den Tuohys Schlange stehen, um Michael für ihre Mannschaften anzuwerben.

Doch für ein Collegestudium bräuchte Michael ein erheblich besseres Zeugnis, und so werden seine unterirdischen Noten mithilfe einer Privatlehrerin (Kathy Bates) beharrlich angehoben. Und irgendwann hat er es geschafft: Michael schließt die Highschool mit dem nötigen Punktedurchschnitt ab und entscheidet sich für die »Ole Miss«, die University of Mississippi.

Das weckt prompt den Argwohn des Nationalen Athletenverbandes. Man wittert, die Tuohys hätten Michael in seiner Wahl beeinflusst; schließlich stammt die Familie aus Mississippi und die Ole Miss ist die Uni der Tuohys.

Und schon wachsen die Zweifel in Michaels Herzen. Denn was, wenn es stimmen sollte, was man raunt: Die Tuohys hätten ihn nur deswegen aufgenommen, um ihrer Universität einen Vorteil zu verschaffen – ein Verdacht, der deshalb aufkeimen kann, weil studierte Amerikaner ihre Unis lieben, und Unis von guten eigenen Sportlern profitieren.

Da läuft Michael fort. Und erst nach langer Irrfahrt, bei der Leigh Anne sämtliche Viertel der Stadt abklappert, treffen sie einander in einem Waschsalon wieder. Nun endlich kann Leigh Anne Michael fragen, was sie »längst hätte fragen sollen«: »Michael, willst du wirklich Football spielen?« Denn egal, wie er sich entscheidet, Leigh Anne wird es gutheißen, weil er ihr Sohn ist.

Da versteht Michael, dass sie ihn wirklich liebt. »Aber ich spiele doch ganz gut!«, lacht er.

Und so bleibt es dabei: Michael wird für die Ole Miss spielen und der Grund dafür ist so schlicht wie einleuchtend: »Weil dort meine ganze Familie war.«

Beim American Football ist der Quarterback der bestbezahlte Mann. Doch ein zweiter ist fast genauso wichtig, der Linke Tackle, weil er den Quarterback beschützt, wenn der vorwärtsstürmt. Denn hinter seinem Rücken ist der Spielgestalter blind. Ungeschützt und wehrlos. Dort lauert auch die Angst. Denn wer wird ihn überfallen, hinterrücks, wenn er am Zug ist?

Wir alle kennen das aus unserem Leben, denn wir alle haben unsere Stellen, wo wir verwundbar sind. Und manchmal trifft es uns ganz unvermutet.

Wir dachten, auf der Arbeit läuft es wie geschmiert, nichts könnte uns umhauen. Aber dann macht unser Chef eine kleine Bemerkung, nur so nebenbei und eigentlich ganz harmlos, und, schwupps, schon klappen wir um! Der Frisör mäkelt an unserem selbstgezupften Pony rum. Die Nachbarin findet, dass unsere Kinder viel zu laut im Garten toben ... Und ehe wir uns versehen, sind wir zutiefst getroffen und beginnen, an uns zu zweifeln: an unserem Aussehen, unseren Fähigkeiten und unserer Art – ganz allgemein.

Oder aber wir haben uns aufgerafft. Wir sind am Ball und stürmen vorwärts – wie ein Quarterback! Und plötzlich prasseln all die angeblich gut gemeinten Fragen auf uns ein, wie es auch Leigh Anne widerfährt: Machst du das aus Nächstenliebe? Oder willst du dir bloß beweisen, was du für ein cooler Typ bist? Hast du dir das gut überlegt? Ist es nicht zu gefährlich? Hast du je an deine Kinder gedacht? Und an deine Eltern?

Dann schlagen wir, verwirrt, unsere Bibeln auf und suchen nach Worten, die uns wieder zuversichtlich stimmen, und stecken schließlich mittendrin, irgendwo zwischen Vertrauen und Angst, wenn wir Folgendes lesen: »Du bist mein schützender Fels und meine Festung. Führe und leite mich um der Ehre deines Namens willen. Zieh mich aus der Falle heraus, die meine Feinde mir gestellt haben, denn bei dir allein finde ich Schutz« (Psalm 31,4f).

Der Beter jedenfalls kannte einen Linken Tackle, einen wie Michael Oher, der ihn beschützte und bei dem er sich barg. Aber kennen wir so einen auch?

Das Alte Testament überliefert uns die Geschichte einer ergreifenden Gottesbegegnung: Gott beauftragte Mose, das Volk Israel nach Kanaan zu führen, doch angesichts der gewaltigen Aufgabe befiel Mose die reine Panik. Er wusste ja, dass die Israeliten eigenwillig waren (2. Mose 33,9), und wie sollte er das bewerkstelligen, wenn Gott nicht mit ihm war? »Woran soll man erkennen, dass du deinem Volk und mir wohlgesonnen bist«, rief Mose, »doch einzig daran, dass du mit uns ziehst!« (Vers 1). Förmlich hören wir das Zittern in seiner Stimme! Und Gott antwortete ihm prompt.

Er versprach, mit Mose zu sein, mehr noch: Mose sollte erfahren, dass es einen Schutzraum bei ihm gab, dem Herrn der Welt. »Stell dich hier auf diesen Felsen neben mich. Wenn ich dann in meiner Herrlichkeit vorüberziehe, werde ich dich in die Felsspalte stellen und meine Hand schützend über dich halten, bis ich vorübergegangen bin. Dann will ich meine Hand wegnehmen und du wirst mir hinterher sehen. Mein Gesicht aber kann niemand sehen« (2. Mose 33,21-23).

Gott löste sein Versprechen ein, und Mose erlebte, wie der Herr an ihm vorüberzog.

Aber Gottes Angesicht sah Mose nicht.

Viele Seiten später, im Neuen Testament, geschieht etwas Wundervolles, ein Wunder: Denn seit Jesus kam, dürfen wir Gott selbst ins Gesicht sehen! »Wenn ihr erkannt habt, wer ich bin, dann habt ihr auch erkannt, wer mein Vater ist«, sagte Jesus (Johannes 14,7a).

Dort aber, in Jesu Angesicht, erblicken wir eine Liebe, die uns einlädt, Gottes Kinder zu werden. »All denen aber, die ihn aufnahmen und an seinen Namen glaubten, gab er das Recht, Gottes Kinder zu werden.« So beginnt das Johannesevangelium (Kapitel 1,12).

Das verändert uns – durch und durch!

Denn fortan prägt nicht länger die Angst unser Leben, sondern das Vertrauen, das Kinder zu ihren Eltern haben – meistens jedenfalls und hoffentlich.

Nimmt Leigh Anne Michael also nur deshalb bei sich auf, weil es ihr Geldbeutel zulässt? Oder handelt sie nicht vielmehr deswegen so beherzt, weil sie sich bei Gott geborgen weiß und Jesu Worte wörtlich nimmt und die Verheißung, die darin zum Klingen kommt? »Wer ein solches Kind in meinem Namen aufnimmt, der nimmt mich auf!« (Matthäus 18,5).

Man muss sich das einmal auf der Zunge zergehen lassen: Im anderen, der unvermutet meinen Weg *durchkreuzt*, begegnet uns Gott selbst. Und wir bräuchten bloß die Tür zu öffnen, damit er bei uns eintritt.

Bei alledem kommt es mir letztlich so vor, als würde Leigh Anne sagen: »Dieser Junge ist mir vor die Füße geplumpst. Er durchkreuzt mein Leben, und deshalb nehme ich ihn jetzt auf, als wäre dieser große, schwarze, fremde Junge mein eigenes Kreuz.« Gemäß dem Jesuwort: »Ihr könnt auch nicht meine Jünger sein, wenn ihr nicht euer Kreuz auf euch nehmt und mir nachfolgt!« (Lukas 14,27).

Geht das nun gänzlich ohne Angst?

Nun, ich fürchte nicht!

Denn ein Leben ohne Angst ist eine Illusion.

Wie sagte es Jesus?

»Hier auf der Erde werdet ihr viel Schweres erleben!« (Johannes 16,33). Im Griechischen steht für Schweres das Wort *thlipsis*. Es ist das Kernwort, mit dem das Neue Testament die Bedrängnis beschreibt, die Christen in dieser Welt erfahren. Und zugleich schwingt in ihm die Vorstellung von Enge und Beklemmung mit – wie ja auch das deutsche Wort Angst in der Enge seinen Ursprung hat.

Ja, wir stecken wahrlich öfters in der Klemme, wer wollte es bestreiten?

Jesus versprach nicht, dass er daran etwas ändern würde. Wohl aber hat er uns verheißen, dass wir mit der Angst *leben* können, weil er uns, inmitten der Bedrängnis, die uns befällt, beschützt. »Ich habe euch das alles gesagt, damit ihr in mir Frieden habt. Hier auf der Erde werdet ihr viel Schweres erleben. Aber habt Mut, denn ich habe die Welt überwunden!« (Johannes 16,33). Jesus – unser Linker Tackle!

Wie gut, wenn wir dann begreifen, dass wir die Angst nicht beseitigen müssen, als könnten wir sie mit frommen Sprüchen ausradieren, sondern dass uns die Angst zu Jesus treiben darf – als wäre sie ein Lockruf ins Vertrauen. »Vertrauen wächst unter dem Nadelkissen des Zweifels«, schrieb ich einmal in einem Gedicht. Denn Vertrauen gewinnt erst dort Gestalt, wo man uns in die Mangel nimmt.

Insofern lautet die Frage auch gar nicht, ob wir immer furchtlos handeln, wenn wir vorwärtsstürmen als Gottes Kinder wie Leigh Anne, sondern ob wir Menschen sind, die sich halten lassen in ihrer Angst.

Noch etwas, bevor wir gleich zum Abpfiff blasen: Wir sollten Leigh Anne nicht hassen, auch wenn sie uns, zugegeben, mitunter schon ein wenig nervt. Denn immer sieht sie gut aus. Ihre Haare fallen tadellos. Ihre Kinder streiten nicht und ihr Ehemann trägt sie auf Händen. Scheinbar mühelos pendelt sie zwischen der Arbeit, den Schulspielen der Kinder und einer formvollendeten Thanksgivingtafel. Und doch können wir hinter dem Bild der Superfrau jenes andere entdecken: Das Bild einer Frau, die genauso um ihren Weg ringt wie wir. Die zweifelt. Und sich hinterfragt. Und dennoch – weitermacht.

Und dann wissen wir wieder, dass es nicht auf unseren prallen Geldbeutel, unser tolles Aussehen oder unsere Redegewandtheit ankommt, ob wir andere beschenken oder nicht, wenn wir wie Gottes Kinder handeln. Denn jedem von uns stellt Gott jemanden wie Michael Oher in den Weg, einen Menschen oder auch eine Angelegenheit, die unsere geordneten Bahnen durchkreuzt. Entscheiden wir uns dann aber, zu vertrauen, können auch wir beherzt die Türe öffnen und sagen: »Tritt ein!« – selbst wenn uns die Angst im Nacken sitzt.

Fragen

- Wo bin ich voller Angst und verwundbar und wage es doch, loszugehen?

- Wie kann ich lernen, Jesus immer mehr zu vertrauen und mich bei ihm zu bergen?
- Wo plumpst mir jemand vor die Füße und ich könnte für ihn oder sie ein Linker Tackle sein? Könnte es sein, dass mir Jesus dabei begegnet?

Mein Gebet

Guter Gott - danke, dass du die Seite in mir schützt, die verwundbar ist und blind, wie Michael Oher das für den Quarterback macht. Du versprichst nicht, dass ich angstfrei leben werde, wohl aber, dass du bei mir bist in meiner Angst. Danke, dass ich bei dir Vertrauen lernen darf. Hilf mir, für die Menschen da zu sein, die du mir heute in den Weg stellst. Amen.

Für Hand und Fuß

Wir wissen, dass wir Gottes Kinder sind, und als solche lernen wir, Gott zu vertrauen. Und doch fällt es uns nicht immer leicht, uns bei Gott zu bergen und aus seinem Schutz heraus zu handeln. Denn die meisten von uns haben einen kleinen Sklaventreiber auf der Schulter sitzen (er kann auch weiblich sein, Ihre Vorgesetzte zum Beispiel oder die Kollegin, die Ihre Bluse grässlich findet - oder einfach diese besserwisserische innere Stimme in Ihnen). Ständig mäkelt er (oder sie) an uns herum, und dann preschen wir vorwärts vor lauter Angst, wir könnten es nicht recht machen.

Nehmen Sie die umgekehrte Fluchtrichtung!

Lassen Sie sich von Gott lieben! Setzen Sie sich still hin. Legen Sie beide Hände auf Ihr Herz. Spüren Sie, wie es schlägt? Neigen Sie nun Ihren Kopf leicht in seine Richtung und schicken Sie ihm einen lieben Gruß, einen herzlichen Dank, dass es so treu für Sie pocht. »Heiligt aber den Herrn Christus in euren Herzen!«, heißt es in 1. Petrus 3,15 (LUT) und meint, dass es für einen jeden von uns einen Raum gibt, in dem wir Gott nahe sein dürfen. Dieser Ort liegt viel näher als jene Felsspalte, in die Gott Mose einst stellte, nicht am Berg Sinai, sondern im eigenen Herzen - ein Herrgottswinkel zum Mitnehmen gewissermaßen!

Hier sind wir geborgen, und hier befähigt Gott uns letztlich zum Handeln, ohne dass die Angst uns treibt.

Weitersehen

- *Blind Side – die große Chance* ist die Verfilmung eines Sachbuchs von Michael Lewis. Es beschreibt die Entwicklung des amerikanischen Footballs (und den Einzug der Angst in dieses Spiel) sowie die wunderliche Lebensgeschichte und Karriere des Michael Oher, genannt Big Mike, als Linken Tackle: *The Blind Side: Evolution of a Game* (2006).

- Als Leigh Anne überlegt, ob sie die Vormundschaft für Michael übernehmen sollen, erscheinen sie und ihr Mann mehrfach in den Spiegeln des Badezimmers. Der Spiegel dient als uraltes Symbol unserer Identität. Erscheint unser Bild darin gebrochen, weist das auf eine tiefe Verunsicherung hin. Wir wirken dann wie – im Wortsinne – gespaltene Persönlichkeiten.

- Wiederholt durchzucken Michael die Erinnerungen an die traumatische Trennung von seiner Mutter. Diese Flashbacks, in der Fachsprache der Cineasten auch Rückblenden genannt, erzählen von Ereignissen, die vor der eigentlichen Handlung liegen. Oft werden sie optisch abgesetzt, um dem Publikum den Erzählsprung zu verdeutlichen. Hier erscheinen die Bilder in Schwarz-Weiß.

Idee für einen gemeinsamen Filmabend

Wo würden wir gerne handeln wie Leigh Anne, und prompt braust uns Gegenwind ins Gesicht? Als mein Mann nach der Geburt unseres vierten Kindes in Elternteilzeit gehen wollte, hörten auch wir allerlei Einreden, alle sicherlich nur gut gemeint. Geld war lediglich ein Grund, der dagegen sprach, auch die berufliche Laufbahn konnte möglicherweise einen dauerhaften Knacks erleiden ...

Wie können Sie einander ermutigen, das zu tun, was Sie für richtig erkannt haben – »vergesst nicht, Gutes zu tun und mit den anderen zu teilen« (Hebräer 13,16) – notfalls gegen Widerstände?

Das Leben der Anderen

Im Ostberlin des Jahres 1984 hält der Stasihauptmann Gerd Wiesler (Ulrich Mühe) eine Vorlesung für angehende Mitarbeiter. Derweil lehnt sein Vorgesetzter Anton Grubitz (Ulrich Tukur) in der Tür und spendet Beifall. Denn was Wiesler da so entschieden als Kampf gegen die Feinde des Sozialismus verkündet, beeindruckt Grubitz, obwohl er selbst es eher auf eine Karriere innerhalb des Staatsapparates abgesehen hat. Da kommt es gelegen, dass Kulturminister Bruno Hempf (Thomas Thieme) ein Auge auf die Theaterschauspielerin Christa-Maria Sieland (Martina Gedeck) geworfen hat, die freilich mit dem als Staatsschriftsteller umjubelten Dramatiker Georg Dreyman (Sebastian Koch) zusammenlebt.

Grubitz weist Wiesler an, Dreyman in einem »operativen Vorgang« umfassend zu bespitzeln. Denn würde Dreyman sich als nicht gar so regimetreu herausstellen, wie er sich allseits gibt, hätte Hempf Sieland endlich ganz für sich alleine.

Heimlich rückt der Tross an, klemmt Mikrofone hinter Lichtschalter und verlegt Kabel unter Tapeten, während Wiesler auf dem Dachboden ein karges Quartier bezieht. Den Großteil seiner Tage und Nächte wird er hier verbringen, ein einsamer, kleiner Mann, umrahmt von gigantischen Apparaten. Fortan heißt er nur noch HGW XX/7.

Doch weil Wiesler nun gezwungen ist, zu hören, was er sonst nicht hören würde, und auch die Augen offen hält, merkt er rasch, dass er nicht dem Sozialismus dient, sondern lediglich die Gelüste seiner Vorgesetzten befriedigt. Wieslers festgefügte Welt bröckelt ebenso schnell wie er zunehmend Mitgefühl für die empfindet, die doch seine Opfer sein sollten. Denn schon

Das Leben der Anderen, Buena Vista

hat sich Hempf an Dreymans Freundin rangepirscht. Sieland ist tablettensüchtig und auf Rollen angewiesen – und Hempf lässt keinen Zweifel aufkommen, dass sie nicht mehr spielen wird, sobald sie sich verweigert.

Doch nicht nur Wiesler, auch Dreyman verändert sich.

Als sich sein Freund, der seit sieben Jahren mit einem Arbeitsverbot belegte Regisseur Alfred Jerska (Volkmar Kleinert), erhängt, setzt sich Dreyman ans Klavier. Er spielt *Die Sonate vom guten Menschen*, deren Partitur Jerska ihm einst schenkte. Währenddessen lauscht auch Wiesler den Klängen, die sein Herz berühren wie noch nie etwas zuvor. So wandeln sich beide, Lauscher und Belauschter gleichermaßen, als hätte die Musik einen Schalter in ihren Köpfen umgelegt. »Ich kann sie nicht hören, soll Lenin über Beethovens Appassionata gesagt haben«, zitiert Dreyman, »weil ich sonst Leuten die Köpfe streicheln würde, die ich doch einschlagen, mitleidslos einschlagen müsste, um meine Revolution zu Ende zu bringen.«

Für das bundesdeutsche Magazin *Der Spiegel* verfasst Dreyman nun einen Artikel über die außergewöhnlich hohe, seit den Siebzigerjahren aber nicht länger veröffentlichte Selbstmordrate der DDR. Seine Anklage hämmert er in die Tasten einer winzigen eingeschmuggelten Schreibmaschine mit rotem Farbband, als schriebe er mit seinem Herzblut. Derweil saugt sich Wiesler Belangloses aus den Fingern und legt dem abtrünnigen Staatsdichter ein Theaterstück zum Jahrestag der DDR in den Mund.

Als der Spiegel-Artikel erscheint, lässt Hempf Sieland umgehend verhören. Sie gibt Dreyman als Autoren preis ebenso wie, in einem zweiten Verhör, das Versteck der Schreibmaschine, das sie wider Willen erfahren hat. Doch noch bevor die Stasi die Wohnung stürmt, hat Wiesler die Schreibmaschine unter den Dielen hervorgezerrt und in seine Jacke geschoben. Und einzig an den roten Farbklecksen auf den Stasi-Protokollen wird Dreyman einst erkennen, wer ihn damals vor der Enttarnung bewahrte. Sieland allerdings, die nicht weiß, dass das Versteck leer ist, stürzt auf die Straße hinaus, wo sie von einem Lastwagen erfasst wird und in Dreymans Armen stirbt.

Grubitz ist nun überzeugt, dass Wiesler ihn hintergangen hat. Da er ihm jedoch nichts nachweisen kann, versetzt er ihn zur Strafe in den

Keller der Stasi, wo er vielleicht bis heute Briefe aufdampfen würde, wäre die Wende nicht dazwischengekommen.

Jahre später begegnet Dreyman dem ehemaligen Kulturminister erneut. Warum man ihn nicht bespitzelt habe, forscht er nach. Darauf lacht Hempf, dass der Speck in seinem Gesicht wackelt: »Schauen Sie mal hinter ihren Lichtschaltern nach!«

Jetzt will es Dreyman genau wissen: In der Birthlerbehörde reicht man ihm die Unterlagen, und so erfährt er von seinem unbekannten Beschützer, dem er einen ersten Roman widmet, *Die Sonate vom guten Menschen:* »HGW XX/7 gewidmet, in Dankbarkeit«.

Wiesler, der fortan Werbeblättchen austrägt, grau gekleidet wie eh und je, entdeckt den Roman in einer Auslage und erwirbt ihn. »Soll ich ihn einpacken?«, fragt der Buchhändler. »Nein«, antwortet Wiesler, »das ist für mich!« Und seine Augen erzählen von einem Glück, das man nicht kaufen kann.

»Menschen ändern sich nicht!«, behauptete Kulturminister Hempf

gegenüber Dreyman. Die Bibel spricht da allerdings eine andere Sprache. »Ist jemand in Christus, so ist er eine neue Kreatur; das Alte ist vergangen, siehe, Neues ist geworden«, schrieb Paulus den Korinthern (2. Korinther 5,17). Und nie wurde der Apostel müde, auch jene unter seinen Zöglingen an diesen grundlegenden Wandel in ihrem Leben zu erinnern, die sich manchmal so verhielten, dass man daran durchaus irrewerden konnte. »Oh ihr unverständigen Galater! Wer hat euch so durcheinander gebracht?«, klagte Paulus. »Ihr habt so viel durch die gute Botschaft erfahren. Sollte das etwa vergeblich gewesen sein? Wollt ihr das alles jetzt wegwerfen?« (Galater 3,1a.4).

Sind wir in Christus, so sind wir neu. Punkt, aus. Nicht wie bei einer Schlange, die ihre alte Haut abstreift, oder ein Vogel nach der Mauser, sondern verwandelt. Von innen. Von außen. Ringsum. Neu.

Und doch wusste Paulus, dass diese grundlegende Veränderung, die Jesus in unser Leben brachte, festgeklopft werden will, *hineingesungen,* wie er es ausdrückte: »Singt miteinander Psalmen und Lobgesänge und geistliche Lieder und in eurem Herzen wird Musik sein zum Lob Gottes« (Epheser 5,19).

Musik hilft uns – zweifelsohne. Weil die körperlose Kunst, die doch bis an unsere Ohren und mitten hinein ins Herz dringt, uns daran erinnert, dass wir mehr sind als alles, was wir vor Augen haben. Und dass wir, in Christus erneuert, neue Wege gehen können.

»Musika ist eine halbe Disziplin und Zuchtmeisterin«, beteuerte auch Martin Luther, »so die Leute gelinder und sanftmütiger, sittsamer und vernünftiger macht.« Deshalb wohl musizierte er auch viel und fasste selbst in Liedtexte und Melodiebögen, was sein Herz bewegte (*Ein feste Burg ist unser Gott*, zum Beispiel).

Und doch. Wie nachhaltig ist die Veränderung, die Musik in uns bewirkt?

Wir erinnern uns: Da spielte David für den aufgekratzten Saul auf der Harfe (1. Samuel 16,23). Davids Musik besänftigte Sauls aufbrausendes Gemüt, wenn auch nicht allzu lange. Denn alsbald dampften Sauls erhitzte Gehirnzellen erneut und er schleuderte nur umso heftiger den Speer nach seinem jungen Musikanten (nachzulesen in 1. Samuel 18,10f). Schade, wenn Musik lediglich zum Trostpflaster verkommt!

Wobei: Wer eine Schimpftirade in ein Loblied umwandelt, macht schon einen Unterschied, nicht nur für sich, sondern auch für andere.

Tina übt das seit Jahren. Jedes Mal, wenn sie die Treppen in ihrem Haus hinaufsteigt, auf denen sich Socken und Bauklötze und all die vielen Dinge türmen, die in einer achtköpfigen Familie anfallen, holt sie Luft und schmettert los: »Du meine Seele, singe«, trällert sie das Kirchenlied von Paul Gerhardt, »wohl auf und singe schön dem, welchem alle Dinge zu Dienst und Willen steh'n. Ich will den Herren droben hier preisen auf der Erd'; ich will Ihn herzlich loben, solang ich leben werd'.«

Angestellte der Universität treffen sich in der Mittagspause in einem Büro. Sie beten und singen, ein überschaubares Trüppchen, das im Verborgenen, wo niemand applaudiert, das Lob ihres Gottes anstimmt.

Und genau dort fängt es an, wenn wir Veränderung in unserem Leben sehen wollen, die bleibt.

Im Stillen.

Unbemerkt.

Leise.

Wie in *Das Leben der Anderen*.

Denn lauter kleine, von keinem beachtete Schritte ergeben doch einen Weg und verändern am Ende gar ein ganzes Leben.

In der Bergpredigt warnte Jesus davor, nur deshalb etwas zu tun, weil wir gesehen werden wollen. Dann haben wir, so übersetzte Luther Matthäus 6,5, unseren Lohn »schon gehabt«, oder, in der Sprache der Neues Leben Bibel: »Das ist der einzige Lohn, den sie je erhalten werden.« Anerkennung und Lob mögen uns zwar zuteilwerden, doch sie verpuffen, wenn wir vom Wohlwollen anderer abhängig sind, womöglich schneller, als uns lieb ist.

Der Lohn, den wir dagegen erhalten, wenn wir etwas allein deswegen tun, weil wir es ohne Schielen nach Zustimmung und Applaus für recht erachten, gründet tiefer. Er lässt sich nicht kaufen. Und damit auch nicht wegnehmen. Vielleicht gleicht er am ehesten der Freude, die sich am Ende auf Wieslers Gesicht widerspiegelt?

Sie glauben, dass Sie neu geworden sind in Christus? Und dennoch wünschen Sie, dass sich etwas in Ihrem Leben verändert, sodass es bleibt und irgendwann auch sichtbar wird?

Dann denken Sie an das stille Kämmerlein, von dem Jesus in der Bergpredigt sprach, wo niemand anderes wohnt als wir selbst und nur Gott uns sieht, »dein Vater, der alle Geheimnisse kennt« (Matthäus 6,4b), und wagen Sie die kleinen, unbeobachteten Schritte: Jeden Morgen beten Sie vielleicht eine Geste. Sie strecken die Hände aus zu Ihrem Gott und legen ihm den Tag hin. Klagen verwandeln Sie in leise Fürbitten. Wo Sie schimpfen wollten, wagen Sie es, den anderen stumm zu segnen. Abends massieren Sie Ihre Füße, die Sie so treu getragen haben. Oder leiser, unbemerkter noch: Führen Sie einmal eine Strichliste über Ihre Gedanken! Links ein Strichlein für das, was Sie und andere runterzog, rechts eins für alles, was Sie und andere erbaute.

Denn vielleicht liegt allein schon in der Bewusstwerdung unserer Gedanken der erste Schritt für ein sichtbar umgekrempeltes Leben.

Im Verborgenen reift, was Christus in uns säte, als er unser Leben wurde. Hier geschieht das Wunder: die Prägung unseres Charakters. Und hier erhalten Sie jenen Lohn, den Ihnen niemand nehmen kann: Dass Sie der Mensch werden, der Gottes Lob in unvergleichlicher Weise im eigenen Herzen singt, wie wir es in Epheser 5,19 lesen: »... und in eurem Herzen wird Musik sein zum Lob Gottes.«

Fragen

- Welche Veränderung würde ich gerne in meinem Leben sehen? Werden Sie konkret!
- Was hat sich bereits in meinem Leben verändert? Auch Kleinigkeiten zählen und wir dürfen sie feiern: Früher nagte ich an meinen Nägeln, wenn es stressig wurde. Das mache ich nicht mehr. Ich nehme die Treppe statt des Fahrstuhls. Plötzlich mag ich Brokkoli.
- Was bewirkt, dass ich einmal innehalte und vielleicht sogar eine Kursänderung vornehme? Ist es die Musik wie bei Dreyman und Wiesler? Oder etwas anderes? Wie könnte ich solche Nischen in meinen Alltag einfügen, damit auch mein Charakter davon geprägt wird?

Mein Gebet

Lieber Gott, manches in meinem Leben würde ich gerne ändern, auch wenn ich glaube, dass ich in dir schon rundum neu bin. Bitte zeige mir die kleinen Schritte, die ich heute auch dort gehen kann, wo allein du hinsiehst und meinen Charakter formst. Danke, dass du etwas so Wunderbares wie die Musik geschaffen hast, die mein Herz öffnet und mich daran erinnert, dass ich mehr bin als all mein Gelingen und mein Versagen: nämlich dein geliebtes Kind. Amen.

Für Hand und Fuß

Gönnen Sie sich in dieser Woche etwas Besonderes! Besuchen Sie ein Konzert, oder, falls das nicht möglich ist, veranstalten Sie zu Hause eins. Stellen Sie das Telefon leise, machen Sie es sich bequem. Kleine Kinder schlummern in ihren Betten, Teenies wissen, dass sie Sie nicht stören dürfen. Legen Sie Ihre Lieblings-CD auf. Schließen Sie die Augen, HÖREN SIE ZU: Das ist Musik allein für Ihre Ohren!

Weitersehen

- Aus Dreymans Wohnung entwendet Wiesler einen Brechtband mit dem Gedicht *Erinnerung an Maria A.*, wobei die Kamera, als er das

Gedicht liest, über ihm aufsteigt wie eben jene blaue Wolke, von der hier die Rede ist.

- Die Ausgangsidee des Films war folgende: Von Donnersmarck sah einen Mann in einem trostlosen Raum sitzen, der eine Musik hört, die er eigentlich nicht hören will. Die Kamera umkreist Wiesler, als würde ihn schwindeln: Altes gerät in Fluss, die Dinge verändern sich. Eine Träne glitzert in Wieslers Auge, rinnt, silbern, die Wange hinab, märchenhaft fast, als wäre er vom Zauber einer fremden Welt berührt.

- Von Donnersmarck befolgt eine durchgängige Farbdramaturgie: Während die Altbauwohnung der Künstler in warmen Orangetönen gehalten ist, lebt Wiesler in einem nüchternen Plattenbau, der von kaltem Grau beherrscht wird.

Idee für einen gemeinsamen Filmabend

Könnte auch unser Kreis zu einem Ort werden, an dem wir innehalten und manches, wenn wir heimgehen, sogar ändern? Was für Einfälle sprudeln Ihnen dazu durch den Sinn? Entwickeln Sie gemeinsam Ideen, denn zusammen sehen wir oft mehr. Und beginnen Sie gleich fassbar mit einer kaum merklichen Veränderung: Wir Menschen scheinen die Gewohnheit zu lieben; setzen Sie sich deshalb einmal anders hin als sonst üblich! Was geschieht, wenn Sie einen neuen Nachbarn haben, sich Sichtachsen und Blickwinkel verrücken? Oder gehören Sie zu denjenigen, die ohnehin gerne etwas Neues wagen? Herzlichen Glückwunsch!

Zeiten des Aufruhrs

(Regie: Sam Mendes, USA/GB 2008, 119 Minuten, FSK 12)

In einer schmucken Vorstadtsiedlung im Amerika der 1950er-Jahre blitzen die Gehwege derart blank, dass man Spiegeleier darauf braten könnte. Die Vorgärten sehen aus wie maniküriert – als hätte jemand die Rasenkanten mit der Nagelschere gestutzt. Das Leben in der Revolutionary Road, der Straße der Revolution, folgt klar umrissenen Regeln: Fest steht, wann die Mülltonnen zum Bordstein gerollt werden und wann sie wieder hinter ihren Holzverkleidungen verschwinden; wer zu Hause bleibt und wer arbeiten geht.

Hier beziehen Frank (Leonardo DiCaprio) und April Wheeler (Kate Winslet) nach der Geburt ihrer beiden Kinder ein entzückendes Häuschen. Die örtliche Maklerin, Helen Givings (Kathy Bates) hat es ihnen vermittelt. Helen ist überzeugt davon, dass die Wheelers ein Paar sind, dem die Zukunft offensteht. Alles, was sie anpacken, wird gelingen: Karriere, Familie, vor allem aber ihre Ehe.

Doch von der keimfrei-sauberen Fassade bröckelt bereits der Putz. Denn längst bezweifeln die Wheelers, ob so das Leben aussieht, von dem sie träumten, als sie sich kennenlernten. Da wollte sie Schauspielerin werden, er vor allen Dingen nicht so wie sein Vater.

Indessen werden aus Verliebten Verheiratete und aus Verheirateten Eltern, und unversehens schleicht sich jener Trott ein, der die Hoffnungen von einst und alle Lebendigkeit unter geordneten Bahnen begräbt: Fortan trottet Frank morgens brav zur Arbeit, während April, über den Spülstein gebeugt, ihm durchs Küchenfenster nachwinkt.

Zeiten des Aufruhrs, Paramount

An seinem dreißigsten Geburtstag stürzt sich Frank,

angeödet von dem Leben, das er führt, in ein Techtelmechtel mit einer Bürokollegin. Am selben Abend überrascht ihn April mit einem Vorschlag: »Ich habe einmal eine andere Zukunft für uns zwei gesehen!«, rüttelt sie ihren Mann wach, »ich sehe sie immer noch.« Gemeinsam könnten sie nach Paris gehen und von vorne beginnen. Frank soll alle Zeit erhalten, um herauszufinden, wovon er im Leben träumt, während April als Sekretärin für den Lebensunterhalt sorgen will.

Anfangs zögert Frank. Bald jedoch beginnt die Idee auch in ihm zu brodeln: Nicht länger leben, wie es alle tun, angepasst und gleichgeschaltet, das wäre schön! Schon packen sie die ersten Kisten und überlegen mit den Kindern, was mit kann und was nicht. Auch zwischen April und Frank flammt die alte Liebe wieder auf, als wäre es gestern, prickelnde Zuneigung und Aufregung, denn endlich werden sie *gehen*!

Da bekommt Frank, völlig unerwartet, eine Beförderung angeboten – just in der Firma, für die er schon so lange arbeitet und die er im Grunde verabscheut. Aber, ach, es klingt so überaus vernünftig, was man ihm unter vier Augen nahelegt: »Ein Mann bekommt nur einmal im Leben eine solche Gelegenheit, Frank, und wenn er versäumt zuzupacken, dauert es nicht lange, bis er herumsitzt und sich fragt, wie er zweitklassig hat werden können!« Als April überdies erneut schwanger wird, wählt Frank ein für alle Mal das Altvertraute: die Sicherheit einer geregelten Karriere. Sie bleiben.

In April erlischt damit jedoch der letzte Funken Hoffnung, das Leben, das ihr ehemals so viel Verlockendes versprach, könnte lebenswert sein. Eigenhändig tötet sie das Kind in ihrem Bauch. Und verblutet an den Folgen dieser verpfuschten Abtreibung.

Frank bleibt allein zurück, erschüttert, gebrochen. Er gibt seine Arbeit auf, verlässt die Revolutionary Road und sorgt fortan selbst für seine Kinder.

Gleich zu Beginn, noch vor den Filmtiteln, sehen wir April auf einer kleinen Bühne stehen und sich zu spärlichem Applaus verbeugen. Das Stück war ein Reinfall, ihr Spiel eine Enttäuschung. Die Freunde im Publikum tuscheln hinter vorgehaltener Hand, doch niemand sagt ihr ins Gesicht, was sie ohnehin längst weiß. Kaum aber sind sie und Frank allein im Auto, platzt alle Wut und Enttäuschung aus ihr heraus: »Ich sitze in einer Falle!«, schreit sie ihren Mann an.

Ich blättere in meiner Bibel und stelle fest: Aprils Empfinden ist nichts Ungewöhnliches, jedenfalls nichts, dass sonderlich neu wäre auf dieser Erde. »Rette mich, Gott!«, ruft der Beter des 69sten Psalms – ungefähr 2500 Jahre ist das her –, »denn das Wasser steht mir bis zum Hals. Immer tiefer versinke ich im Schlamm, meine Füße finden keinen Halt. (...) Zieh mich aus dem Schlamm, damit ich nicht versinke!« (Psalm 69,2.3a.15a).

Und kenne ich nicht selbst manchmal das Gefühl festzustecken? Nicht nur bei der Arbeit, wenn es durchaus nicht vorangehen will, so sehr ich mich auch abmühe, oder in Familienangelegenheiten (pubertierende Kinder oder Sandkastengerangel), nein, auch ganz allgemein, wenn ich mich frage, ob ich wirklich das Leben lebe, das Gott für mich vorbereitet hat?

Während ich noch darüber grübele, klingelt das Telefon. Miriam ist dran, eine Freundin, die ich noch aus Schultagen kenne. Wie lange haben wir einander nicht gesehen? Längst haben wir unsere eigenen Familien, das hatten wir uns beide sehr gewünscht. Miriam ist ein fröhlicher Mensch; ihre schier unerschöpfliche Energie hat mich immer schon beeindruckt. Heute aber klingt ihre Stimme anders, irgendwie gedrückt, als hätte sie noch nicht so richtig Luft geholt. Und schon sprudelt es aus ihr hervor: »Manchmal empfinde ich mein Leben wie ein Gefängnis!«

Vier Kinder hat Miriam. Zwei sind bereits ausgezogen. Trotzdem haben sich Miriams Freiräume nicht geweitet. Denn auch ihre Schwiegereltern sind älter geworden, gebrechlich und auf Hilfe angewiesen. Und so kümmert sich Miriam um die beiden alten Leute, fast wie sie es für ihre Kinder tat, als sie noch klein waren. Unversehens ist meine Freundin von einem engbegrenzten Wirkungskreis in den nächsten gerutscht, ohne gesellschaftliche Anerkennung und ohne Lohn. Im Gegenteil! »Ich muss mir jeden Tag die Klagen anhören, wie schlecht es ihnen geht! Und die Mädchen kommen in die Pubertät. Was meinst du, was da manchmal bei uns abgeht?«

Ich kann es mir schon vorstellen. Auch wir backen keine Friedefreudeeierkuchen; auch ich weiß, was es heißt, zu Hause zu bleiben und die

Launen anderer aufzufangen. »Ach ja«, seufze ich, »Spaß macht das nicht gerade!«

Stille tropft durch die Leitung, während wir unseren Gedanken nachhängen. Da fällt mir ein, was ich in meiner Bibel las, als ich weiter durch die Psalmen blätterte. »Der Herr befreit die Gefangenen« (Psalm 146,7b). Sollte das auch für uns gelten?

Wir Menschen leben in Grenzen. Das ist eine Tatsache, an der sich kaum rütteln lässt. Jeder Schritt, den wir setzen, gibt eine Richtung vor, in die wir weiter fortschreiten. Und das schließt anderes aus.

Bedeutet das nun, dass unser Leben nur noch in unveränderlichen, vorgefertigten Bahnen abläuft und keine Veränderung mehr möglich ist?

Als Paulus eine Rede vor den Philosophen Griechenlands hielt (die Rede auf dem Aeropag in Athen), drückte er es so aus: Gott habe, sagte Paulus, den Menschen »ihre Grenzen festgelegt«. Martin Luther übersetzte die Verse (Apostelgeschichte 17,26-28) so: »Und er hat aus einem Menschen das ganze Menschengeschlecht gemacht, damit sie auf dem ganzen Erdboden wohnen, und er hat festgesetzt, wie lange sie bestehen und in welchen Grenzen sie wohnen sollen, damit sie Gott suchen sollen, ob sie ihn wohl fühlen und finden könnten; und fürwahr, er ist nicht fern einem jeden unter uns. Denn in ihm leben und weben und sind wir.« Das freilich ist eine Aussage, die sich täglich buchstabieren lässt, vielleicht ein Leben lang. Denn was bedeutet es, dass wir inmitten der Grenzen, die uns gesetzt sind, Gott entdecken, »tastend fühlen und finden«, wie es die sonst eher nicht so sinnenfreudige Elberfelder Bibel bemerkenswerterweise ausdrückt?

Hieße das nicht, dass uns, wo immer wir stehen – und feststecken! – Gott begegnet? Welche wunderbare Aussicht!

Um beim Bild des Webens zu bleiben, welches Luther gebrauchte: Als wären wir ein Webschiffchen, lassen wir uns in jenes Muster einfügen, das Gott heißt. Und fürwahr tun wir es *tastend, erspürend*, nicht in Siebenmeilenschritten und nicht unbedingt in der Überzeugungskraft desjenigen, dem alles klar vor Augen steht.

Jedoch ist das andere genauso wahr; das macht die Sache allerdings nicht einfacher: Denn dort, wo wir Gott inmitten unserer engen Grenzen begegnen, verheißt uns die Bibel doch immer wieder *Weite* – wie der Wetterfrosch Sonnenschein an einem Feiertag im November.

»Gott gibt mir Kraft und macht den Weg sicher. Er macht meine Schritte leichtfüßig wie die eines Hirsches und stellt mich hin auf meine Höhen« (Psalm 18,33f). Ach ja, wären wir da!

Und dann stoßen wir - mitten im Alten Testament - auf noch Herausforderndes: das Gebet des Jabez. Nicht sonderlich bescheiden sucht dieser Mann den Sprung hinaus. »Segne mich!«, ruft er und erinnert dabei an Jakob, der den nächtlichen Engel, welcher so unvermutet mit ihm rang, nicht ziehen lassen wollte, es sei denn, er segnete ihn. »Erweitere mein Gebiet! Sei bei mir in allem, was ich tue, und bewahre mich vor allem Kummer und Schmerz« (1. Chronik 4,9.10a).

Jabez verwandelte seine Grenzen in ein Gebet, das ihn weit über alles Bisherige hinausführte. »Und Gott erfüllte ihm seine Bitte« (Vers 10b), heißt es ein paar Zeilen später.

Unsere Träume, die Sehnsucht nach einem Leben voller Lebendigkeit, wie sie so heftig in April Wheeler und auch in meiner Freundin pochen, sind uns von Gott geschenkt. Wenn wir dies aufgeben, dröseln wir gleichsam den Lebensfaden auf, den Gott in uns hineingewoben hat, um ihn dort zu finden.

Dann aber kann es geschehen, dass fortan jene Sätze unser Leben bestimmen und damit auch unsere Identität, die uns runterdrücken und einsperren. Vielleicht fragen wir wie Frank nur noch, was andere über uns denken, wenn wir dieses tun und jenes lassen - statt dass wir danach suchen, was Jesus von uns möchte. Oder wir zählen, obwohl wir klar erkennen, was dran wäre, alle Widrigkeiten auf, die einem Aufbruch - scheinbar - entgegenstehen: das neue Baby, die Karriere, die einmalige Gelegenheit einer einmaligen Beförderung. Wir wählen Sicherheit, bis wir auf diese Weise die ganze Welt gewinnen, uns selbst dabei aber verlieren. Vielleicht hat Jesus das gemeint, als er in Matthäus 16,26 warnte: »Was nützt es, die ganze Welt zu gewinnen und dabei seine Seele zu verlieren? Gibt es etwas Kostbareres als die Seele?«

Deshalb gilt es abzuwägen, ob wir bleiben oder aufbrechen. Oder ob gar beides geht, heute bleiben, morgen gehen. Jetzt gehen, später wiederkommen? Und es ist allemal gut, wenn wir das Hin und Her unserer Überlegungen *gemeinsam* bewerkstelligen.

Denn während sich Frank und April in einem Irrkreis aus den immer gleichen Vorwürfen verstricken, der bald eher einem beredten Schweigen als einem Gespräch gleicht, stehen beide am Ende ganz vereinzelt da. Wo wir aber den Menschen, die uns nahestehen, unsere unerfüllten Bedürfnisse und Träume eingestehen und füreinander geöffnet bleiben, mag die Ungewissheit, was das Rechte sei, das wir tun sollen, zwar noch schmerzen, doch sind wir zumindest nicht länger alleine. In verletzlicher Offenheit halten wir einander fest, ob wir nun bleiben oder gehen.

Unterdessen ist es spät geworden; gleich kommen die Kinder nach Hause. Wie gerne hätte ich meiner Freundin etwas Tröstliches mitgegeben, aber leider fiel mir gar nichts Kluges ein. Doch als ich jetzt den Hörer auflege, fällt mein Blick auf die Seiten meiner Bibel, die ins Neue Testament umgeblättert sind: »Denkt an diejenigen, die im Gefängnis sind. Fühlt mit ihnen, als wärt ihr selbst dort!« (Hebräer 13,3). Vielleicht hat es ausgereicht, dass ich ihr, wenigstens ein Telefongespräch lang, beigestanden habe?

Fragen

- Kann ich bleiben, wo ich hingestellt bin, ohne zu verkümmern? Glaube ich, dass auf meinem Bleiben Segen liegt? Was könnte es andererseits für mich bedeuten, im Rahmen meiner Grenzen aufzubrechen?
- Welche Träume schlummern in mir? Oder decke ich sie zu, weil ich denke, sie wären egoistisch oder nichts wert? Wo lähme ich dadurch womöglich sogar meine Partnerschaft, meine Beziehung zu anderen, mich selbst?
- Im Film ist es einzig John Givings (Michael Shannon), der vermeintlich psychisch kranke Sohn der Maklerin, der die Wahrheit über das Leben der Wheelers ausspricht. Gibt es Menschen, die mir sagen dürfen, wie es um mich steht?

Mein Gebet

Mein Gott – da bin ich, mit meinen Grenzen und Beschränkungen, aber auch mit meiner Sehnsucht nach Weite. Ich bitte dich, gib mir die Weisheit, den Träumen zu folgen, die du in mich hineingelegt hast und doch auch in jenen Grenzen zu bleiben, von denen du versprichst, dass ich dich dort finden werde. Amen.

Für Hand und Fuß

»Nirgendwo ist der Mensch so ehrlich wie in seiner Sehnsucht«, behauptete der Philosoph Ernst Bloch. Nehmen Sie sich die Zeit, verschüttete Träume auszugraben! Spitzen Sie Ihren Bleistift, begeben Sie sich auf eine Entdeckungsreise. Schreiben Sie, ohne groß nachzudenken, fünf Berufe auf, die Sie reizvoll fänden.

Sie wären gerne Nonne, Pilot, Weltumsegler, Alm-Öhi, Dompteuse? Setzen Sie daraus in dieser Woche etwas um, und sei es auch nur eine Kleinigkeit. Schreiben Sie eine Geschichte, wenn Sie Krimiautor sein wollen. Gehen Sie tanzen, wenn Sie von einem Leben als Ballerina träumen. Sie finden das zu schwer? Dann versuchen Sie einmal, Ihre Klagen in Wünsche zu verwandeln. Denn hinter jeder Klage pulst ein unerfülltes Bedürfnis. Wird es jedoch liebevoll ans Licht getragen, dankt es uns dies mit einem Anflug von Leichtigkeit.

Weitersehen

- Im Original heißt der Film *Revolutionary Road – Straße der Revolution* – wie die Straße, in der Frank und April leben. Doch nichts könnte im Leben der Wheelers ferner liegen als ein Umbruch. Schon die Musik Thomas Newmans macht es fast unmöglich, an Veränderung zu denken: Wogende Klavierklänge, so einlullend wie ein Wiegenlied, trüben jeden Gedanken ein. Und die milchigen Farben, in die der Kameramann Roger Deakins seine Bilder taucht, tun ein Übriges. Das ist die Tünche der Fünfzigerjahre des vorigen Jahrhunderts, die sich wie Blei aufs Gemüt legt. Melancholie, wohin das Auge blickt.
- Niemals will Frank so werden wie sein Vater, und doch trabt er gleich zu Beginn im Nadelstreifenanzug und Hut wie einst sein Dad zur Arbeit, eingezwängt zwischen hundert andere, ähnlich gekleidete Männer.

Eine gespenstische, namenlose Masse, die an die grauen Herren von Michael Endes *Momo* erinnert.

• Noch einmal vereint Regisseur Sam Mendes das Traumpaar aus dem Publikumsmagneten *Titanic* vor der Kamera: Rose DeWitt Bukater und Jack Dawson alias Kate Winslet und Leonardo Di Caprio. Hätten beide geheiratet, so die These, herausgekommen wäre *Zeiten des Aufruhrs*.

Idee für einen gemeinsamen Filmabend

Manchmal treffen wir uns schon seit Jahren und wissen doch kaum etwas übereinander. Das verpflichtet nicht zur Vertrauensseligkeit und trotzdem könnten wir, wo klare Regeln bestehen, größere Offenheit wagen, weil wir uns sicher und wohl fühlen. Stellen Sie dafür gemeinsam eine Art Hauskreiskodex auf, in etwa so: »Niemand trägt nach außen, was in der Gruppe besprochen wird! Wir hören einander zu und werten nicht!«

Was ist Ihnen wichtig, was wünschen Sie sich? Gelingt es Ihnen in solch einem verlässlichen Rahmen eher, mehr von sich zu zeigen?

»Ich hebe dich auf!« –
eine Einladung zum Heilwerden:
Wie im Himmel
(Regie: Kay Pollak, SE 2004, 132 Minuten, FSK 12)

Daniel Daréus (Michael Nyqvist), ein anerkannter Dirigent, erwartet von seinen Musikern unfehlbare Meisterschaft. Rutscht ein Ton daneben, scheut er sich nicht, einen Geiger vor versammelter Orchestermannschaft niederzubrüllen. »Das ist die Musik eines Feiglings!«, faucht Daniel und schlägt mit dem Dirigentenstab aufs Pult.

Doch bei einem Konzert stellt sich der durch ständige Reisen und Auftritte ausgezehrte Körper stur. Daniel erleidet einen schweren Herzinfarkt. Blut tropft im Rhythmus der Paukenschläge aus seiner Nase aufs Notenpapier – höchste Zeit, einmal innezuhalten.

Daniel zieht sich in das schwedische Dorf seiner Kindheit zurück. Jahre sind vergangen, niemand kennt ihn mehr. Es ist Winter, die Welt ruht eingepackt in meterhohem Schnee. In Abgeschiedenheit und Stille möchte Daniel zu sich selbst finden. Die überschaubare Dorfgemeinschaft macht den berühmten Besuch jedoch bald ausfindig und zieht ihn hartnäckig in ihre Mitte. Der kleine Kirchenchor braucht dringend einen neuen Leiter; ob Daniel helfen könnte?

Kaum hat Daniel, widerstrebend allerdings, zugesagt und mit den Proben angefangen, wächst die Truppe schlagartig an. Denn unter Daniels schlanken Dirigentenhänden und seiner ungewöhnlichen Vorgehensweise

Wie im Himmel, Paramount

blühen die Dorfbewohner erkennbar auf. Jede Stimme ist einzigartig, verkündet Daniel, der nie wieder Musik machen will, als führe er einen erbitterten Wettstreit. Jeder besitzt einen unverwechselbaren Platz, niemand sonst kann ihn ausfüllen. Alle zählen, Tore, der Dorfsimpel, genauso wie Arne, der Geschäftsmann, der sich hinter seiner Arbeit verschanzt und dessen Handy unablässig in den Proben klingelt. Ebenso wie Gabriella, Mutter zweier Kinder, die regelmäßig von ihrem Ehemann verprügelt wird und für die Daniel eigens ein Lied komponiert. Sowie die alte Olga, von der keiner genau zu sagen vermag, wie viele Jahre sie schon lebt. Olga ist es schließlich auch, die Daniel dazu überredet, am internationalen Wettbewerb der Chöre teilzunehmen, freilich nicht, um andere dabei auszustechen, sondern um sie an der Schönheit der Musik teilhaben zu lassen.

Im Chor singt auch, unbekümmert-fröhlich, Lena (Frida Hallgren) mit. Sie darf Daniel sogar bremsen. »Kaffeepausen sind auch wichtig!«, unterbricht sie die Proben und grinst Daniel dabei derart freundlich an, dass er anstandslos den Dirigierstab mit der Kaffeetasse tauscht. Lena lockt Daniel aus seinem Schneckenhaus, ermuntert ihn, selbst Neues zu wagen, auch wenn er längst kein Kind mehr ist. So lernt Daniel mit Lenas Hilfe Fahrradfahren und tastet sich behutsam wieder an das heran, was ihm im Lauf seiner kometenhaft aufstrebenden Karriere verloren ging.

»Schon als kleiner Junge träumte ich davon, eine Musik zu machen, die die Herzen der Menschen öffnet«, erklärt Daniel. Doch unter stetig wachsendem Leistungsdruck und zunehmenden Ansprüchen ging es irgendwann bei allem, was er tat und von anderen verlangte, nur noch darum, perfekt zu sein. Wobei perfekt bedeutete, keinerlei Fehler zu machen. Und kennen wir das nicht auch?

Wir lesen: »Ihr sollt aber vollkommen sein, so wie euer Vater im Himmel vollkommen ist« (Matthäus 5,48), und alles, was wir vernehmen, ist: »Ihr müsst perfekt sein!« Als hätte Jesus mit der Peitsche geknallt, als er das sagte! Wer hat uns bloß die Überzeugung in Herz und Hirn gepflanzt, alles was wir tun, dürfte nie zu tadeln sein? Und steht das wirklich da?

Vermutlich beginnt es schon früh, spätestens vielleicht als wir in die Schule kamen. Seit wir das erste Mal eine fünf auf unserem Zeugnis erspähten (aber auch wenn es nicht die eigene war, wussten wir ja, was sie bedeutete!), kamen wir nicht länger umhin, *mangelhaft* mit *versetzungsgefährdet* gleichzusetzen. Wobei es doch selbstverständlich sein sollte, dass allem menschlichen Tun und Streben etwas Unzulängliches anhaftet, das sich erst löst, wenn uns Jesus als Teil der Gemeinde wie eine Braut »ohne Flecken und Runzeln oder dergleichen, sondern heilig und makellos« vor sich stellen wird (Epheser 5,25b.36.27).

Oder liegt es an den Bildern, die wir uns von Gott machen, auch wenn das gar nicht unsere Absicht ist?

Im Gleichnis von den anvertrauten Talenten wirft der Hausherr seinem Knecht dessen eigene Worten vor: »Du böser, fauler Diener! Du hältst mich für einen strengen Mann, der erntet, was er nicht gepflanzt hat, und der sammelt, was er nicht angebaut hat?« (Matthäus 25,26). Die Angst vor seinen Herrn lähmt den Diener, bis er nicht einmal mehr in der Lage ist, das ihm anvertraute Gut wenigstens zur Bank zu bringen, wo es Zinsen eingebracht hätte.

So kann es auch uns ergehen. Ehe man sich versieht, verwandeln sich die Geschichten, die wir von Gott erzählen, in starre Vorstellungen, so bröckelhart, als wären sie in Beton gegossen. Und mit einem Mal tritt Gott hartherzig und fordernd auf, ein gestrenger Schulmeister, der uns, sobald wir unseren Lebenston suchen und die Melodie knapp daneben liegt, sogleich mit dem Rohrstock auf den Mund klopft. Fortan wagen wir nichts mehr – und träumen nicht einmal davon. Unversehens haben wir uns selbst erdrosselt in unserer Meinung, Gott fordere nichts als Perfektion von uns.

Und dabei meint das griechische Wort für *vollkommen* etwas vollkommen anderes! Denn das Wort *teleios*, das der Evangelist Matthäus gebraucht, stammt von *telos* und bedeutet *Ziel* und *Ende*. Es bezeichnet einen Erwachsenen, der körperlich ausgereift und mündig geworden ist, im Gegensatz zum Kind, das noch wächst. Nie jedoch wären wir, als wir Kinder waren, auf die Idee gekommen, wir hätten unser Lebensziel verfehlt, als wir die ersten wackeligen Schritte wagten und dabei umfielen! Vielmehr standen wir auf und versuchten es erneut. Und heute laufen wir, sieh an, es bereitet uns keinerlei Mühe, ja, wir denken nicht einmal mehr daran!

Und doch ist auch das Erwachsensein kein ein für alle Mal festgelegter Zustand. Auch als Erwachsene verändern wir uns. Wir wachsen und reifen und bleiben auf ein Ziel hin angelegt: der Mensch zu werden, der wir in Gottes Augen sein sollen, ganz auf ihn ausgerichtet, vollendet und dem Nächsten zugewandt.

Wenn wir aber Vollkommenheit nicht länger als etwas betrachten, das wir mit Händen greifen und festhalten, sondern als ein Voranschreiten auf ein Ziel hin, geschieht etwas Wunderbares: Wir begreifen, dass selbst die weiteste Reise, wie sie unser Leben ohne jeden Zweifel darstellt, immer mit dem nächsten Schritt beginnt, und sei er noch so unbedeutend. Und selbst wenn wir stolpern, werden wir gewahr, dass wir dabei vorwärts fallen.

Vielleicht beginnt es viel einfacher – mit einer schlichten Frage: *Was würden Sie tun, wenn es nicht perfekt sein müsste?*

Das sei doch bloße Theorie, klagen Sie? Nun gut, soll ich Ihnen ein bisschen von mir erzählen, vielleicht baut Sie das ja auf?

Musik spielte in unserer Familie eine große Rolle. Aber Frau Musika, wie Martin Luther sie einmal nannte, war auch eine strenge Zuchtmeisterin, so empfand zumindest ich es, wenn die Töne nicht saßen und mein Unwille zum Üben lauter klang als die Lust. Und dann gab es da noch jenen Morgen am See auf einer christlichen Freizeit. In einem Trupp junger Leute saßen wir am Steg und ließen die Füße ins Wasser baumeln. Jemand hatte eine Gitarre mitgebracht und stimmte ein Lied an, in das ich hineinzwitscherte wie mir der Schnabel gewachsen war, bis eine Stimme laut vernehmbar knurrte: »Sei still – du singst falsch!« Und also verstummte ich.

Noch misslicher erging es mir mit dem Klavierspiel. Als Kind erhielt ich Unterricht, aber schon nach einem Jahr klingelte das Telefon: »Nehmen Sie Ihre Tochter aus dem Unterricht«, brummte mein Lehrer, »sie taugt nicht zur Musik!« Meine Mutter verabschiedete sich gewiss taktvoll, aber noch ehe sie den Hörer aufgelegt hatte, fragte sich mich bereits, welches Instrument ich denn nun lernen wollte. Ich entschied mich für die Klarinette, spielte wohl auch leidlich, wenngleich vielleicht ein wenig leidenschaftslos.

Nach Jahren aber, in denen ich mein Musizieren stets als unzureichend empfunden hatte, fragte ich mich angeregt durch den Film *Wie im Himmel* schließlich, was eigentlich ich machen würde, wenn es nicht perfekt sein müsste. Und die Antwort verblüffte mich selbst: Müsste es nicht perfekt sein, würde ich Klavier spielen.

Und so wage ich mich heute, zaghaft gewiss, an das Vermächtnis einer Tante heran und lerne – wider Erwarten und in Ermangelung eines anderen Spielers in unserem Hauskreis – die Lieder zu begleiten, die wir dort schmettern. Manchmal freilich ergreift mich noch die Panik, wenn ich andere höre, deren Finger mit Leichtigkeit über die Tasten perlen, als würden sie nie etwas anderes tun, und die Melodien zaubern, von denen ich nur träumen kann. Doch dann merke ich, wie ich in meine alten Muster plumpse und klopfe mir aufs Hirn, damit ich wieder denken kann, dass es nicht darum geht, perfekt zu sein.

Denn Gott lädt uns ein, *heil* zu werden. Vollständig. Dazu gehört auch, dass wir wieder das Kind in uns suchen, das einmal einen Klaps bekam, als es seine ersten Versuche unternahm.

Wenn wir dann aber die Wunden anschauen, die man uns schlug, entdecken wir in ihnen auch den Weg zu ihrer Heilung, lauter winzig kleine Ideen, kaum der Rede wert, die allesamt darauf warten, dass wir kommen und sie aufheben – wie Kinder, die wir allzu lange vernachlässigt haben, begraben unter den Ansprüchen des Alltags: Fahrradfahren. Klavierspielen. Wandern. Das Nähzeug hervorkramen. Die Modelleisenbahn unserer Jugendtage abstauben. Denn jede kleine Tat, die wir uns solcherart erlauben, legt sich heilend über unsere Perfektionismusnarbe.

Wie im Himmel begann damit, dass Daniel als Kind inmitten eines wogenden Weizenfeldes Geige spielte. Bis ihn Conny, derselbe Conny, der später seine Frau verprügelt, zusammenschlug. Am Ende aber, als Daniel beim Wettbewerb der Chöre einen zweiten Zusammenbruch erleidet und stirbt, sehen wir ihn erneut durchs Getreide schreiten und den kleinen Jungen von einst aufheben.

Entscheidend ist nicht, dass wir formvollendet sind in allem, was wir tun. Entscheidend ist, dass wir ins Kornfeld gehen, das Kind suchen, das wir einmal waren und es aufnehmen und herzen, wie Jesus die Kinder auf den Schoß nahm, sie herzte und segnete, egal, ob es den Menschen um ihn herum gefiel oder nicht (Markus 10,13-16).

Mitunter mag es sich krächzig und stümperhaft anhören, wenn wir unseren Lebenston suchen. Und doch erklingen wir dann unverwechselbar als die Menschen, die wir in Christus sein sollen. Und das klingt immer schön.

Denn während Daniel zusammenbricht, vernimmt er doch durch den Lautsprecher, wie jeder im Chor seinen ihm ganz eigenen Ton anstimmt – bis es auch das Publikum erfasst. Bald rauscht und braust der ganze Saal. Und das Geschwirr aus hunderten von Stimmen erzeugt keinen Missklang, sondern ein gewaltiges, pfingstähnliches Sausen. Ob es so im Himmel sein wird?

Fragen

- Wo wartet etwas in meinem Leben darauf, dass ich es suche und aufhebe wie Daniel das verprügelte Kind von einst im Getreidefeld? Kann ich dem Druck, perfekt zu sein, Gottes Einladung, heil zu werden entgegensetzen?
- Kenne ich jemanden, der mich, wie Lena es für Daniel tut, unterstützen könnte, wenn ich neue Schritte wage, und seien sie auch noch so klein? Könnte ich diesen Jemand jetzt darum bitten?
- Nicht jeder kommt mit auf dem neuen Weg – so wie Stig (Niklas Falk), der Pfarrer, der in Daniel einen Konkurrenten wittert, den er möglichst rasch loswerden will. Wo sperre ich mich gegen einen Aufbruch und bevorzuge den Status quo, obwohl Wandel und Veränderung (metanoia) durchaus Merkmale eines Christenlebens sind?

Mein Gebet

Lieber Vater, der du bist derselbe gestern, heute und in alle Ewigkeiten! Du weißt, wo etwas in mir kaputt ging oder zerschlagen wurde, vielleicht weil jemand unbedacht daherredete oder weil ich selbst nicht glauben konnte, dass ich sein dürfte, wie ich war. Hilf mir, die Sehnsüchte von einst wieder auszugraben und dabei achtsam und fürsorglich mit mir umzugehen – ganz so, wie auch du mir begegnest als liebevoller, fürsorgender Vater. Amen.

Für Hand und Fuß

Die Arbeit mit dem Kind in uns, das verletzt wurde, bedarf der Sanftmut. Denn nichts braucht dieses kleine Wesen mehr als unseren Schutz und die Vergewisserung, dass es so sein darf, wie es ist. Das können Sie ihm geben! Bedenken Sie, dass Sie erwachsen sind, das Kind in Ihnen aber, je nachdem, was es erlebt hat, möglicherweise noch scheu und verängstigt ist. Nehmen Sie einen Stift zur Hand! Schreiben Sie dem Kind, das Sie einmal waren, einen Brief. Versichern Sie ihm, dass Sie für es da sind, dass Sie es verstehen und sich freuen, wenn Sie miteinander in Berührung kommen. »Es ist nie zu spät für eine glückliche Kindheit«, soll Erich Kästner gesagt haben. Fangen Sie mit kleinen, aber fassbaren Schritten der Fürsorge an, die Ihr inneres Kind erfreuen werden. Ein Besuch im Bastelladen. Einmal ausgiebig über den Flohmarkt stromern. Womöglich werden Sie einen Anflug neuer Lebensfreude verspüren, einen ungeahnten Ausbruch von Kreativität. Denn wenn sich unser inneres Kind sicher fühlt, kehren die verborgenen Träume an die Oberfläche zurück.

Weitersehen

- Türen sind allgegenwärtig in Kay Pollaks Film. Manchmal werden sie geöffnet, oft genug aber auch geschlossen. Bevor Conny seine Frau verprügelt, schließt er groß und wuchtig die Flügel der Garage. Danach blenden die Szenen in trostlose Schwarzbilder auf. Auch als die Gemeindesekretärin Daniel beim Pfarrer anschwärzt, verschließt sie die Tür und verdeckt dabei die Sicht auf ein an der Wand hängendes Kruzifix. Die verändernde Kraft des Glaubens erhält hier keinen Zutritt.
- Im Glauben schauen wir Dinge, die noch nicht gegenwärtig sind. 2. Korinther 5,7 formuliert es so: »Wir wandeln im Glauben, nicht im Schauen.« Als Gabriella während der Probe in Tränen ausbricht, legt Pollack über ihr verweintes Gesicht schon den Ton des Konzerts. Bald hören es alle im Saal und beginnen zu lachen, als erlebten sie bereits die Aufführung, die erst kurz darauf zu sehen ist.
- »Es müssen nicht Engel mit Flügel sein«, schrieb der Dichter R.O. Wiemer über Gottes himmlische Helfer. Lena ist solch ein Engel für Daniel – und trägt tatsächlich Flügel. Es ist Advent, und ihre Flügel sind aus Pappmaché.

Idee für einen gemeinsamen Filmabend

Wer waren wir und was ist aus uns geworden? Bringen Sie Kindheitsfotos mit und erzählen Sie sich von den Träumen, die Sie damals hatten. »Auf diesem Bild bin ich acht. Ich träumte davon, Archäologin zu werden und ein neues Troja auszugraben ...« – »Da war ich elf und plante eine Kaninchenzucht!« Was hat Gott in Sie hineingelegt? Vielleicht kommt an diesem Abend etwas davon zum Vorschein. Dann ermutigen Sie einander, dem nachzugehen. Rufen Sie sich in dieser Woche gegenseitig an und fragen Sie nach!

Horton hört ein Hu

(Regie: Jimmy Hayward/Steve Martino, USA 2008, 86 Minuten, FSK 0)

Tauperlen glitzern auf einem Blatt, sammeln sich zu einem einzelnen großen Tropfen, der ins Rutschen gerät und auf eine Samenkapsel klatscht, die ihrerseits ins Rollen kommt. Rasch wird sie schneller, prallt, peng!, auf eine Blume, auf deren Blüte ein winziges Staubkorn sitzt. Und dort, mittendrin: Huheim – die Welt der mikroskopisch kleinen Hus, die nun in die Luft geschleudert wird.

Mit bloßem Auge lassen sich die Hus nicht erkennen. Doch jetzt, da ihr Bürgermeister (gesprochen von Uwe Büschken) laut um Hilfe ruft, weil ganz Huheim von heftigen Stößen durchgeschüttelt wird, kann man sie hören. Allerdings nur, wenn man so achtsam die Ohren spitzt wie Horton, der Elefant (Christoph Maria Herbst), der just in diesem Augenblick sein Morgenbad nimmt.

Horton ist ein umgänglicher Kerl; sprichwörtlich tut er keiner Fliege was zuleide. Nun aber wird sein beschauliches, überschaubares Leben gehörig umgekrempelt. Denn Horton glaubt, was er hört. Und wenn er auch nichts weiter sieht als ein gewöhnliches Staubkorn, so kann er sich doch bald mit dem Bürgermeister von Huheim unterhalten. Da setzt Horton das Staubkorn auf eine Kleeblüte und hütet es auf seiner Rüsselspitze, als wäre es der kostbarste Schatz.

Horton hört ein Hu, Fox

Allerdings merkt Horton rasch, dass der Dschungel von Nümpels für ihn zwar ein Zuhause, für Huheim jedoch alles andere als ein sicherer Ort ist, auch wenn die Hus, abgesehen vom Bürgermeister, nicht einsehen wollen, in welch großer Gefahr sie allesamt gerade schweben.

Nicht allein, dass eine Kleeblüte überall gefressen oder vom Wind verweht werden kann: Auch Horton lebt bedroht. Denn dass er mit einem Staubkorn spricht, als wäre es lebendig, wirbelt die geordnete Welt der Dschungeltiere bedrohlich durcheinander. Undenkbar, dass einer an etwas glaubt, das man nicht sieht, noch dazu mit diesem Etwas redet, als wäre es ein Gegenüber! Das stört vor allem die gestrenge Kängurumutter (Anke Engelke), die in Horton eine Gefahr für die Sitten des Dschungels, der Nümpelschen Kinder und des Zusammenlebens insgesamt wittert. Deshalb hetzt sie Vlad, den grimmigen Geier, ebenso wie die trottelige, nichtsdestotrotz zahlenmäßig eindrucksvolle Affenbande auf Horton.

Horton aber rennt und rennt, die Spitze des Nümpelsberges vor Augen. Denn dort befindet sich der einzig sichere Ort: In einer Felsritze könnten die Hus in stiller Abgeschiedenheit ein friedvolles Dasein führen.

Während Huheim von den Erschütterungen wilder Verfolgungsjagden wie von mächtigen Erdbeben durchgerumst wird und morgens mit Schneebergen mitten im Sommer erwacht (weil sich in der Höhe Reif bildet), trägt Horton das Staubkorn unverdrossen weiter. Doch am Ende bezwingt ihn der Nümpelsche Mob. Die Tiere fesseln ihn mit Seilen und entreißen ihm das Staubkorn. Und zweifellos wäre es erbarmungslos in kochendem Bieselnuss-Öl verdampft, hätte es nicht in allerletzter Sekunde das Kängurubaby aus der Luft gegriffen – just in jenem Augenblick, als Jojo, der Sohn des Bürgermeisters von Huheim, einen solchen Krach schlägt, dass man es endlich auch im Dschungel vernehmen kann: »Wir sind da, wir sind da, wir sind da!«

Da jubeln sie alle: Die große Welt des Dschungels sowie die nicht minder bunte Welt von Huheim. Horton aber reicht der Kängurumutter, die ihrerseits nun abseits steht, zur Versöhnung einen Keks. Und dann singen sie das Lied von REO Speedwagon: »I can't fight this feeling any longer«: »Auch wenn ich jetzt fortgeh', ich werd' stets mit euch sein!«, schmettert Horton. Und die Hus antworten: »Du bist das Licht in unseren Herzen, das uns wärmt mit seinem Schein!«

Gemeinsam bringen sie das Staubkorn auf den Nümpelsberg. Die Kamera aber zieht sich zurück, und die Erde kreiselt neben ungezählten anderen Planeten durch das schwarze Universum.

Unsere Erde ist ein winziger Planet; wer wollte anderes behaupten? Im Weltall verliert sich die kleine blaue Kugel neben vielen anderen und weitaus größeren. Wundern Sie sich da nicht auch manchmal, dass es unsere Erde in all ihrer Lebensfülle überhaupt (noch) gibt?

Wieso weicht sie nicht von ihrer Bahn ab, oder es trifft sie ein anderer Planet, ein Stern, eine Sonne, ein Komet, einerlei? All das wäre denkbar, und doch bekennen wir *anderes*, ganz so, wie es der Bürgermeister von Huheim macht: dass unsere Erde gehalten wird von Einem, den wir zwar nicht sehen, von dem wir aber wissen, dass er »mutig und stark ist und sein Leben riskiert für uns alle«. Doch kaum haben wir das ausgesprochen, fragen wir da nicht ebenfalls leise und verstohlen wie der Bürgermeister seine Frau: »Hast du schon mal das Gefühl gehabt, dass deine Welt ein winziges Staubkorn ist ... und wenn du es jemandem erzählst, hält er dich für verrückt?«

Ja, gewiss! Das ist wirklich ganz schön verrückt!

»Was ist nun also der Glaube?«, fragte der Schreiber des Hebräerbriefes (Kapitel 11,1). »Er ist das Vertrauen darauf, dass das, was wir hoffen, sich erfüllen wird, und die Überzeugung, dass das, was man nicht sieht, existiert.«

Wir glauben, dass Gott existiert – obwohl wir ihn nicht sehen. Wir glauben sogar, dass er für uns da ist. Wir haben seine Stimme gehört und wir folgen ihm. Das lässt uns mitten in dieser Welt und holt uns zugleich aus ihr heraus.

Wir sind in der Welt und gehören doch zu einer anderen, die uns prägt.

Nicht immer empfinden wir das so deutlich, aber manchmal spüren wir zutiefst, dass unser Zuhause woanders liegt. »Denn diese Welt ist nicht unsere Heimat. Wir erwarten unsere zukünftige Stadt erst im Himmel« (Hebräer 13,14).

Jesus sagte es ähnlich: »Es gibt viele Wohnungen im Haus meines Vaters und ich gehe voraus, um euch einen Platz vorzubereiten. Wenn es nicht so wäre, hätte ich es euch dann so gesagt? Wenn dann alles bereit ist, werde ich kommen und euch holen, damit ihr immer bei mir seid, dort, wo ich bin« (Johannes 14,2.3). Das sollte Jesu Jünger (und auch uns) trösten. Aber für andere ist es möglicherweise eine Botschaft, die ihnen nicht gefällt.

»Wenn man's nicht hören, sehen, oder fühlen kann, existiert es nicht!«, schimpft die Kängurumutter. Und knurrt gleich weiter – was schon weniger harmlos tönt: »Das ist ein Angriff auf unsere Lebensweise! Es gibt Regeln des Zusammenlebens. Wenn du dich nicht dran hältst, wirst du ausgestoßen!« Denn wenn es jene andere Welt tatsächlich gibt, sodass sie jetzt schon wirkte, müssten wir da nicht einiges in unserem Leben ändern?

Viel vorweisen können wir freilich nicht. »Er ist im Himmel!«, ruft der Bürgermeister, »aber schaut nicht hin – er ist unsichtbar!«

Da lachen sie ihn aus. Und nennen ihn einen Blödian und lachen umso mehr, als Horton sich just dann nicht zu Wort meldet, als alle auf ein Zeichen von ihm warten. Ausgerechnet!

Doch das Phänomen und das Unbehagen und die Einsamkeit, die es mit sich bringt, ist ja nicht neu. (Schon der Prophet Jesaja beklagte, dass Gott nicht auf Kommando hervortrat und wünschte sich ein deutliches Zeichen. »Tritt doch aus dem Himmel hervor!«, rief er (Jesaja 63,19). Gott aber schwieg.) »Wegen unserer Hingabe an Gott hält man uns für Narren!«, bekannte der Apostel Paulus (1. Korinther 4,10).

Und doch genügen in der Regel weniger dramatische Anlässe, damit wir Gottes Welt aus dem Blick verlieren, von der wir doch ergriffen wurden.

Begraben liegt sie unter Wäschebergen, Gläserrändern auf dem Klavier, Terminen, die wir für uns und andere jonglieren, der Autokupplung, die ihren Geist aufgegeben hat, dem Rollator, den wir für die Eltern besorgen wollten und der Geschäftsreise, die sich nicht verschieben lässt. Von Pizzakrümeln, Socken zwischen Sofaritzen und Fußstapfen quer über den frisch gewischten Küchenboden mal ganz abgesehen.

Doch wenn stimmt, was wir bekennen, dass »alles kommt von ihm, alles besteht durch seine Macht und ist zu seiner Herrlichkeit bestimmt« (Römer 11,36), dann wäre Christus auch überall zu finden, selbst in den Brotkrümeln unterm Esstisch und den Staubfusseln, die durchs Zimmer schweben. Genau dort, worüber wir tagtäglich stolpern und wirbeln, würden wir ihn entdecken, ganz wie es in dem Gedicht von Schwester Basilea heißt: »Du sagst/Das Weltall steht in der Küche.«

Könnten wir dann vielleicht unsere Klagen über das vielerlei Klein-Klein in ein Loblied verwandeln, einfach deshalb, weil Gott uns darin nahekommt?

Wäre das nicht schön?

Aber ist es machbar?

Wir können uns zumindest darin üben. Jesus selbst hat es uns vorgelebt und dazu ermutigt.

Seine Gleichnisse erzählen allesamt vom Alltäglichen: von der Saat, die wächst – ohne unser Zutun (Markus 4,26-29); vom Sauerteig, der den Teig durchsäuert – ohne alles Kneten (Matthäus 13,33); von Münzen, die verlorengehen, und davongelaufenen Schafen (Lukas 15). Und all das, damit seine Zuhörer und also auch wir verstehen, dass sich Gott im Alltag finden lässt.

»Das Reich Gottes ist mitten unter euch!« (Lukas 17,21), beteuerte Jesus, obwohl doch gerade er die Kranken und Verachteten, die Leidenden und Versehrten um sich scharte und demnach mehr als jeder andere das Elend dieser Welt kannte. Und trotzdem handelte er nach den Gesetzen jener anderen Welt, die ganz von Gott bestimmt war; die da war, aber nicht so, dass man sagen könnte: »›Hier ist es!‹, oder: ›Es ist dort drüben!‹« (Lukas 17,21).

Wenn er auf die Spatzen im Busch und die Lilien auf dem Feld verweist, die nicht sammeln und sich nicht sorgen und Gott ernährt und kleidet sie doch (Matthäus 6,26.28), zeigt uns Jesus einen überaus geerdeten Weg, unseren Glauben zu leben. Wollen wir wissen, wie es bei Gott zugeht, können wir von den Dingen dieser Welt lernen. Wir bräuchten bloß unsere Augen zu öffnen und die Ohren spitzen.

Da ist zum Beispiel der Haselstrauch an der Straßenecke und mittendrin ein Vogelnest. Vor unsere Augen wurde es gebaut und wir sahen es nicht. Bis der Herbst kam und die Blätter wegfegte und wir mit einem Mal gewahr wurden, dass dort kleine Meisen heranwuchsen, unbeachtet von uns, über den Tritten der Spaziergänger, den Rufen spielender Kinder und Autogebrumm.

Ich nehme mir vor, wieder achtsamer zu werden für die verborgene Welt um mich her. Und so zu handeln, als wäre sie da.

Und da fällt mir ein, dass ich das eigentlich jeden Tag übe.

Denn auch in meinem Saxophon liegen Töne verborgen, die ich nur hervorlocke, wenn meine Lippenspannung, der Fluss des Atems und die Stütze des Zwerchfells zusammenstimmen. Obertöne, eine endlose

Reihe! Ich weiß, dass es sie gibt, doch wie oft höre ich sie nicht! Schon will ich mein Instrument in die Ecke donnern und mich beim Händler beschweren, da reißt mir mein Lehrer das Horn aus den Händen und trara!, erklingen sie alle, als hätten sie lediglich darauf gewartet, dass einer sie ins Freie lässt.

Da weiß ich wieder: Es hat mit mir zu tun, ob etwas da ist oder nicht. Ob ich es sehe. Oder nicht. Und höre. Oder eben nicht. Und also übe ich weiter.

Und trotzdem, wer wollte es bestreiten, bleibt unser Blick für Gottes Welt im Hier und Jetzt, auch wenn wir uns noch so sehr bemühen, oftmals verstellt, beinahe so, als blickten wir durch die Hohlspiegel eines Spiegelkabinetts, das uns unsere Wirklichkeit allenfalls verzerrt wiedergibt.

Deshalb noch ein Letztes.

Auch der Apostel Paulus sprach von einem Spiegel, als er den Korinthern deutlich machen wollte, wie sie ihren Blick auf Gottes Wirklichkeit lenken könnten. »Jetzt sehen wir die Dinge noch unvollkommen, wie in einem trüben Spiegel«, schrieb er, »dann aber werden wir alles in völliger Klarheit erkennen. Alles, was ich jetzt weiß, ist unvollkommen; dann aber werde ich alles erkennen, so wie Gott mich jetzt schon kennt« (1. Korinther 13,12).

Wir mögen also Gottes Welt zuweilen nur schemenhaft erkennen. Wenn wir aber Jesus anschauen, unseren Herrn, werden wir ihn selbst eines Tages widerspiegeln, und dann können sogar andere ihn und Gottes Welt an uns erkennen. Glauben Sie das, auch wenn Sie nichts davon merken?

Die Bibel behauptet, dass es so ist.

Auch wenn das, zugegebenermaßen, ziemlich verrückt klingt.

Fragen

- Was für eine Sicht habe ich von dieser Welt? Entdecke ich Gott darin?
- Was verstellt mir den Blick auf Gottes Wirklichkeit inmitten meiner Welt? Was, umgekehrt gefragt, könnte ihn mir dafür öffnen, ein Spaziergang durch die Natur vielleicht?

- Wie kann ich Jesus anschauen? Entdecke ich ihn im Gottesdienst, wenn ich mit anderen zusammenkomme? Beim Abendmahl? Oder wenn ich im Gewusel des Alltags einmal stillhalte?

Mein Gebet

Lieber Herr, wenn ich den Spatzen zuhöre, wie sie in den Büschen schnattern, erinnert mich das an deine Fürsorge. Ebenso wenn ich die Blumen betrachte, wie sie farbenfroh und unbekümmert am Feldrand wachsen. Öffne mir den Blick für deine Welt, damit ich dich darin entdecke – mittendrin. Amen.

Für Hand und Fuß

Waren Sie schon einmal in einem Planetarium? Oder haben durch ein Mikroskop geblickt? Es erweitert unsere Sicht ungemein, wenn wir einmal bewusst auf die Dinge achten, die wir sonst eher nicht wahrnehmen. Wenn Sie weder Planetarium noch Mikroskop in Ihrer Nähe haben, gehen Sie in eine Bibliothek und leihen Sie sich ein Buch über galaktische Weiten oder mikroskopische Winzigkeiten aus, Insekten zum Beispiel oder das Blut in unserem Körper. Ob im Großen oder im Kleinen – überall gibt es etwas, das vor unseren Augen verborgen liegt, bis wir mit der Nase darauf stoßen. Dann geraten wir ins Staunen und singen mit neuem Sinn das gute alte Abendlied von Matthias Claudius: »Der Mond ist aufgegangen ... er ist nur halb zu sehen und ist doch rund und schön!«

Weitersehen

- *Horton hört ein Hu* entstand nach dem 1954 verfassten Kinderbuchklassiker von Dr. Seuss *Horton Hears a Who*, dessen Anspielung im deutschen Titel verloren geht. Denn nicht ein »Hu« hört Horton da, sondern jemanden, wen also (»who«).
- Der Film beruht auf dem Strukturprinzip der Parallelmontage: In bemerkenswerter Durchgängigkeit wird Hortons große Welt mit jener kleinen der Hus verbunden, mal mittels Kamerafahrten, die durch das Staubkorn rasen, dann wieder über den Ton, dessen Wellen in Bilder umgesetzt werden oder unmittelbar im Schnitt.

- Die Cartooneinlagen, die Hortons Gedanken in rasche Bildfolgen umsetzen, verweisen auf japanische Mangas und Pokemónfiguren.

Idee für einen gemeinsamen Filmabend

Sicherlich kennen Sie das Gleichnis von den blinden Männern, die jeder nur einen Teil eines Elefanten befühlten. Und so berichteten sie alle etwas anderes. Jener, der das Bein betastete, hielt den Elefanten für eine Säule. Der den Rüssel ergriff, meinte, ein Elefant sei ein Seil. Der dritte schließlich, der das Ohr berührte, behauptete, ein Elefant sei ein Fächer. Ob ein Elefant daraus geworden ist, als sie ihre unterschiedlichen Geschichten zusammentrugen?

Helfen Sie einander, zusammen mehr zu sehen als das, was uns üblicherweise vor Augen steht, weil wir nur einen Teil davon erkennen können. Nehmen Sie den letzten gemeinsamen Gottesdienstbesuch. Tauschen Sie sich darüber aus!

In der Spur von Gnade und Barmherzigkeit:
Fahrraddiebe
(Regie: Vittorio de Sica, I 1948, 90 Minuten, FSK 12)

Es ist das Italien der Nachkriegszeit, Rom im Jahr 1948. Die Menschen stehen Schlange für ein Stückchen Brot und ebenso für einen Job. Nur wer ein Fahrrad besitzt, kann als Plakatkleber arbeiten. Antonio Ricci (Lamberto Maggiorani) hat Glück. Sein Fahrrad liegt zwar längst beim Pfandverleiher, doch nun löst er es mit der Bettwäsche seiner Frau wieder aus.

Stolz schiebt er das Rad nach Hause. Seine Schultern straffen sich, der Glanz kehrt in seine Augen zurück, in denen schon der Mut erloschen war. Kraftvoll hebt er das Fahrrad auf die Schultern und trägt es die Stufen zu der kleinen Wohnung hinauf.

Antonio stößt die Fensterläden auf. Sonnenlicht durchflutet die kleine Kammer, in der Antonios kleiner Sohn Bruno (Enzio Staiola) jetzt hingebungsvoll die Felgen schrubbt, bis das Metall im Glanz der Sonne funkelt. Alles wird wieder gut werden. Vater und Sohn strahlen sich an.

Doch schon am nächsten Tag – Antonio hängt gerade das erste Plakat auf, während Bruno ihm Leim und Pinsel reicht – wird ihnen das Rad gestohlen. Antonio ruft um Hilfe und rennt hinterher. Vergebens.

Niemand eilt herbei, den Räuber aufzuhalten, sodass dieser – Mitglied einer Diebesbande, wie sich später herausstellt – unbehelligt entkommt.

Antonio muss das Rad wiederhaben, koste es, was es wolle. Und so beginnt eine zermürbende Suche durch die Straßen und Gassen eines gigantischen Roms, das vor Fahrrädern zu wimmeln scheint: Fahrräder vor den Fabriktoren der Stadt und in ihre Einzelteile zerlegt auf den zahlreichen Flohmärkten. Antonios Rad aber findet sich nicht.

Fahrraddiebe, RKO

Mit Gott im Kino

»Die traurigste Geschichte aller Zeiten«, nannte der Filmkritiker David Gilmour Vittorio de Sicas *Fahrraddiebe*, und in der Tat lässt sich kaum mit ansehen, wie Antonio planlos und mit jedem Schritt verzweifelter durch die Straßen irrt, während die Angst in seine Augen kriecht und ihm sein Junge nachstolpert.

Beinahe gerät Bruno unter ein Auto, einmal fällt er hin. Antonio merkt es nicht. Und schon ohrfeigt er den Buben, der ihm mit seiner Müdigkeit, dem Unmut und der Verzweiflung zunehmend lästig wird, um dann den Schmerz, der jetzt in Brunos Augen aufflammt, mit abgeklärten Worten beiseitezuwischen: »Halb so schlimm!« Doch längst hat sich die böse Tat, die ihnen angetan wurde, zwischen Vater und Sohn geschoben, als wäre sie Gift.

Der Tag neigt sich. Die Fabrikglocken schrillen, die Arbeiter strömen aus den Toren. Da entdeckt Antonio, an eine Hauswand gelehnt, ein herrenloses Rad. Rasch schickt er seinen Sohn nach Hause, doch der Bus, der Bruno fortbringen soll, klatscht ihm die Türe vor der Nase zu. Und so sieht Bruno, wie sein Vater das fremde Rad von der Wand reißt, sich auf den Sattel schwingt und davoneilen will. Doch der Besitzer stürzt aus dem Haus. »Haltet den Dieb!«, schreit er, und schon füllt sich die Straße mit jungen Burschen, die Antonio auf kräftigen Beinen nachhechten. Sie zerren Antonio vom Rad und schlagen ihm die Mütze vom Kopf.

Mit Tränen in den Augen, Panik im Gesicht, hebt Bruno sie auf. »Papa!«, schreit er, und zwängt sich durch die Menschentraube, die Antonio in ihrer Mitte hält. »Was sollen wir mit ihm machen?«, wollen die Männer wissen und Antonio zur Polizei schleppen. Doch der Besitzer sieht Bruno und winkt ab. »Da hast du aber Glück gehabt!«, sagen die Männer. »Schäm dich, zu stehlen, und auch noch vor deinem Kind!« Und sie schubsen Antonio fort.

Antonio schlurft davon, mit einem Mal unendlich müde und gebrochen. Bruno rennt ihm nach und drückt ihm die Mütze in die Hand. Da weint der große Mann. Brunos Tränen aber versiegen und seine kleine Hand schiebt sich in die des Vaters. Denn das Fahrrad bleibt zwar gestohlen, doch nun gehen sie wieder gemeinsam.

Moral, unser Urteil über Gut und Böse und das, was wir tun oder lieber lassen sollten, wandelt sich. Moral ist offensichtlich biegsam und passt sich unseren Bedürfnissen an: Antonio, der selbst bestohlen wurde, sieht ein herrenloses Fahrrad. Und schon rattert es durch seinen Kopf. »Es ist *anders*«, sagt er sich, »schließlich tue ich es für meine Familie.« Und so stiehlt er das Rad.

Im Verlauf eines einzigen zermürbenden Tages nur hat sich Antonios Vorstellung von Gut und Böse grundlegend verändert und zwar genau in dem Maß, wie sich auch seine Lage änderte.

Und geht es uns nicht ähnlich?

Wie war das neulich an der Tankstelle? Und später beim Bäcker?

Ich rolle an den Zapfsäulen vorbei. Wo ist Benzin, wo Diesel? Und stelle den Wagen ab. Als ich aussteige, klappt hinter mir eine Tür. Eine erboste Frau springt aus ihrem kleinen roten Punto und fuchtelt mit den Händen: »Hätten Sie nicht vorfahren können? Sie denken wirklich nur an sich!«

Ich bin erschüttert. Keineswegs ist es meine Absicht gewesen, dieser Frau das Leben schwer zu machen, ja, wenn ich ehrlich bin, habe ich sie nicht einmal gesehen (und auch nicht, dass es eine Säule weiter ebenfalls Benzin gegeben hätte). Blöde Kuh!

Später, wir brauchen noch ein Brot und ich will eben kurz zum Bäcker reinspringen – die Kinder habe ich vom Kindergarten abgeholt, jetzt kabbeln sie sich auf der Rückbank – wiederholt sich die Situation, nur umgekehrt. Ein schnittiger Porsche hangelt sich vor mir in das letzte freie Loch. Unerhört! Dabei war ich zuerst da. Ich merke, wie ich wütend werde. Ich habe doch so wenig Zeit, zu Hause warten meine anderen Kinder und er – der hat doch bestimmt keine Familie, so wie der aussieht! Und schon schimpfe ich los.

Aber dann merke ich es selbst: Mein moralisches Urteil dehnt sich, als wäre es Kaugummi. Je nachdem, was ich brauche, verändere ich meine Ansicht über mein Verhalten und damit über das, was falsch und richtig ist – und das auch noch vor den Augen meiner Kinder. Hilfe! Wer rettet mich, wenn das hehre Bild, das ich vor meinem Nachwuchs abgeben wollte, wie ein Kartenhaus in sich zusammenbricht?

Es lässt sich nicht leugnen: Moral ist ein wackeliger Grund; wer darauf baut, sollte mit Geschaukel rechnen.

Aber heißt es nicht in der Bibel, dass wir wissen können und sollen, was gut und was recht ist?

»Es wurde dir, Mensch, doch schon längst gesagt, was gut ist und wie Gott möchte, dass du leben sollst«, heißt es in Micha 6, 8. »Er fordert von euch nichts anderes, als dass ihr euch an das Recht haltet, liebevoll und barmherzig miteinander umgeht und demütig vor Gott euer Leben führt.«

»Ich will, dass ihr barmherzig seid; eure Opfer will ich nicht. Mir geht es darum, dass ihr meinen Willen erkennt, und nicht darum, dass ihr mir Brandopfer bringt« (Hosea 6,6).

Gott will, dass wir seinen Willen erkennen und dass wir barmherzig sind.

Alles klar.

Nur: Was bedeutet das genau?

In Matthäus 11,28-30 lädt uns Jesus ein, von ihm zu *lernen*. »Nehmt mein Joch auf euch. Ich will euch lehren, denn ich bin demütig und freundlich, und eure Seele wird bei mir zur Ruhe kommen. Denn mein Joch passt euch genau, und die Last, die ich euch auflege, ist leicht.«

Bauern, die noch mit der Hand pflügen, wissen es: Wenn sie die Ochsen nebeneinander einspannen, sieht jedes Tier nach vorne. Der Schritt des einen passt sich dem des anderen an, und so geht es, Schritt um Schritt, gemeinsam voran, während jeder die Hälfte der Last zieht. Wenn wir mit Jesus unter einem Joch stehen, gehen wir nebeneinander auf einem Weg, und das mag uns daran erinnern, dass das Wörtchen *lernen* in seiner ursprünglichen Bedeutung meinte: »einer Spur nachgehen, nachspüren«. Wer bei Jesus lernt, läuft mit ihm in seiner Spur.

In den Vierzigerjahren des vorigen Jahrhunderts entschied sich der evangelische Pastor Dietrich Bonhoeffer dazu, an einem Attentat gegen Adolf Hitler mitzuwirken. Aus Bonhoeffers Tagebüchern wissen wir, dass ihm sehr wohl bewusst war, dass sein Tun umstritten war. Und doch hatte er am Ende, als er schon in Haft saß und auf seine Hinrichtung wartete, nicht seine eigene weiße Weste im Blick, sondern Gott. »Später erfuhr ich und ich erfahre es bis zur Stunde, dass man erst in der vollen Diesseitigkeit des Lebens glauben lernt. Wenn man völlig darauf verzichtet hat, aus sich selbst etwas zu machen – sei es einen Heiligen oder einen bekehrten Sünder, (...) – und dies nenne ich Diesseitigkeit, nämlich in der Fülle der Aufgaben, Fragen, Erfolge und Misserfolge, Erfahrungen und Ratlosigkeiten leben – wirft man sich Gott ganz in die Arme (...) Gott führe uns freundlich durch diese Zeiten; aber vor allem führe er uns zu sich.« (Widerstand und Ergebung, Tagebucheintrag vom 21.7.1944)

Bonhoeffer wusste, dass es in Gottes Augen möglicherweise nicht richtig war, zu morden. »Man muss dem Rad in die Speichen fallen«, nannte er es, aber er zitierte auch Matthäus 26,52: »Wer das Schwert benutzt, wird durchs Schwert umkommen.« Diesen nicht zu lösenden Konflikt lebte Bonhoeffer, in dem er sich letztlich in allem Gott selbst in die Arme warf.

Denn für Christen, die den Namen ihres Herrn tragen, geht es nicht darum, Böses zu vermeiden und selbst unbehelligt und unantastbar dazustehen, sondern Jesus zu folgen.

Der amerikanische Pastor Rob Bell drückte es so aus: »Das Ziel des Kreuzes ist nicht Vergebung, sondern die Wiederherstellung unserer Gemeinschaft mit Gott, sodass wir hier und jetzt, heute, Menschen werden, die heil sind und Heil in diese Welt bringen, für die das ebenfalls gilt.« (aus: Velvet Elvis, Gießen 2012, S. 108.)

Mit Gott machen wir keine Bankgeschäfte, keine Überweisungen; wohl aber machen wir uns auf den Weg. Wer ihm folgt, hat nicht länger seine Unfehlbarkeit im Blick, sondern Jesus selbst. Wer aber Jesus sieht, »hat den Vater gesehen!« (Johannes 14,9). »Weil ihr Gottes Kinder geworden seid, hat euch Gott den Geist seines Sohnes ins Herz gegeben, sodass ihr zu Gott nun ›lieber Vater‹ sagen könnt« (Galater 4,6).

So lernen wir auch, wenn wir mit Jesus unter einem Joch den Acker dieser Erde umpflügen und uns dabei dreckig machen, »Abba, lieber Vater« zu stammeln gegenüber einem Gott, von dem es heißt, dass er durch und durch heilig sei.

Und nicht zuletzt, unabhängig von unserem Verhalten, lernen wir in dieser Schule beten: »Unser Vater im Himmel (...), vergib uns unsere Schuld, wie auch wir denen vergeben haben, die an uns schuldig geworden sind« (Matthäus 6,9-12).

Das hat Auswirkungen.

Jedes Jahr im Herbst geht es wieder los. Wenn die Korkenzieherweide, die in unserem Vorgarten wächst, ihre Blätter abwirbelt, segeln unzählige, reichlich braungefärbte Blatthubschrauber zu Boden. Bald bedecken sie den ganzen Gehweg und es ist fast einerlei, wie oft ich fege. »Sie warten ohnehin, bis der Wind die Blätter vor meine Türe weht!«, schnaubt meine Nachbarin. Und ich denke: Hoffentlich zische ich jetzt nichts Garstiges zurück. Denn natürlich rege ich mich auf! Aber dann beschämt es mich schon: Ich habe nur meine eigene weiße Weste vor Augen und nicht das Wagnis, diese Frau zu lieben. Ich will mich zurückziehen in mein Schneckenhaus, in dem ich nichts Falsches tun kann. Aber eben auch nichts Gutes (»Vergesst nicht, Gutes zu tun!«, mahnt uns Hebräer 13,16a). Nicht Christus habe ich im Sinn, sondern meine eigene Unbescholtenheit.

Sicher, wenn ich jetzt rausgehe und ihr begegne, könnte es durchaus geschehen, dass ich einen Fehler mache; vielleicht platzt mir der Kragen oder ich brülle sie an. Egal, sagt Jesus. Es geht schließlich nicht darum, dass du ungeschoren davonkommst, sondern dass du *liebst*, vorbehaltlos, und mir folgst und bei mir lernst. »Barmherzigkeit will ich.« So lasen wir es eingangs bei Micha 6,8. »So handelt ihr wie wahre Kinder eures Vaters im Himmel«, heißt es in der Bergpredigt (Matthäus 5,45).

Und also gehe ich jetzt raus. Und kehre erst mal vor der eigenen Haustüre.

Unversehens hat sich meine Moral, die immer alles besser weiß und regelt und absichert und mich und andere beurteilt und verurteilt und sich trotzdem ständig ändert, in Vertrauen verwandelt - als wäre ich wieder ein Kind, das die Hand seines Vaters ergreift und mit ihm geht - in der Spur seiner Barmherzigkeit. Wie Bruno mit Antonio.

Fragen

- Ändere auch ich gelegentlich meine Moral? Wenn ich einen Kratzer in das Auto eines anderen mache - was sage ich dann? Und wie verhalte ich mich, wenn es ein anderer tut? Wenn jemand mich beschimpft, verteidige ich mich? Und wenn ich selbst mit anderen schimpfe, rechtfertige ich mich da?

- Wo ist meine Angst vor Fehlern so groß, dass sie mein Vertrauen auf Gottes Gnade und Barmherzigkeit begrenzt?
- Wie könnte ich üben loszulassen und mich in Gottes Arme zu werfen?

Mein Gebet

Mein Gott, danke, dass ich Vater zu dir sagen darf. Ich darf deinen Namen flüstern, ihn stammeln und ihn rufen, so laut ich kann. Danke, dass du mich freundlich lehrst und dass ich es deshalb wagen kann zu lieben, statt nur darauf zu stieren, dass ich keine Fehler mache. Amen.

Für Hand und Fuß

Aus den Namen, die wir Gott geben, werden mitunter Gottesbilder, die sich in unseren Köpfen festsetzen, als wären sie dort eingemeißelt. Gott, der Vater, klingt für manche nicht nach Sicherheit, sondern nur bedrohlich, weil es sie an die Schmerzen mit dem eigenen Vater erinnert. Und doch. »›Ich will euch annehmen und euer Vater sein, und ihr sollt meine Söhne und Töchter sein‹, spricht der allmächtige Herr« (2. Korinther 6,18). Kein Mensch kann leisten, was Gott für uns sein will. Es ist etwas grundsätzlich anderes, ob wir Gott an unserem leiblichen Vater messen oder ob er uns zeigen darf, wie ein Vater ist. Beten Sie das Vaterunser, sinnen Sie den Worten nach. Beobachten Sie, ob sich etwas in Ihnen verschiebt, wenn Sie Abba, lieber Vater stammeln. Welchen Kosenamen würden Sie Gott geben?

Weitersehen

- Nach dem Zweiten Weltkrieg wollte de Sica das Leben im Kino zeigen, »wie es wirklich« war, ungeschönt – im Gegensatz zu Hollywoods Glitzerwelt. Also drehte er an Originalschauplätzen und wählte überwiegend Laienschauspieler, die oft Dialekt sprachen und ihre eigene Kleidung trugen. Der Neorealismus war geboren und mit *Fahrraddiebe* ein Klassiker der Filmgeschichte, der bis heute unvermindert anrührt.
- Von der Not geplagt, löst sich Antonios Auffassung von Gut und Böse auf. Die Bilder verwirbeln zu einem Strudel aus Fahrradspeichen und Rädern, während die Musik, kurz bevor Antonio das Rad stiehlt, in einem ohrenbetäubenden Rauschen zerschellt.

- Antonio wird gestellt, und alle sehen zu, die ganze Nachbarschaft, auch sein Sohn. Und Bruno macht ein Gesicht, wie wir es niemals mehr vergessen werden, eine Nahaufnahme, die sich in unserem Gedächtnis einbrennt wie ein Tattoo. Wegen solcher Augenblicke lieben wir das Kino. Weil sich in ihnen alles offenbart: der Traum vom Vater und sein Verlust, die Sehnsucht und die Verlorenheit, alles zusammen, schlagartig. Und unvergessen.

Idee für einen gemeinsamen Filmabend

Manchmal sind wir wie vernagelt in unseren Ansichten. Ergründen Sie, was hinter den Dingen liegt. Denken Sie sich Vorwürfe aus und verwandeln Sie sie in Bedürfnisse. Aus »Immer bist du so laut!« wird »Brauchst du Ruhe?«, aus »Nie verstehst du mich!« die Frage »Brauchst du Verständnis? Möchtest du, dass ich dir zuhöre?«. Gemeinschaftlich bewegen wir uns so auf einem Weg jenseits von Schuldzuweisungen und Bewertungen. Ob das Jesus gefallen würde?

Ein Mann (Tim Robbins) kauert zusammengesunken auf dem Vordersitz seines Autos. Aus dem Radio säuselt leise ein Schlager, die Musik der Vierzigerjahre. Wir schreiben das Jahr 1947, irgendwo im Norden der Vereinigten Staaten von Amerika. Unablässig führt der Mann eine Flasche Bier zum Mund und nippt daran. Wie viel mag er schon getrunken haben, als er jetzt eine Pistole aus dem Handschuhfach nestelt und mit zittrigen Fingern Patronen in die Trommel stopft?

Da wechselt das Bild: In einem Gerichtssaal wird der Fall Andy Dufresne verhandelt, der des Mordes an seiner Frau und ihrem Liebhaber angeklagt wird. Doch Andy, jener Mann aus dem Auto, beteuert ein ums andere Mal, dass er unschuldig sei.

»Sie machen auf mich den Eindruck eines sehr kalten Mannes, Mister Dufresne«, widerspricht der Richter, »mein Blut gefriert, wenn ich Sie sehe!« Entschieden donnert er den Hammer aufs Pult, und Andy Dufresne, Vizepräsident einer großen Bank, ist zu zweimal lebenslänglicher Haft verurteilt, für jedes Opfer einmal.

Shawshank, die Haftanstalt, in die man Andy einliefert, ist ein berüchtigtes Gefängnis; seine Insassen verschlingt es hinter wuchtigen Mauern, als wäre es ein Grab. Hier bestimmen einzig der gewissenlose

Die Verurteilten, CI

Direktor Norton (Bob Gunton) und sein brutaler Aufseher Hadley (Clancy Brown) die Regeln. »Ich schwöre auf die Bibel«, zischt Norton und verzieht die Lippen zu einem schmalen Grinsen, »aber eure Ärsche gehören mir!« Wer widerspricht oder auch nur eine

Frage stellt, wird erbarmungslos niedergeknüppelt; Hadley macht das Spaß.

Doch die Häftlinge quälen sich auch untereinander; gleich eine ganze Bande »Schwestern« hat es auf Andy abgesehen. Schwul sind diese Männer nicht, aber ein Ort wie Shawshank ändert die Gepflogenheiten. Andy aber, der über den Gefängnishof schlendert, als wolle er sich eben mal die Beine vertreten, verweigert sich beharrlich. Überdies bewahrt er sich in aller Drangsal eine eigentümliche Unangreifbarkeit, »als trüge er einen unsichtbaren Schutzmantel«, wie es Red (Morgan Freeman) ausdrückt, jener Schwarze, der bald Andys Freund wird.

Red, der die Geschichte erzählt – ursprünglich eine Novelle von Stephen King – ist der Mann, der alles besorgen kann – »ein Versandhaus«, wie er sich selbst nennt. Andy beschafft er einen winzigen Geologenhammer, damit der seinem Hobby, der Geologie, nachgehen kann, undenkbar, dass man damit flüchten könnte.

Die Jahre vergehen, neunzehn an der Zahl, kaum möchte man sie zählen. Andy klopft aus Steinbrocken, die er im Hof aufliest, Schachfiguren und lässt beim Hofgang den Staub aus seinen Hosentaschen rieseln.

Längst hat er sich durch seine hervorragenden Finanzkenntnisse beim Personal unentbehrlich gemacht: Den Wärtern liefert er in Geldangelegenheiten wertvolle Hinweise, bald frisiert er Nortons eigene Konten. Im Gegenzug handelt Andy geringfügige Vergünstigungen für seine Mitgefangenen aus: Ein kühles Bier auf dem Dach eines frischgeteerten Hauses, Schallplatten und Bücher für die Gefängnisbibliothek.

Doch als sich herausstellt, dass Andy tatsächlich schuldlos einsitzt, Norton sich aber weigert, einen Zeugen freizugeben, damit das Verfahren erneut aufgerollt werden kann, flüchtet Andy: durch ein Abwasserrohr und einen Tunnel, den er, Nacht für Nacht, Steinchen um Steinchen, freiklopfte – neunzehn lange Jahre mit just jenem Geologenhammer, den ihm Red gab und den er in der Bibel versteckt hielt, die Norton den Häftlingen einst mit den Worten in die Hand drückte: »Die Rettung liegt darin!« Man kann das durchaus wörtlich nehmen.

In Freiheit kündigt Andy Nortons Schwarzkonten und baut sich in Zihuatanejo, einer Stadt in Mexiko, eine neue Existenz auf. Am Ufer des

Pazifiks streicht er ein Schiff blau – blau wie der Himmel und das Meer, wie die Hoffnung und das Vertrauen.

Jahre später wird Red entlassen und reist seinem Freund nach. Stets belächelte er Andy wegen seiner Hoffnung. Doch die letzten Worte, die wir von Red hören, lauten: »Ich hoffe, ich schaffe es über die Grenze. Ich hoffe, ich finde meinen Freund. Ich hoffe, der Pazifik ist genauso blau, wie ich ihn mir in meinen Träumen vorgestellt habe. *Ich hoffe.*«

Klobig ragen die Gefängnismauern über Andy auf, unüberwindbar und uneinnehmbar, als wollten sie ihn erschlagen. Und doch erweist sich Andys Hoffnung als stärker. Nach neunzehn langen Jahren gelangt er hinaus: ein freier Mensch. Und Nortons Schreckensherrschaft hat ein Ende.

Was ist das bloß für eine Kraft, die einen Menschen dazu befähigt, in einer scheinbar aussichtslosen Lage auszuhalten, und ihn darüber hinaus sogar zum Handeln antreibt wie ein unablässig tuckernder Motor?

»Hoffnung ist eine gefährlich Sache«, knurrt Red. Und wie recht hat er damit! Denn wer solche Mauern zum Einstürzen bringt, auch nach langen, zermürbenden Jahren der Gefangenschaft, trägt wahrlich eine gewaltige Sprengkraft in sich. Wie die Kapseln kleiner Samen, die im Schleuderflug davonsprengen, sobald man sie berührt.

Woher rührt solch eine Hoffnung?

Können wir sie machen?

Oder ist sie womöglich einfach da und wir müssten sie bloß *zulassen*?

In der Bibel heißt es von einem Menschen, der Gott vertraut: »Der Gottesfürchtige kann sieben Mal fallen und wird doch jedes Mal wieder aufstehen« (Sprüche 24,16a). Warum? Weil es zum Leben dazugehört, dass wir fallen; wer aber hofft, rappelt sich auf und macht trotzdem weiter.

»Vergiss nicht«, drängt Andy, »Hoffnung ist eine gute Sache!« Davon will Red nichts wissen. Er ahnt gewiss, dass er sein Leben umstellen müsste, würde er der Hoffnung darin Raum geben. Denn wer hofft, richtet sich nicht länger in dem ein, was ist. Vielmehr glaubt er an das Versprechen einer Zukunft und damit an Veränderung.

Aber auch dem Hoffenden gelingt nicht alles.

»Hoffnung kann einen Menschen verrückt machen!«, schimpft Red, weil er weiß, dass Enttäuschungen wehtun. Und so will er sie von vornherein vermeiden. Der Hoffende aber verwandelt den Schmerz über seine Niederlagen und die widrigen Umstände in Vertrauen.

»Was ist der Glaube? Er ist das Vertrauen darauf, dass das, was wir hoffen, sich erfüllen wird und die Überzeugung, dass das, was man nicht sieht, existiert« (Hebräer 11,1).

Wie ist das möglich?

Während ich diese Zeilen tippe, blicke ich in einen tief verschneiten Garten hinaus. In diesem Jahr nistet sich der Winter bei uns ein, als hätten wir ihn im Abo bestellt und nicht rechtzeitig gekündigt. So kommt es, dass ich Ende März noch Schnee schippe, viermal am Tag mindestens.

Als ich aber früh morgens, es dunkelt noch, die Treppe heruntertappe und verschlafen die Terrassentür öffne, traue ich meinen Ohren kaum: Als hätten sich alle Piepmätze dieser Erde im Garten versammelt, schmettert und trillert es aus sämtlichen Ecken. Trotz der Kälte und der Dunkelheit jubilieren die Vögel, weil sie wissen, *dass die Sonne kommt.*

Im Film spielt die Musik eine ähnliche Rolle.

Mühelos überwindet sie die hohen Gefängnismauern, als wäre sie ein Vogel, der dort hineingeflattert kommt. Sie lässt sich nicht aufhalten und klingt auch dann noch nach, als die Schallplattennadel längst vom Vinyl gekratzt wurde.

Hoffnung durchdringt unser Leben und äußert sich in einer Widerborstigkeit, die uns selbst verwundern mag. Wie die Vögel sind wir bereit, aufzubrechen, um noch mitten in der Dunkelheit von der Sonne zu singen.

»Bemüht euch daher um ein klares, nüchternes Denken und um Selbstbeherrschung«, heißt es im Petrusbrief. »Setzt eure ganze Hoffnung auf die Gnade, die euch bei der Wiederkehr von Jesus Christus erwartet« (1. Petrus 1,13). Martin Luther übersetzte es anders, mit einem Bild: »Darum umgürtet die Lenden eures Gemüts«, schrieb er, und machte den Vers dadurch ein wenig griffiger. Denn zum Hoffen gehört die Bereitschaft zum Aufbrechen dazu. Weil der, der sich umgürtet, das locker herabhängende Obergewand rafft, das ihn am Gehen hindert. Vielleicht zieht er dann nicht umgehend los, er könnte es aber.

Hilfreich, so sah es auch der Petrusbrief, bleibt dabei ein gewisses Maß an Nüchternheit.

Denn die meisten Aufbrüche bestehen nun mal nicht aus großen Sprüngen. Vielmehr sind es gerade die unscheinbaren, nichtsdestotrotz beharrlich gesetzten Schritte, die uns voranbringen, die unablässigen Hammerschläge, die die Wand letztlich zum Einsturz bringen, der stete Tropfen, der den Stein am Ende höhlt. Wie ließ es Michael Ende Beppo, den Straßenkehrer in *Momo* sagen? »Man darf nie an die ganze Straße auf einmal denken, verstehst du? Man muss nur an den nächsten Schritt denken, an den nächsten Atemzug, an den nächsten Besenstrich. Und immer wieder nur an den nächsten.«

Dann wächst die Hoffnung sogar an den Widerständen, die sich ihr entgegenstellen. So, als wüssten wir, dass alle Widrigkeiten wie Gestein sind: Unter der Wucht anderen Gesteins und des Wetters verändert es sich über die Jahre hinweg. »Zeit und Druck ist alles, was es braucht!«, sagt Red.

»Wir freuen uns auch dann, wenn uns Sorgen und Probleme bedrängen, denn wir wissen, dass wir dadurch lernen, geduldig zu werden. Geduld aber macht uns innerlich stark, und das wiederum macht uns zuversichtlich in der Hoffnung auf die Erlösung. Und in dieser Hoffnung werden wir nicht enttäuscht werden. Denn wir wissen, wie sehr Gott uns liebt, weil er uns den Heiligen Geist geschenkt hat, der unsere Herzen mit seiner Liebe erfüllt« (Römer 5,3-5).

Wer hofft, kann warten. Ausdauer bestimmt sein Leben, weil er weiß, dass er von Gott geliebt ist.

Wissen Sie das?

Wenn wir einmal stillhalten, und ich meine wirklich still, sodass wir kein Buch in der Hand halten und auch keine Kaffeetasse, könnten wir das wieder merken: dass wir mehr sind als die Umstände, die uns umgeben und dass es tief in uns einen Ort gibt, jenseits aller Mauern, den uns niemand nehmen kann. Hier wohnt die Freiheit und hier finden wir Gott. Wie Andy, der auf dem Hausdach sitzt und das Bier nicht einmal trinkt, weil es ihm genügt, frei zu sein – wenigstens für einen Augenblick.

Zugegeben: Besonders häufig empfinden wir das nicht. Wir würden ja gerne Bäume ausreißen und Berge versetzen, meistens aber fühlen wir uns eher »brüchig wie eine Wand, die einzustürzen droht, oder wie eine schon rissige Mauer« (Psalm 62,4) – und dem Abgrund so nahe wie Andy, der zunächst beinahe vom Dach fällt.

Aber wer hätte je behauptet, ein Leben in der Hoffnung sei ein Zuckerschlecken?

Der Apostel Paulus beschrieb es so: »Wir arbeiten hart und leiden dabei viel, denn unsere Hoffnung ist der lebendige Gott. Er ist der Erlöser aller Menschen, insbesondere der Gläubigen« (1. Timotheus 4,10).

Ja, mitunter rackern wir ziemlich. Und dennoch werden wir belebt. Denn die Hoffnung in uns brodelt ja nicht unbegründet. Sie hat ihren Grund in Gott, von dem alles Leben kommt.

Deshalb klammern wir uns auch an ihn, »denn wir wollen das vor uns liegende Ziel, die Erfüllung der Hoffnung erreichen. Diese Zuversicht ist wie ein starker und vertrauenswürdiger Anker für unsere Seele. Sie reicht hinter den Vorhang des Himmels bis in das Innerste des Heiligtums Gottes« (Hebräer 6,18f).

Halten Sie es also fest: Die Hoffnung ankert in Ihrem Herzen, damit Sie, derart gefestigt, Ihre (Lebens-)Kreise ziehen.

Andy klopfte neunzehn Jahre lang jede Nacht auf eine Wand. Dann kroch er »durch einen Tunnel voller Scheiße und kam am anderen Ende sauber heraus«, so sagt es Red.

Denken Sie jetzt, das sei ja schön und gut, entspränge aber allenfalls der blühenden Fantasie eines wirklichkeitsfernen Drehbuchschreibers? Nun, erinnern Sie sich an Nelson Mandela? Achtundzwanzig Jahre (neun länger als Andy!) saß er im Gefängnis, und beklopfte ebenfalls mit einem Hammer Steine (man ließ ihn in einem Steinbruch arbeiten). Nie hätte er da wissen können, dass er einmal der erste schwarze Präsident Südafrikas sein würde. Und doch ist er es geworden.

Das Gefängnis wurde für ihn zu einem Ort der Vorbereitung, zu einem Samen, der im Dunkeln keimt; die Früchte aber dauerten noch ihre Zeit.

Nein, dass wir hoffen, bedeutet nicht, dass wir fliegen. Wohl aber, dass wir warten können. Und aufbrechen zur gegebenen Zeit. Warten und aushalten und fallen und aufstehen und gehen, Tag für Tag und Nacht für Nacht, weil wir wissen: Unser Durchbruch kommt noch.

Fragen

- Was bedeutet es mir, dass Gott der Grund unserer Hoffnung ist? Kann ich das so bekennen und daraus Kraft für einen langen Atem schöpfen, wenn ich mich wie in einem Gefängnis fühle?

- Hoffnung ist nicht für uns alleine da. Sie zählt zu den kostbarsten Geschenken, die Christen dieser Welt geben können. Hoffnung, die selbst dort trägt, wo es dunkel ist. »Macht Christus zum Herrn eures Lebens! Und wenn man euch nach eurer Hoffnung fragt, dann seid immer bereit, darüber Auskunft zu geben, aber freundlich und mit Achtung für die anderen!« (1. Petrus 3,15f). Hege ich Hoffnung für mich, meine Nachbarn, den Ort, an dem ich lebe? Wie kann ich sie ausdrücken?

- Andy bewahrt sich eine Freiheit, die ihn unantastbar macht, wie oft man ihn auch antastet, und die man ihm abspürt, als trüge er »einen unsichtbaren Schutzmantel«, wie es Red ausdrückt. »Ich freue mich im Herrn, und meine Seele ist fröhlich in meinem Gott«, heißt es in Jesaja 61,10, »denn er hat mir die Kleider des Heils angezogen und mich mit dem Mantel der Gerechtigkeit gekleidet.« Was schenkt mir das Gefühl, geborgen zu sein und mehr als die Umstände, die mich umgeben?

Mein Gebet

Guter Gott, du hast die Hoffnung in unsere Herzen versenkt wie einen festen Anker, nicht damit wir sie dort verwahren oder gar verstecken, sondern damit sie uns hält. Und bewegt. Hilf mir bitte, die kleinen, unbeirrten Schritte zu setzen, die unverkennbar davon erzählen, dass du der Grund meiner Hoffnung bist. Amen.

Für Hand und Fuß

»Wie hältst du es mit Musik?«, fragt Andy, nachdem man ihn aus der Einzelhaft entlassen hat, seinen Freund. »Hab' früher mal Mundharmonika gespielt«, antwortet der, »aber hier ergibt es keinen Sinn.« – »Genau hier ist es am sinnvollsten«, kontert Andy. Das gibt die Frage an uns weiter: Was machen wir, damit die Hoffnung in uns wach bleibt, das Wissen, dass wir mehr sind als die Umstände, die uns umgeben? Andy beklopfte neunzehn Jahre mit einem winzigen Hammer eine Mauer, jede Nacht ein kleines bisschen. Was machen Sie? Klimpern Sie auf der Gitarre oder tüfteln an einer Modelleisenbahn? Vielleicht erscheinen Ihnen diese Dinge wie pure Zeitverschwendung und somit als schlicht sinnlos. Für Ihre Seele aber sind sie Gold wert.

Ihnen fällt nichts ein? Dann überlegen Sie, wo sich etwas wie tot in Ihnen anfühlt, als wäre es schon lange eingemauert oder gar begraben. Nehmen Sie einen Stift zur Hand und listen Sie zehn Dinge auf, die Sie aufgegeben haben. Überlegen Sie anschließend, ob es für all diese Dinge eine kleine Tat geben könnte, damit die Hoffnung dafür wieder in Ihnen wächst.

Besorgen Sie sich schließlich ein Vögelchen aus Holz, Plastik oder Ton oder auch bloß eine Postkarte mit einem Vogel darauf. Stellen Sie es so auf, dass Ihr Blick auch im Vorübergehen darauf fällt. Und dann denken Sie daran: Hoffnung ist wie ein Vogel; schon im Dunkeln beginnt er zu singen und nichts verklebt ihm den Schnabel.

Weitersehen

- Darabont filmte nicht in einer Studiokulisse, sondern in einem 1896 erbauten Gefängnis in Mansfield, das bis 1990 benutzt wurde und dessen Abriss man wegen der Dreharbeiten 1994 um einige Wochen verschob.
- Musik, als körperlose Kunst, überwindet selbst die höchsten Mauern. Deshalb erinnert sie daran, dass es Orte gibt, die nicht aus Steinen bestehen und ein Urteil nicht das letzte Wort behält, kurzum: dass es Hoffnung gibt. Während Andy den Lautsprecher auf laut stellt, sodass die Arie von Mozart (aus: *Die Hochzeit des Figaro*) weithin zu hören ist, schwebt Roger Deakins' Kamera über die Köpfe der Gefangenen hinweg, schwerelos, als wäre sie ein Vogel, und derart langsam, als stünde die Zeit still.
- »Er kroch durch einen Tunnel voller Scheiße und kam am anderen Ende sauber heraus«, sagt Red über Andy. Lässt sich darin ein Bild

für die Erlösungstat Christi sehen, der ebenfalls durch unseren Dreck ging? Bezeichnenderweise lautet der englische Originaltitel denn auch *The Shawshank Redemption – Die Shawshank-Erlösung.*

Idee für einen gemeinsamen Filmabend

Warum fällt es manchen Menschen leichter als anderen, hoffnungsvoll durchs Leben zu gehen? Das stellt die Frage nach unserer Haltung, mit der wir bewerten, was uns widerfährt. Wie erlangen wir Ausdauer, Geduld, Beharrlichkeit – Hoffnung – und damit letztlich Freude? (Freude, heißt es in Römer 12,12, sei das Merkmal der Hoffnung. »Seid fröhlich in Hoffnung«, übersetzte es Martin Luther). »Helft euch gegenseitig bei euren Schwierigkeiten und Problemen«, schrieb Paulus, »so erfüllt ihr das Gesetz, das wir von Christus haben« (Galater 6,2). Worin könnten Sie sich in dieser Woche unterstützen, damit Ihre Hoffnung nicht erlischt? Das setzt voraus, dass Sie einander mitteilen, was Sie brauchen und was Sie quält. Könnten Sie in dieser Woche solche Offenheit wagen?

Freigeliebt – und auf einmal färbt die Welt sich bunt:
Chocolat –
Ein kleiner Biss genügt

(Regie: Lasse Hallström, USA/GB 2000, 121 Minuten, FSK 6)

Eisig fegt der Nordwind durch die engen Gassen des Städtchens Lansquenet-sous-Tannes. Hoch und unnahbar ragen graue Mauern auf, hinter denen sich die Einwohner verschanzen und durch die jetzt zwei Gestalten hasten: eine große und eine kleine, Mutter und Tochter. Vianne (Juliette Binoche) und Anouk (Victoire Thivisol) sind Reisende, Menschen, die der Wind treibt. In flammend rote Kapuzenmäntel gehüllt, leuchten sie inmitten des ehrwürdigen Gemäuers und der klirrenden Kälte wie Sommerblumen – schön, doch fehl am Platz.

Denn im Frankreich des Jahres 1954 schickt es sich nicht, aus der Reihe zu tanzen, anders zu sein, aufzufallen. »Es war einmal ein kleiner stiller Ort!«, erklärt es die weibliche Erzählstimme, als begänne sie ein Märchen. »Die Menschen glaubten an *tranquilité*, an Ruhe!« Eine Ruhe, die eher einer Grabesstille gleicht. Jeder weiß hier, was von ihm verlangt wird; und vergisst er es einmal, erinnert ihn sogleich ein anderer daran.

Es ist Sonntag, der Beginn der Fastenzeit. Die Glocken läuten zum Gottesdienst. Am Kirchenportal wartet der Bürgermeister, Comte de Reynaud (Alfred Molina), auf die Kirchgänger. Jeden begrüßt er mit Handschlag, den Gedankenlosen klopft er die Mütze vom Kopf.

Auf der Kanzel steht der Priester mit dem Kindergesicht und den verschreckten Augen darin, Père Henri (Hugh O'Conor). Stotternd liest er die Predigt ab, die ihm der Bürgermeister vorgetippt hat: »Die Fastenzeit ist eine Zeit der Enthaltsamkeit und der Reue!«

Chocolat, Senator

Doch der junge Mann wird jäh unterbrochen, als erneut der Nordwind durch die Gassen braust. Krachend knallt das Portal auf, die Kerzen flackern und drohen zu erlöschen. Nur unter großer Anstrengung gelingt es dem Comte, die Tür wieder zu verschließen. Doch so sehr er sich auch müht, auszusperren, was immer sich noch draußen tummeln mag: Unweigerlich hat die Gemeinde ein Sog der Veränderung erfasst, der mit den beiden Neuankömmlingen hereingewirbelt kommt.

Denn schon hat die schöne Fremde, Vianne, den Pinsel in Farbe getaucht und errichtet in den verstaubten Räumen der leerstehenden Patisserie, die sie von der alten Armande Voizin (Judi Dench) mietet, eine Chocolaterie: einen Hort der Düfte und des Genusses. Sehr zum Verdruss des Bürgermeisters, der sich postwendend eine weitere Moralpredigt für den kleinen Priester ausdenkt.

Wer jedoch – ungeachtet der Drohgebärden – den Weg zu Vianne findet, blüht erkennbar auf. Wenn sie nämlich die Menschen in ihre Drehscheibe blicken lässt, errät Vianne nicht nur deren Lieblingsschokoladensorte. Vielmehr lockt sie all jene Sehnsüchte ans Licht, welche so lange unter dem Diktat des »Das-macht-man-eben-so« begraben lagen.

Und so wagen manche nach langen Jahren des Lebens in vorgefertigten Bahnen die ersten eigenständigen Schritte: Luc (Aurelien Parent Koenig) trifft sich heimlich an Viannes Tresen mit seiner Großmutter Armande (Judi Dench), die ihrer Tochter (Carrie-Anne Moss) zu unmoralisch lebt. Nun zeichnet er die Oma – statt wie bislang Kränkelndes und Totes, weil seine Mutter ihn aus Angst, er könne sich verletzen, von allem Lebendigen fernhält; die beiden Alten, die nicht zueinander fanden vor lauter Anstand, obwohl Madame seit fast vierzig Jahren verwitwet ist, gestehen sich ihre Liebe; und Joséphine (Lena Olin) verlässt Serge (Peter Stormare), ihren Mann, der säuft und sie schlägt, und flüchtet zu Vianne.

Der Comte, seinerseits eisern bemüht, das Fasten durchzuhalten, zetert umso lauter. Endgültig schwappt das Fass über, als ein Boot anlegt und fahrende Gesellen anschwemmt: darunter den leichtfüßigen Roux (Johnny Depp), der Gitarre spielt und ohne Umwege jene Lebenslust und Freude lebt, wohin die braven Bürger durch Rechtschaffenheit und Disziplin erst gelangen wollen – als verdienten Lohn am Ende eines anstandsvollen Christenlebens gewissermaßen. Der Bürgermeister ruft zum »Boykott wider die Unmoral« auf. Und nicht jeder besitzt den Mut, auch jetzt noch zu Vianne zu stehen.

»Wir wollen doch perfekt sein!«, faucht der Comte den Priester an, bezeichnenderweise als der gerade Unkraut jätet. Das Leben soll in geordneten Bahnen verlaufen. Alles, was dazwischenfunkt und anders wächst als vorgesehen, stört. Und die Nachdrücklichkeit, mit der der Comte andere anhält, Gutes zu tun und anständig zu leben, geschieht nicht einmal aus bösem Willen heraus: Denn kennen wir das nicht auch? Wir bemühen uns Vorbilder zu sein, es recht zu machen und Gott und einander zu gefallen.

Aber warum färben wir dann die Erde grau, wenn wir den Himmel auf sie herabholen wollen?

Im Gleichnis vom Unkraut im Acker schilderte Jesus, dass Gott das etwas anders sieht: »Lasst beides bis zur Ernte wachsen!«, sagt der Herr zu seinen Schnittern (Matthäus 13,24-30), als sie das Unkraut aus dem Weizenfeld rupfen wollen. Unentwirrbar sind die Wurzeln beider Pflanzen miteinander verknäult, ist das eine nicht ohne das andere zu haben. Zögen sie an den Halmen, würden sie die Ernte selbst zerstören. Wer wollte da noch entscheiden, was weg soll und was bleiben darf?

Doch weil wir alles gut machen wollen als rechtschaffene, ordentliche Christen, die ihr Fasten einhalten und die Gebote, zumindest weitestgehend, befolgen, kann es geschehen, dass wir uns selbst von allem, was in uns lebendig ist, abschneiden: von unseren Gefühlen, unseren Sehnsüchten, von unseren dunklen Seiten, von dem, was uns an uns selbst erschreckt. Unversehens werden wir so zu Christen, die sich selbst verstümmeln, verkrümmte, blutleere Menschen, die irgendwann die Gebote mehr lieben als den leibhaftigen Nächsten, der neben ihnen steht. Von uns selbst ganz zu schweigen.

Denn an Gebote, ja, an jede Form von Moral kann man sich *festklammern*, als wäre sie eine Messlatte. Und wie wunderbar lässt sich diese auch an andere anlegen und ihnen damit eine Last auflegen. Und dabei steht der Himmel – zumindest der Schokoladenhimmel in *Chocolat*, aber Jesus hat es schließlich auch so verkündigt, als er mit den Zöllnern aß – gerade denen offen, die um ihre eigene Verführbarkeit und ihre Bedürfnisse wissen.

Glauben Sie Jesus, wenn er sagte: »Der Menschensohn ist gekommen, um Verlorene zu suchen und zu retten« (Lukas 19,10)?

Glauben Sie, dass stimmt, was wir im Alten Testament lesen: »Der Herr ist allen nahe, die verzweifelt sind« (Psalm 34,19)?

»Ich glaube nicht, dass jemand Sie weniger schätzen würde, wenn Sie zugäben, dass Madame nie wieder kommt«, versichert Lucs Mutter dem Comte, dessen Frau Italien bereist – seit unübersehbar langer Zeit. Wenn sie aber recht hat, wieso fällt es uns dann so schwer, uns anzunehmen mit unseren Ecken und Kanten? Warum zeigen wir einander stattdessen lieber jene polierte Seite, die tadellos so etwas wie eine christliche Norm befolgt?

Weil, so vermute ich, auf dem Grund eines Lebens, das sich an feste Regeln klammert, an jenes »Das-war-schon-immer-so« und »Das-macht-man-eben-so«, nichts anderes lauert als Angst. Die Angst, es falsch zu machen. Die Angst, nicht zu genügen. Durchgefallen, setzen, sechs!

»Unsere Liebe kennt keine Angst«, heißt es dagegen in 1. Johannes 4,17b.18, »weil die vollkommene Liebe alle Angst vertreibt. Wer noch Angst hat, rechnet mit Strafe, und das zeigt, dass seine Liebe in uns noch nicht vollkommen ist.«

Liebe ist das einzige Heilmittel gegen solche Angst. Denn nur die Liebe setzt uns frei vom Urteil, das wir übereinander und über uns selbst aussprechen.

»Hört auf, andere zu verurteilen«, sagte Jesus, »dann werdet ihr auch nicht verurteilt!« (Matthäus 7,1). Weil der, der über andere richtet, über kurz oder lang selbst zu seinem eigenen strengsten Richter wird.

Das ist eine Herausforderung.

Denn wie sollte uns die Liebe prägen durch und durch bis in die letzten Winkel unseres Seins, wo die Angst aufhört, wenn wir nur allzu oft in Muster verstrickt sind, die uns von Kindesbeinen an binden? Und die bewirken, dass wir noch viel zu häufig nach der Pfeife anderer Leute tanzen – aus Angst, wir könnten nicht gefallen?

Das aber gilt selbst für Vianne, die so selbstsicher auftritt, sodass der Film – Gott sei Dank – auch nicht in schablonenhaftes Schwarz-Weiß-Denken abrutscht, welches er seinerseits doch beanstandet. Denn wieder rüttelt der Nordwind an den Fensterläden und wieder stiert Vianne mit

Augen, die nichts fassen, ins Weite. Schon will sie fort und zerrt die Tochter, die sich sträubt, die Treppe hinunter. Aber als sie ihre Freunde in der Küche stehen und für sie Schokolade zubereiten sieht, erblickt sie zum ersten Mal die Liebe, die andere für sie haben. Und jetzt begreift sie auch, dass es ihre verstorbene Mutter, eine mexikanische Nomadin, ist, die an ihr zerrt, und dass sie selbst viel lieber bleiben würde. »Kümmere dich doch um deine eigenen Sachen!«, ruft Vianne da und übergibt die Asche ihrer Mutter dem Wind.

Ein Tiefpunkt, an dem wir unserer moralischen Krücken beraubt sind und sich unsere Abhängigkeiten enttarnen, kann sich als ein Wendepunkt erweisen, ein Ort, an dem die Liebe uns erreicht.

Endlich. Gott sei Dank.

So ergeht es auch dem Comte.

Als er in der Osternacht in Viannes Schaufenster eindringt, um alles niederzumetzeln, dessen er habhaft werden kann, verirrt sich ein hauchdünner Schokoladensplitter auf seine asketisch ausgezehrten Lippen. Nun stopft er, ungebremst, als wäre er am Verhungern, Pralinen und Trüffel in sich hinein, bis er erschöpft zusammenbricht. Und es ist Vianne, die ihn am nächsten Morgen freundlich weckt, damit niemand ihn so sieht. »Die Liebe deckt viele Sünden zu« (1. Petrus 4,8).

Da geht die Sonne auf über Lansquenet-sous-Tannes, und die Gemeinde feiert ein strahlendes Auferstehungsfest. Die Kamera schwingt sich in die Luft, gleitet über die Dächer, die sich, hoppla!, mit einem Mal bunt färben. Der Frühling ist eingezogen – in Lansquenet-sous-Tannes wie auch im Herzen der Menschen. Was will man da noch mehr?

Fragen

- Ob wir in der Liebe leben oder ob Bindungen an die Meinung anderer (die Bibel nennt es Menschenfurcht) unser Handeln bestimmen, können wir mitunter daran erkennen, ob es uns gelingt, auch einmal eine Bitte abzuschlagen. Sage ich stets lieber ja, obwohl mir mein

Bauchgrummeln etwas anderes zuflüstert? Befürchte ich, man würde mich sonst weniger wertschätzen?

- Wo erlebe ich mich in Abhängigkeiten verstrickt, von meinen Eltern, der Kirchengemeinde? Könnte ich, ähnlich wie Vianne, eine symbolische Handlung ausüben, um mich dadurch noch einmal deutlich zu meinem eigenen Lebensweg zu bekennen?
- Im Film ist es Roux, der Vianne sanft auf die Wahrheit hinweist, dass das ewige Reisen ihrer Tochter keineswegs Freude bereitet. Wer darf mich auf die Dinge in meinem Leben ansprechen, die noch der Klärung bedürfen?

Mein Gebet

Herr, du färbst die Welt bunt und ich tünche sie in meiner Angst, etwas falsch zu machen, oftmals grau. Bitte hilf mir, in der Liebe zu leben, die du zu mir und allen Menschen hast. Du hast mich wunderbar gemacht, und in dieser Freude, auch mir selbst gegenüber, möchte ich durch diesen Tag gehen. Amen.

Für Hand und Fuß

Blicken Sie in den Spiegel. Sagen Sie zu sich selbst: »Ich liebe dich!« Wie fühlt sich das an? Verändert es etwas in Ihnen? Liebe setzt frei, und wenn wir merken, dass wir uns sogar selbst lieben können, wächst unversehens auch die Freude darüber, dass wir sind. Tut Ihnen diese Übung gut? Dann wiederholen Sie sie jedes Mal, wenn Sie in einen Spiegel blicken, als wäre der ein Stichwortgeber!

Weitersehen

- Johnny Depp spielte die beiden Lieder der Fahrenden selbst auf der Gitarre.
- Parallelmontagen schneiden zeitgleiche, aber räumlich getrennte Handlungen abwechselnd hintereinander. Während der Comte Serge Anstand und Sitte eintrichtert, führt Vianne Joséphine in die Kunst der Schokoladenherstellung ein. So beleuchtet eine Handlung die andere – wobei die Schule der beiden Frauen ungleich fröhlicher ausfällt.

- Wenn der Priester die Predigt abliest, sitzt der Bürgermeister unter der Kanzel und wedelt mit dem Manuskript. Ein Schwenk der Kamera, die den Blicken der Figuren folgt, entlarvt die unsichtbaren Fäden, die zwischen ihnen aufgespannt sind – wie Gängelbänder gegenseitiger Beeinflussung.

Idee für einen gemeinsamen Filmabend

Sammeln Sie Sätze, die Sie für allgemeingültig halten. Und quasseln Sie einfach mal drauf los. Denn da wir naturgemäß das eigene Brett vorm Kopf nicht ohne den scharfen Blick erkennen, den der andere darauf wirft, bemerken wir die eigenen Vorurteile womöglich erst auf diese Weise. »Als Christ darf man .... keinen Alkohol trinken! Nicht ins Kino gehen! Ein Christ kauft am Sonntag nichts ein, und auch die Kinder machen dann keine Hausaufgaben.« Was fällt Ihnen ein? Sprechen Sie darüber! Lassen Sie sich hinterfragen! Was würde Jesus dazu sagen? Ob er wohl, käme er heute wieder, noch einmal Wasser in Wein verwandeln und Kranke am Sabbat heilen würde? Könnten wir womöglich um einiges fröhlicher leben?

Leben mit dem Löwen:
Die Chroniken von Narnia –
Der König von Narnia

(Regie: Andrew Adamson, USA 2005, 137–144 Minuten, FSK 6)

Krieg liegt über England; die Deutschen werfen Bomben auf London ab und die Pevensies, aus dem Schlaf gerissen, suchen Schutz im Bunker über dem Hof. Einzig Lucy (Georgie Henley), das jüngste der vier Kinder, drückt sich tiefer zwischen die Kissen. Ihre Schwester Susan (Anna Popplewell) muss sie aus dem Bett zerren , und es ist Edmund (Skandar Keynes), der Dritte, der inmitten einsetzenden Bombenhagels zurück ins Haus stürzt, um das Foto des Vaters, der im Krieg dient, von der Kommode zu zerren - sehr zum Verdruss des Ältesten Peter (William Moseley), der sogleich wortreich auf den Jüngeren eindrischt.

Am nächsten Tag schickt die Mutter die Kinder aufs Land. Im riesenhaften Schloss von Professor Digory Kirke (Jim Broadbent) sollen sie den Krieg unbeschadet überstehen. Ruhe wird verlangt, niemand soll den Professor stören. Doch als es in Strömen regnet, drängelt Lucy die Geschwister zum Versteckspiel. Und schon ist sie in eins der unzähligen Zimmer geschlüpft, in dessen Mitte ein Kleiderschrank aufragt, der mit einem weißen Laken verhangen ist. Lucy zieht es fort. Und tritt ein.

Endlos lang scheint die Reihe der Pelzmäntel, durch die Lucy taumelt, bis sie mit einem Mal ins Freie plumpst - in eine Landschaft voller

Schnee! Hier trifft sie den Faun Tumnus (James McAvoy), der ihr erklärt, dass sie in Narnia gelandet sei. Herr Tumnus lädt Lucy zu sich ein, doch der Tee, den er ihr reicht, versetzt sie in tiefen Schlaf. Als Lucy erwacht, gesteht ihr der Faun unter Tränen, ein Spion der Weißen

Mit Gott im Kino

Hexe Jadis (Tilda Swinton) zu sein, der ihr die Ankunft eines Menschenkindes unverzüglich zu melden habe. Sie seien doch nun aber Freunde, stammelt Lucy, und Freunde würden einander so etwas nicht antun. Da packt Herr Tumnus das Mädchen und eilt mit ihr zum Schrank zurück, ungesehen, rasch, denn auf Verrat steht in Narnia die Todesstrafe.

Als Lucy wieder im Schloss ankommt, haben die Geschwister die Suche eben erst begonnen – als wäre keine Zeit vergangen. Niemand hat Lucy vermisst, niemand glaubt ihr. Doch als sie sich in der Nacht abermals nach Narnia schleicht, folgt ihr Edmund heimlich. Indessen trifft er dort nicht den Faun, sondern Jadis, die Weiße Hexe selbst. Sie lockt den Jungen mit Süßigkeiten und dem Versprechen, ihn zum König von Narnia zu machen, nur müsse er zuvor seine Geschwister zu ihr bringen.

Im Schloss berichtet Edmund nichts von seinen Erlebnissen. Erst als beim Cricketspielen eine Fensterscheibe zerbricht und die Kinder aus Angst vor dem Professor durch den Kleiderschrank stolpern, plumpsen alle vier nach Narnia.

Diesmal nimmt sich ein Biberpaar der Kinder an, und nun erfahren sie die Weissagung: Vier Menschenkinder werden kommen und Narnia von der Macht der Hexe befreien. Dann wird die Sonne wieder scheinen und Narnias wahrer König, Aslan, der jenseits der Berge bereits ein Heer zum Kampf rüstet, zurückkehren. Die Geschwister beschließen, Aslan zu suchen. Edmund aber läuft zu Jadis und verrät ihr die Pläne der anderen. Da er jedoch alleine kommt, lässt die Hexe ihn in Ketten legen und einsperren.

Währenddessen verwandelt sich das Land: Eis und Schnee schmelzen, Bäume und Blumen erblühen. Sogar der Weihnachtsmann, der seit Jadis' Herrschaft nicht in Narnia auftauchte, erscheint und verteilt Geschenke: Waffen für Susan und Peter und einen Heiltrank für Lucy.

Im Lager werden die Kinder freundlich von Aslan begrüßt. Der König ist ein majestätischer, Ehrfurcht gebietender Löwe. Als die Kinder ihm von Edmund erzählen, lässt Aslan den Bruder umgehend befreien. Doch die Hexe fordert den Tod des Verräters; so verlangt es die Tradition.

Aslan bewirkt zwar Edmunds Freilassung. In der darauffolgenden Nacht aber bietet er sich selbst der Hexe dar: Alleine kommt er zu Jadis, unbewaffnet, wehrlos. Er lässt sich fesseln und verhöhnen. Jadis schneidet seine Mähne ab und mit einem Dolchstoß, funkelnde Genugtuung im Blick, tötet sie ihn auf dem Opferstein.

Nun soll Peter die Führung des königslosen Heeres übernehmen, doch hätten sie die Schlacht gewiss verloren, wäre Aslan nicht am Morgen zu neuem Leben erwacht. Denn die Prophezeiung besagt ebenfalls: Das Blut eines Unschuldigen nimmt der Stein nicht an, und der Geopferte wird leben.

Da stürmt Aslan das Schloss der Hexe und erweckt mit seinem Atem all jene, die Jadis einst versteinerte. Mit diesem gewaltigen Heer eilt er der Hexe entgegen und tötet sie mit dem Hieb seiner Pranken, derweil Lucy den tödlich verwundeten Bruder Edmund mit ihrem Zaubertrank heilt. Frieden und Freude ziehen in Narnia ein. Aslan aber setzt die vier Kinder auf vier Throne und krönt sie zu Königen und Königinnen.

Jahre später, die Geschwister sind erwachsen geworden, stoßen sie erneut auf den Kleiderschrank. Und wieder ist es Lucy, die die anderen hinter sich herzieht, bis sie zurück ins Schloss plumpsen – als Kinder, genau dem Professor vor die Füße, der gerade das Zimmer betritt, den Cricketball in der Hand.

»Sie würden nicht glauben, was wir erlebt haben!«, stottert Susan. Doch der Professor wiegt das schlohweiße Haupt: »Wetten, dass«, brummt er, und es klingt, als wüsste er genau, wo die vier soeben gewesen sind.

Wie ein Märchen mutet die Geschichte um die vier Pevensiekinder an. Und doch ähnelt sie in vielem dem, was wir im Glauben bekennen – wie es wohl auch vom Autoren der *Chroniken von Narnia*, dem in Belfast geborenen Schriftsteller und Professor für Literaturwissenschaften Clive Staples Lewis, beabsichtigt war.

»Denn wir haben uns nicht irgendwelche klugen Geschichten ausgedacht, als wir euch von der Macht unseres Herrn Jesus Christus und von seiner Wiederkehr erzählten. Nein, wir haben seine Majestät mit eigenen Augen gesehen«, beschrieb Petrus seinen Glauben (2. Petrus 1,16). Denn ist wirklich alles Fantasie, wenn es auch fantastisch klingen mag?

Wenn sich Aslan, der mächtige König, schuldlos für den Verräter Edmund opfert, erinnert das an Jesus, der für uns starb, als wir noch Sünder waren (Römer 5,8).

Erhebt Aslan die vier unmündigen Kinder zu Königen und Königinnen, denken wir daran, dass Gott auch uns, Unmündige und Fremde, zu Kindern und Erben krönt (Galater 3,29; 4,7; Römer 8,17).

Erweckt Aslan die versteinerten Krieger zu neuem Leben, spiegelt es die Vision, die Hesekiel einst schaute (Hesekiel 37,1-14).

Und erzählt die Bibel nicht ebenfalls, wie der Vorhang des Tempels in Stücke zerriss, als Jesus starb, sodass der Zugang ins Allerheiligste frei wurde (Matthäus 27,51; Markus 15,38; Lukas 23,45 und 2. Korinther 3,18)? Wenn Lucy die Decke vom Kleiderschrank zieht, um in das Geheimnis einer neuen, abenteuerlichen Welt hineinzutreten, drückt das dann nicht genau das aus, worum es auch in unserem Glauben geht?

Denn der Glaube an Gott, den König, gleicht keinem Rätsel, das wir mit Grips und Grübeln behaglich am Schreibtisch lösen könnten, derweil die Holzscheite im Ofen prasseln. Vielmehr ähnelt er einem *Geheimnis*, das sich nur dem erschließt, der es betritt – wie Lucy den Schrank. Denn der Glaube verlangt mehr: Er will unser ganzes Leben. Das ist alles, was wir haben. Und also treten wir ein.

Der Philosoph Søren Kierkegaard verglich den Glauben einst mit einem Sprung ins Ungewisse, einem unvergleichlichen Wagnis. Und sicherlich kann das einem so erscheinen. Schließlich erfordert es schon Mut, wenn Lucy den dunklen Schrank betritt. Und trotzdem würden wir das, was sie tut, eher *Vertrauen* nennen: wie ein Kind seine kleine Hand in die große seiner Mutter legt und mit ihr tapst, auch wenn es nicht wissen kann, wohin die Reise geht. Oder, um beim Film zu bleiben: So wie Lucy und Susan in die Mähne des Löwen fassen, der ihr Herr ist, und mit ihm gehen, auch wenn ihnen der Weg unverständlich, dunkel und mühsam vorkommt, folgen auch wir einem großen Gott, der mit uns geht (Josua 1,9).

Dass die Bibel von Gott in Bildern spricht, ist schließlich nichts Neues. Sie macht es jedoch nicht, damit wir uns von Gott ein Bild schmieden, das ihn festlegt, sondern damit wir darüber im Bilde seien, wie Gott sich zu uns verhält. Und da begegnet uns Gott in vielerlei Gestalt: als Vater, Hirte, König, Sämann, Gärtner, Hausbesitzer, Bräutigam, Gastgeber. Als Felsen, Burg, Quelle, Licht, Brot und eben auch – als Löwe.

Gerne besuche ich mit den Kindern unseren Halleschen Bergzoo. Und weil wir öfter kommen, besitzen wir sogar eine Jahreskarte. Doch einerlei, ob wir bei den Faultieren, Zwergflusspferden oder Pelikanen verweilen: Jedes Mal schreckt uns das Brüllen des Löwen auf! Ein markerschütternder Laut – und so eigentümlich anders als die vielen Schreie, die sonst die Luft über den Gehegen zerreißen. Und wir stürzen herbei und sehen den LÖWEN, wie er sich aufgerichtet hat in all seiner Schwere und Pracht und brüllt und brüllt mit aufgerissenem Maul und leuchtend rosafarbener Zunge und seine Mähne schüttelt, die pelzig ist, zottelig und dicht.

Jesus, bekennt die Bibel, ist der Löwe aus dem Stamm Juda, der allein würdig ist, das Siegel der Schriftrolle aus der Offenbarung zu brechen (Offenbarung 5,5). Aber er begegnet uns nicht wie jener Löwe im Zoo, den wir hinter Glas gefahrlos beäugen können. Vielmehr schreitet er uns wie der Löwe in der Savanne entgegen, ungezähmt und frei, sodass wir erschrecken, weil wir uns schlagartig unserer Bedürftigkeit und Verletzlichkeit bewusst werden.

Und doch gibt sich Jesus, der für uns eintritt wie ein Löwe, zugleich für uns dahin wie ein Lamm (Offenbarung 5,12). Und so kommt es, dass er uns zum *Lebensraum* wird. »Gott allein hat es ermöglicht, dass ihr in Christus Jesus sein dürft. Er hat ihn zu unserer Weisheit gemacht. Durch ihn sind wir vor Gott gerecht gesprochen und unser Leben wird durch ihn geheiligt. Durch ihn sind wir erlöst. In der Schrift heißt es: ›Wer stolz sein will, soll auf das stolz sein, was der Herr getan hat‹« (1. Korinther 1,30f).

Was sollen wir nun dazu sagen?

»Werft dieses Vertrauen auf den Herrn nicht weg!«, ermahnt uns der Hebräerbrief, das Vertrauen in den wunderbaren Löwenkönig, »was immer auch geschieht!« (Hebräer 10,35).

Vertrauen ist sicher griffig übersetzt. Aber im Griechischen steht hier ein Wort, das etwas anderes bedeutet: *parräsia*, darauf hat der Theologe Michael Herbst hingewiesen, bedeutet nämlich *Redefreiheit* und meint die Freimütigkeit, mit der wir all das sagen können, was uns auf dem Herzen brennt, ohne jedes Zögern und ohne jede Angst. Anders ausgedrückt: Wer in solch inniger Gemeinschaft mit Jesus, dem König lebt, verliert die Furcht und Ängstlichkeit, die uns normalerweise vor einem derartig mächtigen Gott erzittern ließe.

Jeden Tag, ja, mit jedem Herzschlag und mit jedem Atemzug dürfen wir vor Gott treten. Und dann erscheint es uns, als zögen auch wir – wie Lucy – mit aller Kraft das Tuch fort, das über dem Geheimnis Gottes liegt und träten mitten hinein in das Allerheiligste, welches das Vaterherz Gottes ist. Und das ist eben keine ausgedachte Geschichte, keine Fabel und kein Fantasiegespinst, sondern Wirklichkeit. Lebensgrund, der uns trägt.

Dessen ungeachtet mag es uns manchmal mit dem Geheimnis des Glaubens so ergehen, wie es der Professor am Ende zu Lucy sagt, als sie erneut nach Narnia zurückkehren will: »Wir wissen nicht, wann uns aufgetan wird. Das zu entscheiden, steht auch nicht in unserer Macht. Wohl aber, dass wir kommen. Und so treten wir herzu und fassen die Mähne des Löwen, und wenn die Tür sich öffnet, sind wir da.«

Fragen

- Welchem Bild, das die Bibel für Gott gebraucht, fühle ich mich besonders nahe? Mit welchen Bildern würde ich selbst von Gott erzählen?
- Lebe ich das Geheimnis des Glaubens? Oder betrachte ich den Glauben eher als ein Rätsel, das ich ausschließlich im Kopf begrübele?
- Wo lebe ich ohnehin schon vielerlei Geheimnisse, ohne dass mich dies zermürben würde: etwa wenn ich das Licht an- und ausknipse, weil ich den Strom in der Leitung für gegeben halte? Wenn ich Auto fahre, ohne zu wissen, wie der Motor funktioniert, und Brücken und Hochhäuser betrete, ohne zuvor ihre Statik abzuklopfen? Inwiefern hilft mir dieser Gedanke für mein Glaubensleben?

Mein Gebet

Guter Gott, du lädst mich ein, wie die vier Pevensiekinder hinzuzutreten zu dem Allerheiligsten, das dein Vaterherz birgt. Du bist mächtig, heilig und stark. Und doch schenkst du mir zugleich deine zugewandte Nähe. Ich danke dir, dass ich mit dir leben und dir folgen darf. Amen.

Für Hand und Fuß

Besuchen Sie in dieser Woche einen Zoo. Beobachten Sie den Löwen. Können Sie nachvollziehen, warum man ihn den König der Tiere nennt?

Wenn Sie sich jetzt vorstellen, dass die Bibel Jesus mit einem Löwen vergleicht, zu dem Sie jederzeit vertrauensvoll kommen dürfen, wie fühlt sich das für Sie an? Hat es Auswirkungen auf Ihren Alltag, wenn die Dinge mal wieder aus dem Ruder laufen? Könnte Sie der Gedanke, Sie würden sich dabei in der Mähne des Löwenkönigs festhalten, trösten?

Weitersehen

- *Der König von Narnia* wurde überwiegend mithilfe der Greenscreentechnik gefilmt. Dabei bewegen sich die Schauspieler in einem keyingstudio vor einem vollständig grünen Hintergrund. Die Zentauren und der Faun trugen zudem grüne Hosen beim Dreh. *Key* ist Englisch und bedeutet *Schlüssel*, weil grün die Schlüsselfarbe darstellt. Grün wird verwendet, da es in menschlicher Haut – neben blau, das auch gelegentlich gebraucht wird – am seltensten vorkommt. Anschließend wird das aufgenommene Bild der Schauspieler am Computer »freigestellt«, das heißt vom Hintergrund abgetrennt und mit einem neuen verknüpft. Die Zentauren erhielten Pferdekörper, der Faun bekam Ziegenbockfüße.

- Als die kämpfenden Truppen aufeinanderprallen, rutscht der Film in die Zeitlupe. Bei dieser Technik wird die Häufigkeit der Bilder bei der Aufnahme erhöht, beim Abspielen aber mit normaler Geschwindigkeit wiedergegeben. Gleichzeitig blenden die Schlachtgeräusche aus. Lediglich ein Pochen wie das Bummern eines aufgeregten Herzens erklingt.

- Aslan wurde vollständig am Computer animiert; 5,2 Millionen virtuelle Haare bedeckten seinen Körper. Einzig für die Szene am großen Stein wurde eine animatronische Puppe verwendet. Das Kunstwort Animatronic setzt sich zusammen aus Animation für die Bewegung der Figuren und Electronic als Hinweis auf die Ansteuerung, die sowohl elektronisch als auch mechanisch erfolgen kann. Aslan ist das türkische Wort für Löwe.

Idee für einen gemeinsamen Filmabend

Kann man Vertrauen lernen? Es einüben? Sich einmal fallen zu lassen, fällt den meisten Menschen schwer. Versuchen Sie es dennoch! Stehen Sie auf! Bilden Sie einen Kreis um eine Person, die sich mit geschlossenen Augen kippen lässt. Fangen Sie sie auf!

Anfangs erfordert die Übung vielleicht ein bisschen Mut. Bald aber macht sie großen Spaß. Abwechseln nicht vergessen!

Dead Man Walking – Sein letzter Gang

(Regie: Tim Robbins, USA 1995, 122 Minuten, FSK 12)

Es ist nichts als eine flüchtige Bemerkung, nur eben so dahingeworfen und ohne jeden Hintergedanken. »Da ist dieser Brief von einem Mann aus der Todeszelle. Ob Sie ihm mal schreiben, Schwester?« Schwester Helen Prejean (Susan Sarandon) wohnt als Nonne in dem kleinen Häuschen namens »Hope Home« mitten unter den Armen. Ihren Alltag teilt sie vor allem mit den vielen schwarzen Kindern. Überlegen muss sie jetzt nicht lange. Schon als junge Frau hat sie sich einem Leben in der Liebe geweiht, und der Glauben lehrt sie, dass ein Mensch stets mehr sei als die Summe seiner Taten. Also schreibt sie. Und Matthew Poncelet (Sean Penn) schreibt zurück.

Rasch wird aus dem Hin und Her der Briefe mehr. Poncelet braucht Hilfe. Wegen Vergewaltigung und Mord an einem jungen Pärchen wurde er zum Sterben verurteilt. Seit sechs Jahren wartet er auf seine Hinrichtung, nun gibt es einen Termin. Poncelet hofft, dass sein Fall noch einmal aufgerollt und die Todesstrafe in eine lebenslängliche Haft umgewandelt wird – das wäre das Beste, was geschehen könnte.

Schwester Helen fährt ins Gefängnis; für Poncelet ist es der erste Besuch seit Jahren. Durch ein Gitter, löcherig wie Maschendraht, blicken sie einander zaghaft an. »Danke fürs Kommen!« Poncelet zeigt sich beeindruckt. »Dass 'ne Nonne mich besucht, ist echt ein Ding!«

Doch seine plumpe Anmache weist Schwester Helen entschieden zurück. Sie kommt nicht, um Komplimente

Dead man walking, Pandora

heimzutragen; vielmehr will sie wissen, wer Poncelet wirklich ist und was in jener Nacht geschah, in der zwei junge Menschen grauenvoll ums Leben kamen. Mit an Handschellen geketteten Händen saugt Poncelet hastig an einem Zigarettenstummel und gibt sich abgeklärt und reuelos. Hineingerutscht sei er, der Kumpel Vitello war's, damals schon habe seine Mutter vor ihm gewarnt.

Trotzdem kommt Schwester Helen wieder. Sie ist für Poncelet da, hört ihm zu und findet überdies einen Anwalt (Robert Prosky), der seinen Fall kostenfrei übernimmt. »Ein Monster zu töten, ist einfach, einen Menschen nicht!«, lautet dessen Leitsatz. Günstig wäre es, das Gericht würde dies ebenso sehen. Doch Poncelet macht es seinen Helfern nicht gerade leicht. In einem Fernsehinterview verspritzt er seine mit Hass angefüllten Gedanken wie Gift, nennt Hitler einen guten Mann und alle Schwarzen dumm. Als Schwester Helen an diesem Abend die Haustür öffnet, springen die Kinder, mit denen sie sonst zu spielen pflegt, vor ihr davon.

Poncelets Anwalt reicht ein Gnadengesuch ein, doch die Tage sind gezählt: »Ich befinde mich auf einer Rutschbahn zur Hinrichtung!«, klagt Poncelet und bittet Schwester Helen, seine geistliche Begleitung zu werden. Wieder sagt sie ohne zu zögern zu, obwohl sich bereits viele von ihr abgewandt haben, die Eltern der ermordeten Kinder sie verabscheuen und Freunde und die eigene Mutter auf sie einreden. Und wie vernünftig klingt das, was sie sagen! »Solltest du nicht lieber deine Zeit darauf verwenden, solche Taten zu verhindern?«

Stattdessen bittet Schwester Helen Poncelet, er möge in der Bibel lesen. Der blättert durch die Seiten, doch die Worte erschließen sich ihm nicht. Nur dass Jesus starb – schuldlos wie er, wie er sagt! – gefällt Poncelet.

Als jedoch der Gouverneur das Gnadengesuch ablehnt, begreift auch Poncelet, dass das letzte Schlupfloch zugeschlagen ist. Nun stellt er sich Schwester Helens Fragen und bekennt seine Schuld: »Ja, Ma'am, ich habe getötet. Ich habe vergewaltigt. Ich bin schuldig!« Da spricht ihn Schwester Helen umgehend frei: »Ihr werdet die Wahrheit erkennen, und die Wahrheit wird euch frei machen«, zitiert sie das Johannesevangelium (Johannes 8,32).

Schon kommen die Wärter. Sie reißen Poncelet auf die Füße und zerren ihn über die glatten Linoleumfliesen, auf denen Poncelets Pantoffeln rutschen. »Toter Mann kommt!«, dröhnt es durch den Gang.

Poncelet wird an einen Stuhl gefesselt. Eine junge Frau setzt die Kanüle, durch die das Gift in seine Venen strömen wird. Dann richten sie ihn auf. Mit weit ausgebreiteten Armen bittet Poncelet die Eltern der ermordeten Kinder um Vergebung. »Ich hoffe, mein Tod bringt Ihnen ein bisschen Frieden. Bitte vergeben Sie mir!« Und es sind Helens Augen, in die er blickt bis zuletzt, ehe seine Lunge zerreißt und er den letzten Atemzug haucht.

Schlimm ist die Tat, die Poncelet verübt hat, grausig und ohne jeden Sinn. Und dennoch spricht ihn Schwester Helen, als er seine Schuld bekennt, ohne jeden Rückhalt frei. »Du bist jetzt ein Kind des Königs!«, sagt sie. »Das hat noch keiner zu mir gesagt«, antwortet Poncelet und weint.

»Wo ist ein Gott wie du, der die Sünden vergibt und die Missetaten seines Volkes verzeiht?« (Micha 7,18a). So steht es in der Bibel, schon im Alten Testament.

Vergebung ist ein Wunder.

Und ein Skandal.

»Wenn wir also Christus als den Gekreuzigten verkünden, sind die Juden entrüstet und die Griechen erklären es für Unsinn«, schrieb Paulus den Korinthern (1. Korinther 1,23). Im Griechischen, der Sprache, die Paulus benutzte, klang das so: »Den Juden ist das Kreuz ein Ärgernis, ein *skandalon*, den Heiden eine Torheit.«

Als Skandal bezeichneten die Griechen den Auslöser an einer Falle, einen Köder. Man sah ihn. Er lockte, und wie schnell, schwupps!, war man dann hineingetreten!

Das Kreuz, an dem Jesus starb, sagte Paulus da, ist wie solch ein Skandal, Anlass, sich vom lebendigen Gott abzuwenden, für all diejenigen, die keinen sterbenden Erlöser wünschen ebenso wie für alle, die meinen, Erlösung gelänge ihnen aus eigener Kraft.

Damals war das so. Und so ist es bis heute geblieben.

Denn wie sollte in diesem Kreuz Vergebung zu finden sein – für jeden? Und für alles? Und liegt es angesichts des abgrundtief Bösen nicht näher, dass wir Menschen selbst das Böse richten?

Trotzdem macht der Film, obgleich er die böse Tat nirgendwo beschönigt, in aller Härte klar, dass Poncelets Tod die Schuld nicht nehmen kann. Die toten Kinder werden nicht lebendig, obgleich Poncelet stirbt. Und auch die Ehe des Vaters des ermordeten Jungen wird nicht wieder heil.

»Glaubt ihr, fragt Gott, der Herr, dass ich mich über den Tod eines gottlosen Menschen freue? Ich freue mich vielmehr darüber, wenn er von seinem Weg umkehrt und am Leben bleibt!« (Hesekiel 18,23). Gott möchte nicht, dass Menschen sterben. Vielmehr will er, dass sie zu ihm *umkehren*.

»Er möchte, dass jeder gerettet wird und die Wahrheit erkennt« (1. Timotheus 2,4). So klingt es auch im Neuen Testament.

Wenn wir uns demnach, von Schuld gedrückt vielleicht wie Poncelet, schleppend, stolpernd und schmutzig, zu Gott aufmachen, hat er uns längst erspäht wie ein Vater, der durchs Fenster nach dem totgeglaubten Kind Ausschau hält und nun hinausstürzt und es umschlingt. So hat es Jesus in einem wunderbaren Bild erzählt, dem Gleichnis vom verlorenen Sohn (Lukas 15,11-24). Und genau dort, in den Armen Gottes, befindet sich der Ort, an dem die Schuld verstummt.

»Hieran erkennen wir, dass wir in der Wahrheit leben und Gott voller Zuversicht begegnen können, selbst wenn unser Herz uns verurteilt. Denn Gott ist größer als unser Herz und weiß alles« (1. Johannes 3,19f).

Dass die Schuld vergeben ist, beschönigt sie nicht; ihre unheilvollen Auswirkungen bleiben. Und doch bedeutet Vergebung, dass die Schuld genommen ist, als hätte man sie ausradiert. »Du suchst nach einer Liebe, die so groß ist, dass alles Böse an ihr endet«, sagt Schwester Helen. »Doch wenn wir ihm unsere Sünden bekennen, ist er treu und gerecht, dass er uns vergibt und uns von aller Ungerechtigkeit reinigt« (1. Johannes 1,9), sagt die Bibel.

Solch eine Liebe finden wir am Kreuz.

Und wieder fängt es mit einem ersten Schritt an, wo wir, wie es Luther im Gleichnis vom verlorenen Sohn anschaulich übersetzte, »in uns gehen« (Lukas 15,17). Einsicht, die uns Beine macht – zu Jesus hin.

Vielleicht kommen wir zunächst nur zögerlich, vielleicht stecken wir noch voller Angst. Aber wir kommen! Wie die blutflüssige Frau aus Lukas 8,43-48 schleichen wir an Jesus heran, ob wir nicht wenigstens den Zipfel seines Gewandes zu fassen bekommen. Und doch genügt das schon. Das Wunder geschieht. »Augenblicklich hörte ihre Blutung auf.« Da wirft sich die Frau vor Jesus auf die Knie, und Jesus spricht sie frei: »Tochter, dein Glaube hat dich gerettet; geh hin in Frieden!«

Bei Jesus finden wir Vergebung. Deshalb kehren wir zu ihm um und knien wir vor ihm nieder.

Freilich hören wir da oftmals andere Sprüche, und manch einer lebt danach. Wir entdecken sie auf Häuserwänden und an Autoheckscheiben, zum Beispiel jener Wahlspruch des mexikanischen Revolutionsführers Emiliano Zapata: »Besser aufrecht sterben, als auf den Knien leben!« (»¡Es mejor morir de pie que vivir toda una vida de rodillas!«)

Was aber tun, wenn die Schuld so groß ist, dass sie uns niederdrückt? Halten wir uns dann doch lieber an das Sprichwort: »Berate dich, wenn du sonst niemanden hast, mit deinem Knie!«?

Denn Schuld lässt sich nicht übertünchen und auch nicht, jedenfalls nicht dauerhaft, auf andere abschieben oder totschweigen. Schuld, die nicht vergeben ist, gärt weiter – wie Wundbrand. »Als ich mich weigerte, meine Schuld zu bekennen, war ich schwach und elend, dass ich den ganzen Tag nur noch stöhnte und jammerte«, bezeugte es der Psalmist (Psalm 32,3).

»Mein Sohn, deine Sünden sind dir vergeben!«, sagte Jesus zu dem Gelähmten, der auf einer Matte feststeckte – von Kindesbeinen an. Andere, wohlgemerkt, trugen ihn zu Jesus. Und wieder ereignete sich das Erstaunliche – ein Skandal! »Als Jesus ihren Glauben sah, sagte er zu dem Gelähmten: ›Mein Sohn, deine Sünden sind dir vergeben!‹« (Markus 2,5).

Jesus nimmt die Schuld. So einfach ist das.

Und dann schenkt Jesus sogar anderes. »›Steh auf, nimm deine Matte und geh nach Hause, denn du bist geheilt!‹ Der Mann sprang auf, nahm die Matte und bahnte sich einen Weg durch die staunende Menge. Da lobten sie alle Gott. ›So etwas haben wir noch nie gesehen!‹, riefen sie« (Vers 11f).

Bei Jesus erfahren wir Vergebung, hier werden wir *heil* – wie ein unverhofftes Geschenk, das wir bloß anzunehmen brauchen.

Manchmal fahren wir mit meinen Eltern für ein paar Tage in den Urlaub. Dann kann es geschehen, dass ich am Ende die Rechnung bezahlen will und mich der Mann an der Rezeption angrinst und sagt: »Das haben Ihre Eltern schon für Sie getan!« Und mir bleibt nichts anderes übrig, als es zuzulassen und Danke zu sagen.

Mag sein, dass das Kreuz für manchen anstößig bleibt, ein Skandal. Für uns aber ist es der Ort, an dem uns volle Vergebung zuteilwird. Hier knien wir vor Jesus nieder. Und wenn er uns aufrichtet, stellt er uns auf unsere Füße. Ob wir dann schlurfen wie Poncelet, der stirbt, obwohl er gerade erst ein neues Leben begonnen hat, oder munter davonhüpfen wie der ehemals Gelähmte, tut nichts zur Sache. Denn jetzt gehen wir mit Jesus, egal wie und egal wohin.

Fragen

- Wie ergeht es mir mit dem Kreuz? Ist es der Ort, an dem ich Vergebung suche und finde?
- Wo schränke ich die Kraft von Jesu Tod ein, weil ich noch daran festhalte, dass manche Dinge unverzeihlich sind?
- Wer braucht meine Vergebung? Wen darf ich selbst um Vergebung bitten?

Mein Gebet

Jesus Christus, mein Erlöser und mein Heiland! »Du schenkst uns Vergebung, damit wir lernen, dich zu fürchten!« (Psalm 130,4). Dass im Kreuz Vergebung liegt – für alles und für jeden, auch für mich – verstehe ich nicht bis ins Letzte, und doch danke ich dir dafür. Danke, dass ich zu dir umkehren darf und du dich freust, wenn ich komme. Amen.

Für Hand und Fuß

»Umkehr ist der schnellste Weg voran!«, sagte C.S. Lewis. Umkehr beginnt, wo wir in uns gehen, uns vor Jesus niederknien, seine Vergebung annehmen und, sobald wir aufgestanden sind, eine andere Richtung einschlagen.

Oft geschieht Umkehr aber gerade auch in den kleinen Dingen, die wir kaum beachten. Wenn die Kinder von der Schule kommen, alle gleichzeitig und jeder mit seinen Bedürfnissen und Ansprüchen, fühle ich mich manchmal so gehetzt, dass ich eine ganze Packung Toffifees verschlingen könnte. Morgens dagegen treibe ich meine Sprösslinge mitunter an, als wäre ich eine Dompteuse, damit ihnen nicht der Bus vor der Nase wegfährt. Ich überlege, was ich ändern könnte: Ich will meine Kinder mit Segensworten in den Tag entlassen. Und wenn ich gestresst bin, werde ich meine Gefühle beim Namen nennen, statt sie zuzustopfen.

Listen Sie fünf Dinge auf, bei denen Sie sich – handfeste, gangbare – Umkehr wünschen. Suchen Sie sich jemanden, der Sie auf Ihrem Weg begleitet und – wie es Schwester Helen mit dem Vater des getöteten Jungen macht – auch bereit ist, einfach nur schweigend mit Ihnen vor Gott zu knien.

Weitersehen

- Matthew Poncelet wird auf dem Hinrichtungstisch mit zur Seite gebreiteten Armen hoch vor dem Publikum aufgerichtet, als wäre er selbst ein Gekreuzigter. Zeitgleich fährt die Kamera in die Höhe und zeigt die ermordeten Kinder – aus der Ferne, doch die Bilder überschneiden sich, sodass die Toten ebenfalls wie in einem Kreuz eingefasst daliegen. Moralisch gesehen mag das empörend sein, ein Skandal. Für Gott jedoch sind alle Menschen gleich erlösungsbedürftig und die Grenzen zwischen den Menschen heben sich im Kreuzestod Jesu auf. Ein Ärgernis, weshalb vielleicht auch jedes Mal das Kreuz um Schwester Helens Hals quietscht, sobald sie durch die Sicherheitsschranke geht?
- Zögerlich nur nähern sich Schwester Helen und Poncelet einander an: Trennt sie anfangs ein Gitter, das vor Schwester Helens Augen jedes Mal zu einem unklar gepunkteten Muster verschwimmt, sobald Poncelet seine Lügen ausspuckt, wird es später von einer Glasscheibe abgelöst, in der beide nebeneinander gespiegelt in einem einzelnen Bild erscheinen. Der Weg aufeinander zu gipfelt in einer zarten Berührung. Auch als Poncelet stirbt, bleiben sie einander verbunden: im Blick der Liebe, der den anderen nicht lässt.

- »Wenn es nur so einfach wäre; es bedeutet Arbeit«, antwortet Schwester Helen dem Vater des ermordeten Jungen, »möglicherweise könnten wir uns dabei helfen, einen Weg aus dem Hass zu finden!« Folgerichtig zeigt die letzte Einstellung, wie beide nebeneinander in der Kirche knien, während sich die Kamera behutsam zurückzieht. Nachfolge ist ein Weg, der auf Knien beginnt.

Idee für einen gemeinsamen Filmabend

Tauschen Sie sich aus: Beieinander bleiben, auch wenn es schwierig wird – geht das? Was könnte geschehen, wenn wir selbst dort füreinander einstünden, wo wir uns gegenseitig zur Last fallen? »Die Liebe deckt eine Menge Sünden zu«, heißt es in 1. Petrus 4,8. Wer wagt den ersten Schritt?

Zwischen Himmel und Erde – vom Glanz, ein Mensch zu sein:

Stadt der Engel

(Regie: Brad Silberling, D/USA 1998, 110 Minuten, FSK 12)

Sie tummeln sich an allen Orten. Am liebsten aber sitzen sie hoch oben, auf Baukränen beispielsweise, wo sie die Beine in der Luft baumeln lassen, auf Wolkenkratzern und Verkehrsschildern, weit über den belebten Straßen von Los Angeles, der Stadt der Engel. Engel tauchen auf, wenn es brenzlig wird. Sie begleiten die Menschen bei ihrem letzten Weg hinüber in jene andere Welt. Sie verleihen Gelassenheit und geben Erschöpften Kraft. Unermüdlich versehen sie ihre Dienste, still und von den Menschen unbemerkt, und wirken doch, als könnte man sie jederzeit erblicken, würden wir nur achtsamer durch unsere Tage gehen. Engel helfen – überall. Doch bei Sonnenauf- und -untergang stehen sie am Strand, an den unablässig die Wellen branden und lauschen den himmlischen Chören, die nie ein Menschenohr vernimmt.

Trotzdem verlangt es manch einen Engel nach mehr, so wie Seth (Nicholas Cage), der die Gefühle der Menschen mit großen Augen beobachtet und ihre Gedanken in einem kleinen Buch festhält. Denn Engel kennen keinerlei körperliche Empfindung, sie können weder riechen, noch schmecken. Einmal nur will Seth den zarten Flaum menschlicher Haut ertasten! Den Geschmack einer Birne kosten. Den Duft von Haar einatmen und den Wind spüren, wie er an den Rockschößen seines schwarzen

Stadt der Engel, Warner

Mantels zerrt, der alle Engel gleichermaßen einhüllt, als wären sie Schatten.

»Ein Mensch!«, flüstert Seth, dass es wie das Wunderbarste auf der Erde klingt, und verzehrt sich danach, selbst ein Mensch zu werden. Denn Seth hat sich zudem in die

Mit Gott im Kino

Herzchirurgin Maggie Rice (Meg Ryan) verliebt, die zwar tatkräftig und selbstbewusst auftritt, in langen Nächten aber wachliegt und sich fragt, wie es geschehen konnte, dass ein Patient starb, während sie sein Herz in ihren Händen hielt. Mit einem Mal erscheint es Maggie zweifelhaft, ob die Apparate, die pausenlos Kurven und Werte aufzeichnen, ob Pulsmesser und chemische Prozesse alles sind, was auf dieser Erde zählt. »Wir kämpfen hier doch um Menschenleben«, fragt sie ihren Kollegen Jordan (Colm Feore). »Hast du dich nie gefragt, gegen wen wir da eigentlich kämpfen?«

Und plötzlich kann Maggie das Gefühl nicht länger wegschieben, dass nichts in ihrer Macht liegt. Und wenn dem so ist, wie soll sie da bloß weitermachen? Da beschließt Seth, sich für Maggie sichtbar zu machen. Und so steht er eines Nachts vor ihr, aufgetaucht wie aus dem Nichts, in das er ebenso unvermutet wieder verschwindet.

Mit ihm kann Maggie über alles reden, sich ihm offenbaren, wie bislang niemanden, auch nicht Jordan, der jetzt um ihre Hand anhält.

Bald kreisen Maggies Gedanken hartnäckig um den sonderlichen Mann, der sich kleidet wie eine Fledermaus: Seth, der sich in Bibliotheken herumtreibt und Maggies Gedanken liest, als wären sie Seiten eines Buchs. Seth, der aufmerksam und einfühlsam ist und zugleich so erschreckend *anders*.

»Monster!«, schreit sie Seth da an und jagt ihn fort, als er sich mit einem Messer schneidet und kein Blut aus seinen Adern quillt. Denn mit jemandem, der nichts spürt, wenn er sie berührt, kann Maggie nicht zusammenleben. Obwohl sie Seth liebt wie keinen je zuvor.

Allerdings gibt es einen Weg, dass beide doch noch zueinanderfinden. Nathaniel Messinger (Dennis Franz), Maggies Patient und ehemaliger Engel, erklärt, wie es geht: Seth kann, da er über den freien Willen verfügt, den Fall wählen – einen Sturz zur Erde, von dem er als Mensch erwacht, ein frierendes, hungriges Wesen, das alles empfindet, wonach Seth sich sehnt: Freude wie Schmerz, Glück wie Leid.

Seth zögert nicht und wirft sich von einem Wolkenkratzer. In strömendem Regen wacht er auf, durchnässt, verletzt, aber er lebt! Er kostet das Blut, es schmeckt salzig und süß zugleich, und es brennt, wenn er den Finger in die Wunde legt. Das reißt ihn auf die Beine und er eilt zu

Maggie. Maggie aber hat sich in die Hütte ihres Onkels an den Ufern des Lake Tahoe zurückgezogen, wo sie über ihr Leben und die Frage nachdenken will, ob sie Jordan heiraten soll. Seth reist ihr nach, und dann fallen sie einander in die Arme und spüren sich zum ersten Mal: als zwei Menschen, die sich lieben.

Am nächsten Morgen radelt Maggie vom Einkauf zurück. Glückstrunken schließt sie die Augen. Und rast ungebremst in einen Sattelschlepper. Seth, der spürt, dass etwas geschehen sein muss, stürzt zu ihr und hält Maggie fest, als sie in seinen Armen stirbt.

Fortan wird Seth ohne Maggie leben. Und doch lebendig sein. Und so wirft er sich, als die Engel wieder am Strand stehen und den Himmelschören lauschen, in die tosenden Wellen des Pazifiks und schwimmt und krault und lebt: mittendrin.

Nichts begehrt Seth mehr, als ein Mensch zu sein, zu spüren, was Menschen spüren, zu tasten, zu kosten und zu riechen. Wie nichts erscheint ihm seine Engelsnatur dagegen und hätte sie noch so viele Vorzüge: »Wenn ich den Wind nicht spüren kann, wozu sollen da Flügel gut sein?«

Verstehen wir Seths Sehnsucht? Können wir, die wir Menschen sind, sie nachvollziehen? Und leben wir, was Seth begehrt?

Na ja.

Meistens. Vielleicht.

Manchmal. Zumindest.

Oder eher selten?

Denn wir ahnen schon, dass es zweierlei bedeutet: leben und lebendig sein. Schließlich gibt es genug Zeiten, in denen wir lieber abstumpfen würden, als all das zu empfinden, was Menschen eben auch empfinden: Langeweile, Kummer, Schmerz – Augenblicke, mitunter ganze Lebensabschnitte, in denen es uns herzlich wenig bedeutet, dass wir schmecken und riechen und tasten können. Wie sollte es überhaupt erstrebenswert sein, dass wir manchmal traurig sind und weinen? Und was sollen wir nur mit den vielen grauen Tagen anfangen, die wir am liebsten aus unseren Kalendern streichen würden – wie die verregneten Samstagnachmittage, durch die wir uns hangeln wie ausgewrungene Putzlappen?

Und doch.

Lebendig sein!

Genießen, dass wir sind.

Wer wollte das nicht?

Für Seth, der einst ein Engel war, der die Gedanken der Menschen lesen konnte und fliegen, hier sein, dort sein nach Belieben, bedeutet ein Leben als Mensch das Größte, das er sich nur vorstellen kann, ein Vorrecht, das er annimmt mit allem, was es mit sich bringt: Regen wie Sonnenschein. Umarmen. Einander spüren. Finden. Verlieren.

Denn Seth weiß wohl, dass wir nur deshalb leben, weil Blut durch unsere Adern pulst und dass uns genau das zugleich verwundbar macht – weil es weh tut, wenn die Haut aufreißt.

Wer allerdings sein Menschsein bejaht, stellt etwas Erstaunliches fest. Denn unwillkürlich keimt dort, wo wir das Leben in Gänze umarmen, Freude auf: Die Freude darüber, dass wir, selbst wenn wir traurig sind, die Welt spüren, die uns umgibt, Wind, der unser Haar zerzaust, Salz auf der Haut, der Druck einer anderen Hand. Auch die Tränen, die wir weinen (und dass wir sie weinen!), wenn der Kummer uns überwältigt, und dass Tränen salzig schmecken, ist keine Selbstverständlichkeit, sondern Teil unseres Seins.

Schließlich ist es so: Unsere Erlebnisse mögen uns nicht munden, und doch bleiben sie *unsere* Erlebnisse – wenn wir sie uns zu eigen machen. Manchmal umlauert uns die Traurigkeit wie ein dunkler, alles vereinnahmender Schatten und doch bleibt sie *unsere* Traurigkeit – sofern wir Ja zu ihr sagen.

Eine verlorene Liebe schmerzt. Haben wir aber geliebt, haben wir auch gelebt.

Oder eben nicht.

Denn manch einer meidet lieber allen Schmerz und geht deshalb längst kein Risiko mehr ein. Bald lebt er (oder sollte ich sagen: vegetiert er?) wie unter einer Glasglocke: ein stummer, teilnahmsloser Beobachter, der sich selbst vom Leben trennt. Sicher und bequem hockt er da vielleicht, aber eben auch nicht lebendig.

Wie schade!

Denn gerade Menschen, die Jesus folgen, dürfen sich darüber freuen, ein Mensch zu sein – mit allem, was dazugehört – wo doch Gott selbst in Jesus ein Mensch geworden ist.

»Wir wissen ja, dass Jesus kam, um den Nachkommen Abrahams zu helfen, nicht den Engeln«, heißt es im Hebräerbrief. »Deshalb musste er in allem den Brüdern gleich werden, damit er vor Gott unser barmherziger und treuer Hoher Priester werden konnte, um durch sein Opfer die Menschen von ihrer Schuld zu befreien. Da er selbst gelitten und Versuchungen erfahren hat, kann er denen helfen, die in Versuchung geraten« (Hebräer 2,16-18).

Nicht für die Engel kam Jesus, sondern für uns Menschen! Gott wurde ein Mensch, der uns versteht, weil er in allem wurde wie wir.

»Obwohl er Gott war, bestand er nicht auf seinen göttlichen Rechten. Er verzichtete auf alles; er nahm die niedrige Stellung eines Dieners an und wurde als Mensch geboren und als solcher erkannt« (Philipper 2,7).

Wie sollten wir da noch unser Menschsein verweigern, wo Jesus es in seiner ganzen Bandbreite angenommen hat?

Aber wie leben wir das nun?

Wie hat Jesus es gelebt?

Eine Geschichte aus der Bibel mag uns weiterhelfen: Unmittelbar nach seiner Taufe, als Jesus von Gott hört, dass er der »geliebte Sohn« (Matthäus 3,17) sei, treibt ihn der Geist in die Wüste, wo der Durst und der Hunger und die Anfechtung auf ihn warten. Hier versucht ihn der Teufel. Aber hier bedienen ihn am Ende auch die Engel. Als wäre es ein Sinnbild für sein Leben: Aufgespannt zwischen dem Boden der Wüste und dem Himmel über seinem Kopf lebt Jesus als Mensch – und die Engel sind seine Helfer.

Und sie sind es auch für uns, die wir an Jesus glauben: »Denn Engel sind nur Diener. Sie sind Geister, die Gott als Helfer zu denen sendet, welche die Rettung erben werden« (Hebräer 1,14).

Eine andere Wüstengeschichte finden wir im Alten Testament (1. Mose 28,10-20).

Jakob befindet sich auf der Flucht, weil er seinen älteren Bruder Esau um dessen Erstgeborenenrecht betrogen hat. Nachts legt Jakob sich zum Schlafen in den Wüstensand. Den Kopf bettet er auf einen Stein. Da sieht er im Traum den Himmel geöffnet: Engel steigen auf Leitern zur Erde hinab und wieder hinauf. Erwachend ruft Jakob aus: »An diesem Ort ist der Herr und ich habe es nicht gewusst. Was für ein Ehrfurcht gebietender Ort! Hier ist das Haus Gottes – das Tor zum Himmel!«

Jakob salbt den Stein, auf dem er schlief, und nennt die Stätte Bethel – *Haus Gottes*, denn ihm war, als würde Gott selbst dort wohnen.

Im Neuen Testament greift Jesus Jakobs Traum wieder auf: »Ihr werdet den Himmel geöffnet und die Engel Gottes auf- und niedersteigen sehen über dem Menschensohn«, versprach er seinen Jüngern (Johannes 1,51). Am Kreuz, an dem Jesus stirbt, steht der Himmel für uns offen und selbst die Engel begehren zu erkennen, was wir dort sehen: »Schon die Propheten wollten über die Rettung mehr wissen und sagten voraus, was Gott euch zugedacht hat. (...) Und nun wurde euch diese Botschaft durch diejenigen verkündet, die in der Kraft des Heiligen Geistes, der vom Himmel gesandt wurde, zu euch gepredigt haben. Und sogar die Engel sehnen sich danach, etwas davon zu sehen« (1. Petrus 1,10,12b.c).

Was für ein Vorrecht bedeutet es da, ein Mensch zu sein!

Manchmal sagen wir ja zueinander: »Du bist ein Engel!« Und meinen es als Kompliment. Aber wenn wir einmal daran denken, wie Pontius Pilatus über den gepeinigten Jesus ausrief: »Hier ist er, der Mensch!« (Johannes 19,5), wäre es vielleicht noch schöner, wir würden Menschen ineinander sehen!

Hier und heute dürfen wir leben wie Jesus, der bis in die letzte Zelle seines Körpers Mensch wurde und alles erlebte wie wir, nur ohne Sünde (Hebräer 4,15). Und also stellen wir – wie er – die Füße auf den Boden und oft genug in den Dreck, und Staub rieselt uns zwischen die Zehen. Den Kopf aber recken wir in die Luft, als wüchsen wir in den Himmel.

Versucht und gefährdet leben wir – mittendrin – und werden doch bedient von den Engeln. Mehr bedeutet es nicht, ein Mensch zu sein – aber auch nicht weniger.

Fragen

- Was bedeutet es mir, dass Gott in Jesus Mensch wurde? Ermutigt es mich, mein eigenes Menschsein in seiner Gesamtheit zu umarmen?
- Was verstellt mir die Freude am Sein? Was könnte ich heute willentlich annehmen, damit es wieder Teil meines Lebens wird?
- Glaube ich an Engel? Was für eine Rolle spielen sie in meinem Leben? Für welche Vorrechte, die ich ihnen gegenüber habe, könnte ich wieder danken?

Mein Gebet

Jesus, du hast die Himmel durchschritten (Hebräer 4,14) und bist Mensch geworden – wie wir. Nun begegnest du uns wie ein Bruder, der weiß, wie es um uns steht und wie es uns geht. Das tröstet mich! Bruder Jesus, ich will nicht nur leben, sondern auch lebendig sein, durch und durch. Bitte hilf mir, all das anzunehmen, was das Leben mit sich bringt. Amen.

Für Hand und Fuß

Unser Leben ist kostbar, ein unbezahlbares Geschenk. Und doch spüren wir das manchmal nicht. Dann tut es gut, wenn wir uns daran erinnern, dass uns nichts die Fähigkeit nehmen kann, etwas zu genießen, selbst dann nicht, wenn wir Schmerz empfinden. Seth fragt Maggie, wie eine Birne schmeckt. »Sie wissen nicht, wie eine Birne schmeckt?«, gibt Maggie verwundert zurück. »Ich weiß nicht, wie sie für Sie schmeckt!«, antwortet er. Wie wahr!

Essen Sie eine Birne, aber langsam! Nehmen Sie sich die Zeit, ihrem Geschmack in allen Einzelheiten nachzuspüren. Wie schmeckt diese Birne *für Sie*? Versuchen Sie, Ihr Geschmackserlebnis in Worte zu kleiden. Und dann listen Sie zehn Dinge auf, die Sie sonst noch genießen. Ich zum Beispiel ...

... mag den Flug der Wolken am Himmel.

... liebe den Ruf des Kuckucks nach einem langen Winter.

... genieße Espresso, heiß, schwarz und stark.

... freue mich, wenn der Hund mich ansieht, während ich schreibe.

Entdecken Sie mitten im Gewöhnlichen die Wunder dieser Welt, die kleinen Freudenbausteine Ihres Daseins. Wie sehen Ihre Top-Ten der Genussmittel aus?

Weitersehen

- *Stadt der Engel* ist ein Remake des Films *Der Himmel über Berlin* von Wim Wenders (D 1987). Wenn Seth zur Erde stürzt, erscheinen seine Erinnerungen in Schwarz-Weiß. Damit huldigt Regisseur Brad Silberling Wenders Film, weil in ihm die Engel keine Farben erkannten.

- Die Handlung spielt in Los Angeles. Das ist Spanisch und bedeutet *Die Engel*. Gegenüber Maggie behauptet Seth, er sei ein Bote (griechisch *Angelos*, wovon sich das deutsche Wort *Engel* herleitet). Der Name von Nathaniel Messinger, Maggies Patient, wird im Film ausgesprochen wie das englische Wort Messenger (»mit weichem g!«, beharrt Nathaniel), was ebenfalls Bote bedeutet. Auch die Bibel bezeichnet Engel als Boten (Psalm 103,20f; Lukas 2,9f).

- Die Szene, in der Maggie in den Spiegel schaut und Seth darin nicht erblickt, obwohl er neben ihr steht, wurde mittels motion control aufgenommen. Dabei erlauben computergestützte Aufnahmen, Kamera- und Objektbewegungen millimetergenau zu wiederholen, was unter menschlicher Kameraführung kaum ausführbar wäre: Die Szene wurde zweimal gefilmt, einmal mit den Schauspielern, einmal ohne sie. Am Ende wurden beide Aufnahmen zu einer einzigen zusammengefügt.

Idee für einen gemeinsamen Filmabend

»She didn't believe in angels until she fell in love with one«, singt Alanis Morissette in ihrem Lied »Uninvited«, das sie eigens für den Film schrieb. Glauben Sie an Engel? Haben Sie schon die Erfahrung gemacht, dass da Helfer sind, die Sie zuvor nicht kannten? Tauschen Sie sich darüber aus! Beim nächsten Treffen klappern Sie Ihre Bibeln nach Stellen über Engel ab. Konkordanzen helfen dabei, aber seien Sie gewappnet: Es gibt etliche!

Ohne Panzer gegen Riesen kämpfen:
Erin Brockovich
(Regie: Steven Soderbergh, USA 2000, 130 Minuten, FSK 6)

Eine junge Frau blinzelt in die Kamera; die braunen Augen funkeln. »Ein schönes Büro haben Sie hier!«, sagt sie lächelnd. Ja, das findet der Mann in dem schicken Anzug auch. Trotzdem fragt er lieber noch mal nach: Hat sie wirklich keinen Schulabschluss, keine Empfehlungen, keine Zeugnisse? Da erlischt der Glanz auf Erin Brockovichs (Julia Roberts) Gesicht, denn klar ist: Auch diesmal bekommt sie nicht den Job, den sie doch so dringend bräuchte, wenn sie ihre Kinder ernähren will – die drei Bälger von zwei Vätern, von denen keiner mehr bei ihr lebt.

In Erins Geldbeutel klafft bedrohliche Leere. Überdies klebt ein Strafzettel am Auto, als sie das Büro verlässt. Verheerender wird es noch, als ihr jemand mit voller Wucht die Vorfahrt nimmt und Erin mit Schleudertrauma und einer beängstigend großen Arztrechnung (wir befinden uns in den USA) zurücklässt.

Erin nimmt sich einen Anwalt. Ed Masry (Albert Finney) verspricht ihr reichlich Schadensersatz, doch vor Gericht verschreckt Erin den Richter genauso wie die aus wohlerzogenen Bürgern bestehende Laienjury mit ihrem losen Mundwerk, woraufhin sie leer ausgeht.

Allerdings erweist sich Erin als zäh. Am nächsten Tag taucht sie, den Hals in einer Krause, in Masrys Kanzlei auf und lässt sich nicht abwimmeln, bis der gedrungene kleine Mann sie als Gehilfin eingestellt hat.

Erin Brockovich, Columbia Tristar

Erin soll die Ordner wuchten. Doch zwischen den Unterlagen über einen Hausverkauf purzeln ihr medizinische Dokumente entgegen, die Erins Spürsinn wecken. Sie hakt nach, ermittelt bald auf eigene Faust und enthüllt einen Skandal, der die Vereinigten Staaten von Amerika erschüttert – so ist es Mitte des zwanzigsten Jahrhunderts wirklich geschehen: Jahrelang leitete der Energieversorger Pacific Gas and Electric (PG&E) hochgiftiges Chrom ins Grundwasser. Die Einwohner des kleinen kalifornischen Städtchens Hinkley erkrankten schwer, viele litten an Krebs. Doch aus Angst vor dem Milliardenkonzern, aber auch aus Unsicherheit, ob sie ihre Leiden nicht womöglich selbst verschuldet haben, schweigen die Bewohner.

Auch Ed Masry ringt die Hände: Denn Erin, die beharrlich Entschädigungen für die Betroffenen verlangt, verfügt über keinerlei Rechtsbildung. Zudem kleidet sie sich nicht annähernd, wie es die Branche vorsieht. »Sie sehen aus wie eine Nutte!«, werfen ihr vorzugsweise weibliche Mitarbeiterinnen vor. Erin stört sich nicht daran. »Zufällig gefalle ich mir, wie ich bin!«, faucht sie und stöckelt auf High Heels davon, im kleinen Leibchen mit tief, nein, tieferem Ausschnitt und in knallengen Jeans, die kurz zu nennen untertrieben wäre. Und dabei trägt sie häufig noch ihr jüngstes Kind auf dem Arm, die einjährige Elisabeth, während sie die beiden anderen Sprösslinge mit Befehlen vor sich herknurrt, weil ihr wieder mal ein Babysitter fehlt.

Da kommt es wie gerufen, dass der neue Nachbar George (Aaron Eckhart) Kinder mag, sich insbesondere mit Erins Kleinen gut versteht und gerade keine Arbeit hat. Bald passt er nicht nur auf Erins Kinder auf, sondern erobert sich auch einen Platz in ihrem Herzen.

Das ist freilich weit. Denn Erin liebt nicht nur ihre Kinder und George, sondern auch die Einwohner von Hinkley, denen sie, koste es, was es wolle, eine Stimme verleihen will. Dafür nimmt sie auch in Kauf, dass George irgendwann das Handtuch schmeißt, weil er das Hausmannsdasein nicht länger erträgt, und sie abermals alleine dasteht.

Erin macht trotzdem weiter, schnappt sich ihre Kinder und zieht los. Von sechshundert Geschädigten braucht sie die Unterschriften, sonst können sie nicht klagen. Erin klingelt bei jedem einzelnen an, die Nummern und Adressen hat sie im Kopf, weil sie diese als Legasthenikerin auswendig gelernt hat. Und als sie so, Klein-Beth auf der Hüfte und die beiden anderen Kinder am Rockzipfel, an die sonst verschlossene Tür einer betroffenen Mutter anklopft, öffnet ihr diese – zum ersten Mal.

Denn Erin, die sich zeigt, wie sie ist, und ehrlich bis ins Mark zuhört, erlangt, was Anwälten mit Diplomen, Laptops und maßgeschneiderten Anzügen verwehrt bleibt: Die Bewohner von Hinkley vertrauen ihr. 1996 schließlich leistete PG&E die bis dahin höchste Entschädigungszahlung in der Geschichte der USA, geschlagene 333 Millionen US-Dollar.

Es war ein Kampf zwischen ungleichen Gegnern: Auf der einen Seite die kleine Anwaltskanzlei um Ed Masry mit einer alleinerziehenden, unangepassten jungen Frau als treibender Kraft – auf der anderen Seite ein Milliardenkonzern. Alle sagten: »Das geht nicht!« Und siehe da, es ging doch.

Das erinnert an eine Geschichte, die wir aus der Bibel kennen.

Die Lage erschien aussichtslos. Vierzig lange Tage schon verspottete der Riese Goliat das Heer König Sauls, und die zitternden Israeliten boten den Philistern ein wahrhaft vergnügliches Schauspiel. Als aber David vortrat, bereit, als Einziger gegen den Hünen zu kämpfen, fauchte ihn sein eigener Bruder an (wahrscheinlich hielt er David für sehr eingebildet), und auch Saul war keineswegs davon überzeugt, dass der so entschieden auftretende junge Mann helfen könnte: »Es ist völlig ausgeschlossen, dass du gegen diesen Philister kämpfst. Du bist doch noch ein Junge, und er ist schon von Jugend auf ein Krieger!«, bremste er Davids Tatendrang (1. Samuel 17,33).

Das ließ David aber nicht auf sich sitzen. Denn auch wenn er jung war, besaß er doch schon eine Geschichte, eine Biografie sozusagen. Und so verwies er auf das, was er stets tagein, tagaus getan hatte: »Ich hüte die Schafe meines Vaters‹, sagte er. ›Wenn ein Löwe oder ein Bär kommt, um ein Lamm aus der Herde zu rauben, dann verfolge ich ihn, schlage auf ihn ein und reiße ihm das Lamm aus dem Maul«« (Vers 34f).

So ungeeignet sind wir also nicht, wenn wir jahrelang Kinder gehütet haben oder unsere altersschwachen Eltern versorgen!

Und trotzdem sehen wir allzu oft nur auf das, was wir *nicht* haben. Wir besitzen kein Geld, keine Zeit, keine Begabung, und schön sind wir auch nicht gerade. Oder wir zählen auf, was wir zwar haben, was einem entschiedenen Handeln aber – scheinbar – im Wege steht: Wir haben viele Kinder (wobei eines schon genügt), unsere pflegebedürftigen Eltern nehmen uns in Beschlag und im Kalender stapeln sich Termine und Projekte, die ohne uns nie fertig werden.

Aber warum versuchen wir auch, in einer Rüstung zu streiten, die nicht für uns gemacht wurde?

Was mag sich der König gedacht haben, als er David schließlich seinen eigenen Harnisch anbot? Wenn er kämpft, soll er wenigstens in meinen Sachen losziehen? »David schnallte sich Sauls Schwert um und versuchte, damit zu gehen, denn er hatte so etwas zuvor noch nie getragen« (Vers 39a).

Rüstung und Waffen versprachen Sicherheit, doch David erkannte rasch, dass es sich dabei um eine Mogelpackung handelte. »Ich kann darin nicht gehen‹, protestierte er, ›ich bin nicht daran gewöhnt!« (Vers 39b). Und so tat er das einzig Richtige: »Und er legte die Rüstung wieder ab« (Vers 39c). Stattdessen trat er vor den ach so übermächtigen Feind, *wie er war* mit allem, was er bis dahin gelernt hatte und mitbrachte und rief: »Du trittst mir mit Schwert, Speer und Wurfspieß entgegen, ich aber komme im Namen des Herrn, des Allmächtigen!« (1. Samuel 17,39.45).

Wir wissen natürlich, wie die Sache ausging: Der kleine David siegte, und die lästernden Philister ergriffen panikartig die Flucht.

Das ist lange her. Doch ist es deshalb graue Vergangenheit?

Für Erin offensichtlich nicht. Denn wie David einst bemühte sie sich gar nicht erst, in Kleidern zu streiten, die nicht für sie gemacht waren. Vielmehr, als würde sie den Gürtel der Wahrheit ergreifen, den wir aus Epheser 6 kennen, trat sie - wie sie war - entschieden für all jene ein, die jahrelang belogen und betrogen wurden. Und dabei klammerte sie sich nicht an das, was man gemeinhin Ressourcen nennt - finanzielle Rücklagen, Zeit, Bildung - die sie ohnehin nicht besaß. Mehr noch stellte sie ihre Unzulänglichkeit geradewegs zur Schau (»Ich bin kein Anwalt!«), als lebte sie mit jeder Faser ihres Seins, was der Apostel Paulus in 2. Korinther 12,10b von sich behauptete: »Wenn ich schwach bin, bin ich stark.« Und so ist es vor allem das Bild von ihr mit Klein-Beth auf dem Arm, das sich uns einprägt wie ein Symbol: ein Gleichnis dafür, dass Erin nicht auf das sah, was sie nicht hatte, sondern aus ganzem Herzen mit dem handelte, was ihr bereits anvertraut wurde.

Denken wir noch einmal an David, der sich nicht hinter Sauls Uniform verschanzte, sondern schlichtweg tat, was er als recht erkannte - mit

Kieselsteinen und Gottvertrauen. Alle anderen Überlegungen, was gehen könnte und was nicht, erschienen da nur wie Zeitverschwendung.

Manche mögen das anstößig finden. Denn müssen wir nicht erst einen Verhaltenskodex erfüllen, so fragen sie, bevor wir für andere kämpfen? Sollten wir nicht zumindest einen christlichen Einheitslook bilden, an dem man unsere Frömmigkeit ablesen kann?

Wenn allerdings stimmt, was Paulus bekannte, dass wir stark sind, wenn wir schwach sind, könnten wir uns dann nicht offenbaren, wie wir sind, auch wenn es uns verletzlich zeigt?

Und dabei wird nicht mehr von uns gefordert als unsere Bereitschaft, *nach vorne zu sehen*, wie es Jesus in Lukas 9,62 sagte: »Wer eine Hand an den Pflug legt und dann zurückschaut, ist nicht geeignet für das Reich Gottes.« Vorne aber, das sollten wir nicht vergessen, steht Jesus, der uns vorangeht.

Ein solch beherztes Leben kostet seinen Preis, habe ich das schon erwähnt? Denn auch Erin weint, wenn sie spätnachts George im Auto anruft, damit er sie wachhält, und er ihr die Neuigkeit des Tages erzählt, dass Klein-Beth ihr erstes Wort gestammelt habe – und sie hat es nicht gehört! Glauben wir also nicht, dass Menschen, die sich nicht verstecken, niemals traurig sind!

Denn gewiss ist es müheloser, sich anzupassen, statt auf eigenen Beinen zu stehen. Bequemer bleibt es, wie alle Nachbarn in der Reihenhaussiedlung den Löwenzahn aus den Vorgärten zu rupfen, statt aus Brennnesseln Tee zu brauen. Leichter fällt es, die krakeelenden Kinder ins Haus zu scheuchen, statt mit ihnen über den moosbedeckten Rasen zu tollen – wir könnten ja stören, so laut und auffällig.

Es ist einfacher, sich in eine Uniform zu zwängen, statt zu überlegen, wer wir sind und was uns passt.

»Zieht den neuen Menschen an, der nach dem Bild Gottes geschaffen ist!«, übersetzte Luther Epheser 4,24, als legte Gott uns eine funkelnde Garderobe bereit: »Als neue Menschen, geschaffen nach dem Ebenbild Gottes und zur Gerechtigkeit, Heiligkeit und Wahrheit berufen, sollt ihr auch ein neues Wesen annehmen!«

Nein, wir blicken nicht zurück. Wir stieren auch nicht darauf, was wir nicht haben, sondern schlüpfen in die neuen Kleider, die uns als Gottes

Ebenbilder widerspiegeln. Denn es bleibt allemal gewinnbringender, das Leben zu führen, zu dem uns Jesus ruft, und lebendiger, die eigene Haut hinzuhalten, wenn wir für andere eintreten.

Wer wollte uns jetzt noch kleinreden? Denn seit Jesus von den Toten auferstand und wir mit ihm, lautet die Frage nicht mehr, ob uns eine Rüstung passt, wie jeder sie trägt und andere sie uns anlegen wollen. Sondern ob wir in Anspruch nehmen, was wir bei Gott längst sind: Menschen, die nicht darauf achten, ihre eigene Haut zu retten, sondern handeln als die, die in Christus gekleidet sind.

Fragen

- Wo wackelt mein Zutrauen, weil ich jenen Sätzen glaube, die mir einreden: Das geht nicht, dafür bist du viel zu klein, zu schwach, zu dumm, du hast sowieso keine Zeit und deine Möglichkeiten sind begrenzt?
- Welche Dinge, Projekte, Unternehmungen, Menschen habe ich fallen gelassen, weil ich in so einer Weise an mir zweifle? Was davon könnte ich heute wieder aufnehmen und sei es auch nur ansatzweise?
- Wo verstecke ich mein wahres Wesen und mache anderen etwas vor? Denn nur wenn wir unverwechselbar wir selbst sind, können wir einander mit unserer Einzigartigkeit beschenken.

Mein Gebet

Guter Gott, mein Schöpfer! Ich würde gerne handeln wie Erin oder David. Aber ich merke auch, dass das Mut kostet und Vertrauen erfordert, dass du tatsächlich schon den Menschen in mir siehst, der nach deinem Bilde geschaffen ist. »Wer Christus nachfolgt und sich konsequent von ihm her versteht, der ist sich selbst immer einen Schritt voraus«, sagte Hans-Joachim Eckstein (aus: Himmlisch menschlich, Holzgerlingen 2007, S. 31). Ich bitte dich, dass ich dies leben kann. Amen.

Für Hand und Fuß

Haben Sie schon einmal beobachtet, wie oft wir uns als schwach und klein abstempeln und uns damit selbst lähmen? »Niemals wird uns etwas gelingen«, jammern wir, »dazu sind wir viel zu ungestüm, zu dumm, zu hässlich.« Verwandeln Sie jetzt Ihre vermeintlich schlechten Eigenschaften in Vorzüge! Aus unbeherrscht wird unversehens energiegeladen, aus verbissen wird beharrlich und wenn Sie schwach sind, sind Sie stark (2. Korinther 12,10b).

Außerdem: Ganz so hilflos sind wir nicht; es gibt immer eine kleine Tat, die auf uns wartet. Listen Sie fünf Situationen auf, in denen Sie sich hilflos fühl(t)en und überlegen Sie, was Sie stattdessen unternehmen können. Jeden Abend kämpfen Sie mit der Schokolade in der Küchenschublade? Kauen Sie stattdessen eine Möhre. Oder Sie rufen eine Freundin an. Kommen Sie Ihren Gefühlen und den Bedürfnissen hinter den Gefühlen auf die Spur. Drücken Sie aus, was in Ihnen tobt: Ihre Sehnsucht nach Ruhe, nach Leichtigkeit oder Wertschätzung. Stopfen Sie sich nicht länger den Mund. Dazu sind Sie viel zu kostbar.

Weitersehen

- *Erin Brockovich* stellt kein Justizdrama im herkömmlichen Sinne dar. Seine Spannung, die *suspense*, entspringt nicht aus dem Hin und Her der Dialoge in einem Gerichtssaal oder dass wir um das Leben der Heldin bangen müssten (obwohl es durchaus aufregende Momente gibt), sondern aus der Frage, ob Erin ihrem Charakter treu bleibt oder doch noch einknickt. 2001 erhielt Julia Roberts für ihre Rolle der Erin Brockovich den Oscar als beste Hauptdarstellerin.
- Die echte Erin Brockovich taucht ebenfalls im Film auf – in einem sogenannten Cameo-Auftritt. Der Begriff stammt aus dem Englischen und bezeichnet das Relief eines Schmucksteins. Wie dieses kann man die Figur, die kurz im Film erscheint, sofort erkennen. Brockovich spielt eine Kellnerin namens Julia (als Anspielung auf Julia Roberts). In derselben Szene ist auch der echte Ed Masry als Gast des Restaurants zu sehen.
- Der Verkehrsunfall zu Beginn des Films besteht aus zwei Aufnahmen, die anschließend digital zusammengefügt wurden. Zunächst fährt Julia

Roberts mit dem Auto los, danach sehen wir eine ferngesteuerte Fahrt desselben Autos, in welches seitwärts das Auto eines Stuntmans rast.

Idee für einen gemeinsamen Filmabend

Gibt es ein Projekt, das Sie gemeinsam auf die Beine stellen könnten, sich aber davor scheuen, weil Sie dafür »völlig ungeeignet« sind? Geben Sie ihm jetzt eine Chance! Das könnte ein Gottesdienst sein, bei dem Sie die Predigt oder den Musikteil gestalten oder etwas völlig anderes. Übernehmen Sie beim nächsten Kindergartenfest im Ort den Würstchenstand. Planen Sie heute, handeln Sie morgen. Bereichern Sie so – gemeinsam – Ihre Umgebung.

Aus Fremden werden Freunde – hineingeholt in eine neue Familie:

Ice Age

(Regie: Chris Wedge/Carlos Saldanha, USA 2002, 88 Minuten, FSK 0)

Die Eiszeit rumpelt heran; 20 000 Jahre ist das her. Sie schiebt Gletscher und Schollen übers Land. Und also machen sich die von der Kälte (und vom Aussterben) bedrohten Tiere in wärmere Gefilde auf, alle, bis auf Manfred, das Mammut, auch Manni genannt (gesprochen von Arne Elsholtz), welches genau in die entgegengesetzte Richtung nach Norden trabt. Ihm folgt, obwohl Manni das nicht will, ein Riesenfaultier namens Sid (mit der Stimme von Otto Waalkes). Sid hat zwei Brontotherien, nashornähnlichen Urtieren, die letzte Löwenzahnblüte weggenascht. Nun würden sie ihrerseits gern Sid verspeisen, doch der verschanzt sich hinter Manfreds Zottelbeinen. Wie all die Jahre zuvor, ist Sid von seiner Familie zurückgelassen worden. Immer ein wenig begriffsstutzig, aber umso liebenswürdiger und stets freundlich, nervt Sid Manni und lenkt ihn zugleich ab. Denn Manni hat ebenfalls seine Familie verloren, und die Trauer verwandelte das einstige Herdentier in einen entschiedenen Einzelgänger.

Derweil Sid und Manni miteinander rangeln, ob sie zusammenbleiben

Ice Age; Fox

sollen oder nicht, überfällt ein Rudel Säbelzahntiger eine Siedlung Urzeitmenschen. Soto, der Anführer des Rudels, will den Tod seiner Artgenossen rächen. Dabei hat er es besonders auf Roshan, das Menschenbaby, abgesehen. Doch Roshans Mutter flüchtet und stürzt sich, als ihr der Säbelzahntiger Diego (Thomas Fritsch) auf Sotos Geheiß nachsetzt, mit dem Kind im Arm einen Wasserfall hinab.

In der Ebene aber, wo der Wasserfall in einen reißenden Strom mündet, schiebt die erschöpfte Mutter ihr Baby ans Ufer, geradewegs Manni vor die Füße, der das Baby umfasst, damit es nicht zurück ins Wasser plumpst, während sie selbst in den Fluten versinkt.

Und so beginnt alles mit einem wehrlosen Kind.

Denn was soll Manni machen mit solch einem putzigen, aber ach so bedürftigen Menschenbaby, das ihm unversehens in den Arm, pardon, den Rüssel gelegt wird und ihn nun aus braunen Knopfaugen anblinkt? Selbst wenn man derart eigenbrötlerisch und auf Unabhängigkeit bedacht ist wie Manni, legt man es nicht fort in den Schnee, wo es ohne jeden Zweifel in all seiner Hilflosigkeit bald sterben würde. Zumal jetzt auch noch Diego auftaucht und seine Anteilnahme an dem Winzling Mannis berechtigte Zweifel weckt.

Manni und Sid beschließen, das Baby zu seiner »Herde«, wie sie es nennen, zurückzubringen und dulden dabei sogar Diego in ihrer Mitte, der sich als erfahrenen Fährtensucher empfiehlt. Diego freilich plant, die anderen in einen Hinterhalt zu locken und hat deswegen längst seinen Anführer verständigt.

Doch zuvor lauern andere Gefahren auf die ungleiche Truppe. Wieder rangeln sie mit den Brontotherien, kämpfen mit einer Horde zänkischer Dodos und dem Hunger des Babys. Urplötzlich schmilzt das Eis unter ihren Füßen und die Erde spuckt Lava aus, vor deren Glut Manni Diego ohne jedes Zögern rettet, wobei er selbst fast stirbt. »Wieso hast du das gemacht?«, fragt Diego und reibt sich verdutzt die Augen.

Darauf gibt Manni eine knappe Antwort.

»So macht man das in einer Herde, man beschützt sich gegenseitig.«

Das gibt Diego zu denken, doch schon haben sie den Pass erreicht, auf dessen Spitze Soto mit dem ausgehungerten Rudel lauert und sich das Maul nach Mammutbraten leckt.

Diego aber weiß jetzt, wohin er gehört. Er gesteht den anderen, sie in eine Falle gelockt zu haben und wirft sich in einem kühnen Satz seinem einstigen Anführer entgegen. Diego wird dabei verwundet, doch auch Soto sinkt getroffen zu Boden und das Rudel, nunmehr führerlos, hastet in Panik davon. Betroffen umstehen Manni und Sid Diego. »Geht«, drängt der, »sonst verpasst ihr die Menschen!«

Die verschwinden tatsächlich gerade über den Pass. Da eilen die beiden hinterher und rasch nimmt Manni Roshan vom Rücken, der

---

auf wackeligen Beinen seinem glückstrunkenen Vater in die Arme taumelt.

Fernab aber zwischen den Felsen taucht Diego auf, schwankend noch, aber immerhin: Er steht, der Jubel ist groß.

»Du hättest das nicht zu tun brauchen!«, sagt Manni. »So macht man das in einer Herde!«, antwortet Diego und lächelt dabei.

Da machen sich drei Tiere auf, die kaum unterschiedlicher sein könnten. Sie mögen einander nicht, ja, bis vor Kurzem kannten sie sich nicht einmal. Durch einen Auftrag aber sind sie einander verbunden: Ein Kind soll zu seinem Vater zurückgebracht werden. Das werden sie bewerkstelligen, auch wenn der Weg dorthin beschwerlich ist und lange dauert, die Menschen ihnen Angst einjagen und sie einander als Gegner betrachten.

»Es gibt kein Wir!«, wehrt Manni ab, als Sid sich ihm anschließen will, »und genau genommen gäbe es ohne mich auch kein Du!« Und als sich Diego vorstellt, »Ich bin Diego, mein Freund«, könnte Mannis Antwort schwerlich abweisender ausfallen: »Manfred, und ich bin *nicht* dein Freund!«

Doch die Dinge ändern sich, und aus drei sehr unterschiedlichen Weggefährten werden Freunde, wird *eine* Herde.

Mit dem Kind fing es an. Schutzlos ist es unter die Tiere gelegt. Am Ende aber torkelt es zwischen den ausgespannten Armen seines Vaters und Mannis Rüssel hin und her. Aus zweien, die sich hassten und fürchteten, macht dieses Kind nun zwei, die versöhnt leben – ein Friedenskind; unwillkürlich denken Bibelkundige da an einen Vers aus dem Epheserbrief: »Denn Christus selbst brachte Frieden zwischen den Juden und den Menschen aus allen anderen Völkern, indem er uns zu einem einzigen Volk vereinte«, schrieb Paulus (Epheser 2,14-16).

Auch Jesus erzählte von einer Herde, in welcher das, was getrennt und fern war, zusammenkommt. »Ich bin der gute Hirte. Ich kenne meine Schafe und sie kennen mich, so wie mein Vater mich kennt und ich den Vater. Ich gebe mein Leben für die Schafe. Ich habe noch andere Schafe, die nicht von diesem Pferch sind. Auch sie muss ich herführen, und sie werden auf meine Stimme hören; und alle werden eine Herde mit einem Hirten sein« (Johannes 10,14-16).

Eine Herde mit einem Hirten sein – wie geht das?

In der Bibel lesen wir es so: Jesus verließ einst seinen Platz bei Gott, dem Vater, um nahe bei uns Menschen zu sein (Johannes 1,14; Philipper 2,6-7). Nur um jedoch die Familie, in die er hineingeboren wurde, wiederum eines Tages hinter sich zu lassen. Es muss ein Schreck gewesen sein!

»Seine Mutter und seine Brüder kamen zu dem Haus, in dem Jesus lehrte«, berichtet das Markusevangelium (Markus 3,31-35). So vollgestopft war dieser Ort, dass die Familie nicht zu Jesus durchkam. Sie mussten einen anderen bitten, dass er Jesus eine Botschaft bringt. »Sie blieben draußen stehen und schickten jemanden zu ihm, um ihn zu rufen. Viele Menschen saßen dicht gedrängt um Jesus herum, als ihm ausgerichtet wurde. ›Deine Mutter und deine Brüder und Schwestern stehen draußen und fragen nach dir.‹«

Und was machte Jesus da? Ließ er alles liegen und alle stehen und ging hinaus? Oder lud er, umgekehrt, Mutter und Geschwister zu sich herein, damit sie mit ihm plauderten und ihre Anliegen bei Fladenbrot und Wein loswurden? Das würden wir wohl erwarten, und doch kommt es, wir ahnten es schon, anders: »Da erwiderte Jesus: ›Wer ist meine Mutter? Und wer sind meine Brüder?‹ Dann sah er die an, die rings um ihn herum saßen, und sagte: ›Diese Leute hier sind meine Mutter und meine Brüder. Wer den Willen Gottes tut, ist mein Bruder und meine Schwester und meine Mutter.‹«

Ups. Jesus verweigerte sich denjenigen, mit denen er aufwuchs; auch seiner Mutter, die ihn erzog, erteilte er eine klare Abfuhr. Unverhohlen umging er die Pflichten eines artigen Kindes, frei von jeder Höflichkeit, und bezeichnete stattdessen ganz andere, Wildfremde, als seine Familie – ein ungeheures Ärgernis!

Und so verblüfft es wenig, dass das älteste Urteil, welches uns die Bibel vonseiten seiner Familie über Jesus vermittelt, lautet: »Er hat den Verstand verloren« (Markus 3,21). Für seine herkömmliche Familie war Jesus nicht zu begreifen. Und so mag es auch den anderen Evangelisten erschienen sein, sodass sie, die sonst doch gerne das Markusevangelium als Quelle nutzten, diesen Vorfall mit keinem Wort erwähnen.

Aber Jesu Verhalten war kein Ausrutscher, nichts, was etwa der Anspannung seines rastlosen Lebens geschuldet wäre. Und so wiederholt sich drei Kapitel weiter, als Jesus mit seiner neuen Familie aus jenen, »die die Botschaft Gottes hören und sich nach ihr richten« (Lukas 8,21) in seinem Heimatdorf anrückte, das scharfe Wort über ihn, den man doch als Sohn des Zimmermanns Joseph von Nazareth kannte: »Und sie ärgerten sich über ihn!« (Markus 6,3).

Mit seiner Rede von der neuen Familie erregte Jesus Anstoß. Und so erklärte man kurzerhand den für verrückt, der das ver-rückt, was wir für unumstößlich halten: Jesus, der von sich als Tür sprach (Johannes 10,9), öffnet den Zugang zu einem gänzlich neuen Leben, in dem wir Gott selbst fortan Vater nennen. So wesentlich war das für Jesus, dass er an anderer Stelle (Matthäus 23,9) sogar verlangte, niemand anderes als Vater anzureden als Gott allein.

Deshalb ist auch das Vaterunser, das uns Jesus beten lehrte, alles andere als ein harmloses Gebet, sondern durch und durch umwälzend. Denn indem wir gemeinsam Gott unseren Vater nennen, macht es aus denen, die einander zuvor nicht kannten, sich womöglich nicht einmal mochten und immer noch nicht mögen und Gott fernstanden, *eine* Familie, eine Herde.

Dem geht ein klarer Ruf voraus.

»Wer mir nachfolgen will«, sagte Jesus in Lukas 14,26, »muss mich mehr lieben als Vater und Mutter, Frau und Kinder, Brüder und Schwestern – ja, mehr als sein Leben. Sonst kann er nicht mein Jünger sein.«

Autsch, wer könnte das umsetzen? Und doch gilt: Wenn wir Jesus folgen, lösen sich die alten Verstrickungen. Blutsbande, die wir in Stein gemeißelt glaubten, behalten nicht das letzte Wort. Schubladen, in die wir einander und uns selbst einpferchen, fliegen auf. »Nun gibt es nicht mehr Juden und Nichtjuden, Sklaven oder Freie, Männer oder Frauen. Denn ihr seid alle gleich – ihr seid eins in Jesus Christus«, schrieb Paulus den Galatern (Galater 3,28).

Wie aber leben wir in dieser neuen Familie, in der wir ab sofort eins sind in Christus und doch so bunt bleiben wie die Federn eines Pfaus?

Wir leben wie Manni, Sid und Diego, die drei unterschiedlichen Weggefährten, die trotz der schlechten Erfahrungen, die sie mit ihren eigenen Familien machten (und wer kennt das nicht?), zusammenstehen – wir leben als Freunde.

»Ich nenne euch nicht mehr Knechte, denn der Knecht weiß nicht, was sein Herr tut«, sagte Jesus in Johannes 15,15. »Vielmehr habe ich euch Freunde genannt; denn ich habe euch alles mitgeteilt, was ich von meinem Vater gehört habe.«

Und schon kommen neue Fragen auf: Denn was, bitteschön, ist ein Freund?

Der Theologe Stanley Hauerwas hat es wunderbar griffig ausgedrückt: »Als seine (d.h. Jesu) Freunde sind wir davon befreit, uns beweisen zu müssen, indem wir große Taten vollbringen. Wir sind bereits als Vertraute angenommen. Dennoch sind wir nicht von der Antwort befreit, die für eine Freundschaft charakteristisch ist: das zu werden, was das Vertrauen des anderen hervorbringt.« (aus: Selig sind die Friedfertigen, Neukirchen-Vluyn 1995, S. 221)

Wie sich die ungleichen Tiere auf Treue und Verlässlichkeit einlassen und sich diese gegenseitig erweisen – trotz ihrer gegenteiligen Erfahrungen – dürfen auch wir trotz unserer Herkunft und allem, was dagegen spricht, Freundlichkeit und Freundschaft wagen. Weil Jesus jetzt schon der Freund unseres Lebens ist.

Mit einem Kind fing es an, so wie Jesus schutzlos als Baby zu uns Menschen kam und am Kreuz unser Erlöser wurde. Wenn wir uns heute um diesen Jesus als seine neue Familie sammeln, steht uns das größte Abenteuer noch bevor: dass wir mit jedem Tag mehr jene Freunde werden, die wir in seinen Augen bereits sind.

Fragen

- Wer sind meine Freunde? Erlebe ich Kirche als Gemeinschaft von Freunden? Wenn nicht, wie könnte sie zu einer solchen werden?
- Wo könnte ich selbst ein Freund sein, für wen und wie?
- Was löst es für Gedanken und Gefühle in mir aus, wenn Jesus sagt, er sei mein Freund? Kann ich das annehmen?

Mein Gebet

Jesus Christus, du öffnest die Tür zu Gott, dem Vater, sodass aus Menschen, die sich zuvor nicht kannten, Brüder und Schwestern werden – und Freunde. Das Leben in dieser neuen Familie steckt voller Abenteuer, nicht immer ist es leicht. Bitte hilf mir, mich wie jener Freund zu verhalten, den du jetzt schon in mir siehst. Amen.

Für Hand und Fuß

Es braucht Zeit, ein Freund zu sein, genauso wie es Zeit braucht, sich als Freund behandeln zu lassen. Was bedeutet es, dass Jesus unser Freund ist? Wie könnte Jesu Selbstaussage auch in unser Empfinden sickern? Probieren Sie Folgendes aus:

Was tun Sie gerne? Sind Sie ein Bücherwurm? Dann nehmen Sie sich in dieser Woche jeden Tag eine Viertelstunde Zeit und lesen Sie bewusst in der Gegenwart Ihres Herrn. Ein guter Freund freut sich, wenn es uns gut geht; er gönnt es uns, wenn wir genießen. Trauen Sie das auch Gott zu?

Verändert diese Übung etwas in Ihnen? Empfinden Sie dadurch Gottes Freundlichkeit stärker und können Sie deshalb umgekehrt selbst freundlicher sein? Dann gestatten Sie sich regelmäßig solch eine Zeit gelassenen Daseins vor Ihrem Gott!

Weitersehen

- Ursprünglich war Scrat, die hypernervöse Mischung aus Eichhörnchen (von englisch squirrel) und Ratte (rat) nur für den Trailer gedacht. Weil aber das Publikum mehr von Scrat sehen wollte, fügte man die Szenen nachträglich in die Filmhandlung ein. An den weitestgehend unabhängigen Parallelmontagen, die ohne nennenswerten Einfluss auf die Handlung bleiben, ist das nach wie vor erkennbar.
- Manfred, das Mammut, trägt einen sprechenden Namen: Von Althochdeutsch *man* (Mann) und *fridu* (Frieden, Schutz und Sicherheit), erinnert er zudem an den seligen Manfred, der seine adlige Familie verließ, um allein in einer Höhle am Luganer See zu leben, und dort Leidenden Trost und Rat spendete. Er soll um 1430 gestorben sein.
- Mittels Computeranimation erwachen die Höhlenzeichnungen zum Leben: Urzeitmenschen jagen eine Horde Mammuts und töten sie mit

Speeren und Steinen – innerhalb kürzester Zeit erfahren wir so Mannis Vorgeschichte. Die verstörende Szene endet in einer versöhnlichen Geste: Roshan streichelt Mannis Rüssel, woraufhin dieser ihn umarmt.

Idee für einen gemeinsamen Filmabend

Jesus hat uns zu einer neuen Familie verbunden, einer Gemeinschaft aus Freunden. Kolosser 3,12-14 deutet an, wie unser Miteinander aussehen könnte: »Da Gott euch erwählt hat, zu seinen Heiligen und Geliebten zu gehören, seid voll Mitleid und Erbarmen, Freundlichkeit, Demut, Sanftheit und Geduld. Seid nachsichtig mit den Fehlern der anderen und vergebt denen, die euch gekränkt haben. Vergesst nicht, dass der Herr euch vergeben hat und dass ihr deshalb auch anderen vergeben solltet. Das Wichtigste aber ist die Liebe. Sie ist das Band, das uns alle in vollkommener Einheit verbindet.« Was lösen diese Verse in Ihnen aus? Glauben Sie, sie könnten eine Richtschnur für Ihr Zusammensein bilden?

Johnny – Jeder Mensch hat eine Mission

(Regie: D. David Morin, USA 2010, 88 Minuten, FSK 6)

Er ist zehn, weiß, wo alle Verse in der Bibel stecken, die der Heimleiter ihn abfragt, und leidet an Leukämie. Johnny (Jerry Phillips) ist ein Waisenkind, das stirbt – langsam, doch unabwendbar. In dem Heim, in dem Johnny lebt, füttert man ihn mit der Bibel wie mit Brot, und Johnny saugt die Worte in sich auf, als wären sie das Köstlichste auf der Welt. Lebensworte. Trostworte. Denn Johnny glaubt, was er hört und dass ein guter Gott zu ihm spricht, der ihn unumstößlich liebt und mit ihm, dem todkranken Waisenkind, noch etwas vorhat: eine Spezialmission.

Zunächst aber steht ein weiterer Arztbesuch an, denn Johnnys Werte verschlechtern sich zunehmend. Im Krankenhaus trifft Johnny Dr. Drew Carter (Mel Fair), einen freundlichen, besonnenen Arzt, der sogleich eine tiefe Zuneigung zu dem sonderlichen Jungen fasst, der trotz seines Schicksals an Gottes Liebe festhält und mit Bibelversen antwortet, wenn man ihn nach seinem Befinden fragt. Drew selbst hat solch einem Glauben längst Adieu gesagt, seit sein eigener Sohn Robby bei einem Autounfall ums Leben kam. Julia, Drews Frau, fühlt sich dafür verantwortlich, weil sie am Steuer eine SMS ins Handy tippte.

Julia (Musetta Vander) ist tief in ihre Trauer um das verlorene Kind versunken. Niemand erreicht sie, weder Drew, der sie immer wieder vergeblich anruft, noch Kayla (Aubyn Cole), die neunjährige Tochter der Carters, die in der Tür zum Zimmer des verstorbenen Bruders lehnt und zusieht, wie die Mutter sich in Robbys Pulli eingräbt und

Johnny – Jeder Mensch hat eine Mission, SCM Hänssler

weint und weint. Seit zwei Jahren, so lange ist Robby tot, trägt Julia nur noch schwarz. »Mami ist wie ein Zombie!«, klagt Kayla.

Drew beschließt, Johnny zu sich zu holen – auch gegen den Willen seiner Frau. »Schütze dein Herz vor diesem Jungen«, warnt ihn sein Kollege Miller (Lee Majors). Doch Drew ist schon entschlossen. »Vielleicht ist es genau das, was mein Herz braucht?«

Kayla und Johnny haben sich bereits im Krankenhaus kennengelernt und miteinander angefreundet. Kayla freut sich, dass Johnny zu ihnen zieht, doch Julia sieht das anders: »Wie kannst du mir das antun, einen Jungen ins Haus zu bringen, der bald sterben wird?«, faucht sie Drew an.

Julias offenkundiger Ablehnung begegnet Johnny allerdings stets freundlich und mit aller Nachsicht. Und obwohl es ihm zunehmend schlechter geht, beschenkt er andere: Eines Nachmittags nimmt Kayla Jesus in ihr Leben auf. Und als Dr. Miller Drew auf eine christliche Männerfreizeit einlädt und der sich sträubt, ist es Johnny, der Drew zur Teilnahme überredet.

Dort blättert Drew in der Bibel seines verstorbenen Sohns. Im Johannesevangelium steckt ein Zettel, ein Gebet von Robby für seine Familie – der Vers Johannes 3,16 ist dick unterstrichen: »Denn Gott hat die Welt so sehr geliebt, dass er seinen einzigen Sohn hingab, damit jeder, der an ihn glaubt, nicht verloren geht, sondern das ewige Leben hat.« Da versteht Drew, was Dr. Miller meinte, als er zu ihm sagte: »Jesus ist ein Gentleman. Er kommt nicht rein, wenn du ihn nicht reinlässt.« Und zum ersten Mal seit Langem faltet Drew die Hände: »Johnny hätte allen Grund, dich zu hassen«, betet er. »Und er spricht zu dir wie zu einem Freund, einem Vater, dem er vertraut.«

Daheim ist Julia derweil von dem sterbenden Kind völlig überfordert. Umgehend lässt sie Johnny vom Kinderheim abholen. Dort bringt man ihn jedoch sogleich ins Krankenhaus, wo er einzig nach Julia verlangt. Als sie herbeieilt, gesteht ihr Johnny, welche Angst er hat: »Ich will hier nicht sterben!«, schluchzt er unter Tränen. »Nein«, sagt Julia da und ihre Stimme klingt entschieden und klar, »ich hole dich *nach Hause!*«

Und dann ist es wirklich wie eine Heimkehr: Julia trägt Johnny die Treppen hinauf, als wäre er ihr eigenes Kind, und bettet ihn sacht in Robbys ehemaligem Zimmer. Über dem Bett prangt ein Poster: Willkommen zu

Hause! Robbys Sachen sind verstaut, das Zimmer ist neu eingerichtet – für Johnny. Und als Johnny jetzt noch einmal mit Julia über den Unfall spricht, versteht sie, dass Gott ihr längst vergeben hat.

»So einfach ist das?«, fragt sie verwundert.

»Dass Gott uns vergibt, ist wirklich so einfach«, flüstert Johnny, »uns selbst zu vergeben – das ist schwer!«

Als Drew zurückkehrt, traut er seinen Augen kaum. Julia springt ihm in einem weißen Kleid entgegen, als wären die Worte des Propheten Jesaja Wirklichkeit geworden: »Ich will mich sehr im Herrn freuen, meine Seele soll über meinen Gott jubeln. Denn er hat mir die Gewänder des Heils angezogen und mich in die Robe der Gerechtigkeit gekleidet. Ich bin wie ein Bräutigam, der mit priesterlichem Kopfschmuck geschmückt wurde, wie eine Braut, die sich ihren Schmuck angelegt hat« (Jesaja 61,10).

Johnny stirbt. Die Carters aber adoptieren Willie, Johnnys kleinen Freund aus dem Kinderheim. Und so stehen sie am Ende zu viert an zwei Gräbern, und doch kommt es Julia und Drew so vor, als hätten sie vier Kinder gewonnen.

Felsenfest vertraut Johnny darauf, dass Gott ihn liebt und eine besondere Aufgabe für ihn, den kleinen, todkranken Jungen hat. Eine Spezialmission. Und schließlich geschieht es genau so: Johnny wird zum Segen für eine Familie, die ihr Gottvertrauen aufgegeben hat – auf eine Weise, wie wir sie uns selbst kaum hätten ausdenken können.

Was halten wir davon? Was halten *Sie* davon? Murmeln wir, das sei ja alles schön und gut, aber Johnny wäre eben eine *Ausnahme*?

Aber was, wenn stimmt, was Johnny am Ende von einem jeden von uns sagt: dass wir alle eine Spezialmission haben, einen besonderen Auftrag?

Und steht nicht in der Bibel jenes Wort, das Jesus an die Jünger richtete und zugleich an uns? »Ich versichere euch: Wer an mich glaubt, wird dieselben Dinge tun, die ich getan habe, ja noch größere, denn ich gehe, um beim Vater zu sein!« (Johannes 14,12).

Wer an Jesus glaubt, wird dieselben Dinge tun wie er. Größere sogar. Der wird eine Superspezialmission haben.

Aber wie, bitteschön, soll das gehen?

Da ist diese Nacht auf dem See. Jesus hat den ganzen Tag gepredigt, Tausenden von Menschen das Reich Gottes erklärt und sie am Abend alle gespeist. Es ist spät geworden. Jesus will alleine sein und beten, und so schickt er die Menschen nach Hause und die Jünger voraus über den See.

Mitten in der Nacht zieht ein Sturm auf. Die Jünger sind noch unterwegs, sie rudern aus Leibeskräften. Und da kommt mit einem Mal Jesus über das Wasser gegangen – wie ein Gespenst! Die Jünger erschrecken, dann aber begreifen sie: Es ist Jesus! Und schon kribbelt es Petrus in den Füßen: »Herr, wenn du es wirklich bist«, ruft er, »befiehl mir, auf dem Wasser zu dir zu kommen« (Matthäus 14,28).

Ja, Jesus ist es wirklich, und so ruft er den Jünger, der sogleich die Füße aus dem Boot und auf die Wellen setzt. »Und Petrus stieg aus dem Boot und ging über das Wasser, Jesus entgegen« (Vers 29).

Wie weit wäre Petrus wohl gekommen, wenn er nicht plötzlich auf den Wind und die Wellen gesehen hätte, sondern auf Jesus?

Und sicher wäre er versunken, wenn Jesus ihn nicht am Kragen gepackt und ins Boot gezogen hätte.

Jesus hält Petrus. Er fischt ihn aufs Trockene.

Was bedeutet das für uns?

Denken Sie, Jesus rief Petrus deshalb, weil er ihn reinlegen wollte?

Oder glauben Sie, er rief ihn, weil er darauf vertraute, dass auch der Jünger auf dem Wasser gehen könnte wie sein Herr? Und wenn dem so ist, wäre es da nicht das Normalste für einen jeden von uns, die Dinge zu tun, die Jesus tat, und mehr? »Noch größere Dinge werdet ihr tun ...«

Könnte es also zutreffen, dass es gar nicht an Gott liegt, wenn wir keine Spezialmission leben, sondern an uns selbst?

Wir glauben nicht, dass wir auf dem Wasser laufen können, weil wir nicht glauben, dass Jesus uns ruft. Wir glauben nicht, dass Gott unsere Träume in uns gepflanzt hat, damit wir sie anpacken, weil wir nicht glauben, dass Jesus an uns glaubt. Und wir glauben nicht, dass Gott unsere Schuld vergibt, weil wir selbst uns nicht vergeben.

Und dabei begegnen uns, wenn wir durch die Bibel blättern, gänzlich andere Worte. Worte, die zum Vertrauen einladen. Eigentlich.

»Gott aber schenkt euch seine volle Zuwendung!«, heißt es etwa in 1. Petrus 5,10a. Oder in Römer 8,28: »Und wir wissen, dass für die, die

Gott lieben und nach seinem Willen zu ihm gehören, alles zum Guten zusammenwirkt.«

»Was kann man dazu noch sagen?«, fasste es Paulus zusammen: »Wenn Gott für uns ist, wer kann da noch gegen uns sein? Gott hat nicht einmal seinen eigenen Sohn verschont, sondern hat ihn für uns alle gegeben. Und wenn Gott uns Christus gab, wird er uns mit ihm dann nicht auch alles andere schenken?« (Römer 8,31f).

Gott geht uns nach. Er sehnt sich nach uns, ganz wie es Johnny ausdrückte: »Egal wie oft wir Gott aufgeben, er gibt uns niemals auf!«

Und doch vernehmen wir Gottes Einladung oftmals nicht, als hätten wir einen starken Filter vor unsere Augen geschoben oder Watte in die Ohren gestopft.

Wir hören nicht.

Wir sehen nicht.

Ob das daran liegt, dass es unsere Vorstellung von Gott nicht zulässt?

Im Ruheraum einer Kuranlage gelang es mir auch nach wiederholtem Zerren nicht, die Rückenlehne des Sessels in Liegeposition zu bringen. Und dabei schlummerten alle anderen um mich her längst selig in der Horizontalen! Nun gut, vielleicht war meine Liege ja kaputt. Dachte ich. Doch bei der nächsten erging es mir ähnlich und bei der übernächsten auch, bis ich, mit einem Mal stutzig geworden, erkannte, dass ich die Armlehne nur hinunterzudrücken brauchte und, schwupps, schon lag ich flach. Ich hätte längst dösen können, wäre ich nicht in meine Vorstellung verrannt gewesen, wie die Dinge zu sein hatten.

Ja, so ergeht es uns manchmal. Und vielleicht ergeht es uns mit Gott ganz ähnlich.

Aus irgendeinem Grund haben wir das Bild eines Gottes akzeptiert, der uns ins Boot zurückdrängt – ein Gottesbild nach unseren Vorstellungen. (Das ist ein alter Hut: »Sie tauschten ihren herrlichen Gott ein gegen das Bild eines Gras fressenden Ochsen!«, heißt es in Psalm 106,20!)

Und so bleiben wir hübsch artig, wo wir sind.

Auf dem Trockenen.

Oder wir vergraben uns in uns selbst. In unserem Schmerz. In unserer Schuld.

Ein giftiger Gott.

Mit Gott im Kino

Aber vielleicht liegt das Bild eines Gottes, der uns unumstößlich liebt und an dem Johnny so unbeirrt festhält, lediglich in uns vergraben und es bräuchte bloß einer kommen wie Johnny, damit es wieder ans Licht rückt?

Vielleicht denken Sie aber auch: Bei mir ist das nicht so, jedenfalls nicht so krass wie bei Julia. Aber dann überlegen Sie einmal, wie Sie mit Fehlern umgehen, mit Ihren eigenen und denen, die anderen unterlaufen, und stellen Sie sich vor, Ihnen würde ein wirklich schlimmes Missgeschick widerfahren. Eines, das sich nicht gutmachen lässt, geschuldet einer kleinen Unachtsamkeit oder Schusseligkeit, wie sie uns alle bisweilen befällt: Müde haben wir auf der Arbeit die Daten vertauscht und nun stimmen die Ergebnisse nicht mehr. Oder wir lassen das kochende Wasser mit den Würstchen einen Augenblick lang unbeaufsichtigt auf dem Herd brodeln, weil das Baby schreit, und als wir es hochnehmen, poltert unser Dreijähriger in die Küche ... Und was machen wir dann?

Wie wir mit Fehlern umgehen, verrät uns einiges darüber, wie wir mit uns selbst umgehen. Und zugleich offenbart es, was für ein Gottesbild in uns steckt, manchmal so tief, dass wir es kaum benennen können. Und schon eilen wir nicht mehr so vertrauensvoll zu Gott wie Johnny, weil wir denken, wir müssten erst perfekt sein, ehe wir kommen dürfen.

Was für ein Irrtum!

Mein Saxophonlehrer, ein begnadeter Jazzmusiker, pflegt zu sagen, wenn mich bei einer Improvisation mal wieder die Panik befällt: »Der einzige Fehler, den du machen kannst, ist aufzuhören.« Und wie recht hat er! Denn immer werden wir im Leben über Dinge stolpern, die uns nicht gelingen. Missgeschicke geschehen, kleinere, größere, und wie schlimm wäre es dann, wir würden den Kopf in den Sand stecken und aufgeben!

Denn für uns alle, die wir nicht Gott sind, genügt es, dass wir uns von Gott mit unseren Fehlern lieben lassen. Und ihm folgen, wenn er uns ruft. Auch über das Wasser und zu unserer Spezialmission.

Aber wie geht das nun, dass das Bild eines liebenden Gottes wieder in unseren Herzen aufersteht?

Unser Tun, und sei es noch so tadellos, versichert uns der Liebe Gottes jedenfalls nicht. Das vermag nur etwas, was wir, rein menschlich besehen, für einen schweren Fehler halten mögen: Es ist das Kreuz, an dem Jesus für uns starb – noch ehe wir etwas dazu tun konnten – ob uns das nun gefällt oder nicht. »Gott dagegen beweist uns seine große Liebe dadurch, dass er Christus sandte, damit dieser für uns sterben sollte, als wir noch Sünder waren« (Römer 5,8).

Und so beginnt der Weg zurück ins Gottvertrauen dort, wo die Liebe wieder bei uns Fuß fassen darf und wir Christus die Tür öffnen, als käme er heute noch, um bei uns zu sterben – bei mir und bei Ihnen. Ganz so, wie es Julia mit Johnny widerfuhr.

Und was machen wir da? Werfen wir panisch die Arme hoch und wehren ab: »Komm lieber nicht und stirb woanders?«

Oder lassen wir die Liebe ein, die bei uns anklopft? Kann das denn so einfach sein? Ja, so einfach ist es, dass Gott uns liebt; nur für uns ist es bisweilen schwer, die Tür aufzumachen.

Fragen

- Was für ein Gottesbild hege ich? Gleicht mein Gott einem strengen General, der mir den Sold nach Verdienst zuteilt (oder eben nicht)? Oder ähnelt er eher einem weißbärtigen, milde lächelnden Männchen, das vom Himmel herab alterskurzsichtig übersieht, was mir widerfährt?
- Wo stehe ich mir selbst im Weg, sodass mich Gottes Liebe nicht erreicht? Mit welchen Dingen, Sätzen oder Vorstellungen lege ich mich lahm?
- Wie gehe ich mit Fehlern um? Lasse ich sie zu? Vergebe ich mir?

Mein Gebet

Lieber Gott, ich wünschte, ich könnte ebenso unerschütterlich wie Johnny davon überzeugt sein, dass du mich liebst, bedingungslos und unveränderlich. Dass du kamst, um für mich zu sterben, soll mir jedoch als Zeichen deiner Liebe genügen. Heute nehme ich es an und danke dir dafür! Amen.

Für Hand und Fuß

Alte Ansichten gehen, neue ziehen ein. Üben Sie sich im Verabschieden! Sagen Sie den Auffassungen, an die Sie sich bislang geklammert haben, die Sie aber auch eingrenzen, freundlich, doch bestimmt Lebewohl. Laden Sie dann die unter Umständen für Sie neue Vorstellung ein, dass Gott Ihr Bestes will, nicht irgendein Bestes, sondern *das absolut Beste für Sie!* Begrüßen Sie diesen Gedanken wie eine liebe Freundin, die schon lange vor Ihrer Tür gewartet hat.

Manchmal braucht es allerdings länger, bis neue Vorstellungen in uns wurzeln. Dann können wir den neuen Zusagen mit unserem Körper nachspüren: »Und wir wissen, dass für die, die Gott lieben und nach seinem Willen zu ihm gehören, alles zum Guten zusammenwirkt!« (Römer 8,28). Das ist ein Satz, der durchgekaut werden will, bis er sich in seine Bestandteile auflöst, als wäre er Brot, das unseren Körper mit den nötigen Nährstoffen versorgt. Wo könnte dies besser geschehen, als bei einem Spaziergang? Mit jedem Schritt sprechen Sie sich die alten Worte des Römerbriefs zu, bis sie in Sie hineinsickern und es Ihnen zur Gewissheit wird, dass es weitergeht – an Gottes Hand und in Seiner Liebe – wie es ja jetzt gerade auch – im Wortsinne – weitergeht.

Weitersehen

- Wenn Kayla und Johnny miteinander unterwegs sind, radeln, am Strand tollen oder Achterbahn fahren, springt der Film im Zeitraffer vorwärts. Bei diesem Stilmittel wird die Frequenz der Bildaufnahme verlangsamt (zum Beispiel ein Bild pro Sekunde), aber mit normaler Geschwindigkeit (im Kino sind das üblicherweise 24 Bilder pro Sekunde) wieder abgespielt. Die Zeit der Kinder ist eine unbeschwerte, oder anders ausgedrückt, eine aus der Zeit gefallene. Ihre Fröhlichkeit wird durch flotte Country-Musik untermalt.

- Johnnys Name kommt von Johannes, das bedeutet *Gott ist gnädig*, und den Glauben daran lebt Johnny durch und durch. Meistens trägt er überdies einen Sweater mit der Nummer 13 wie ein dreizehnter Jünger oder ein bewusstes Zeichen: Das Unglück wandelt sich in Glück, der Pechvogel wird zum Segen. In der jüdischen Zahlensymbolik stellt die Dreizehn das Maß der Einswerdung dar, weil sie über die zwölf (das

Symbol der Vollkommenheit – die zwölf Jünger, die zwölf Stämme Israels) hinausführt (nach Friedrich Weinreb: Schöpfung im Wort. Die Struktur der Bibel in jüdischer Überlieferung, Zürich 2002, S. 444).

- Dreimal taucht im Film das Motiv eines lachenden Kindes in einem Karussell auf. Erst am Ende verstehen wir, dass es Johnny ist, aber gesund und mit langen Haaren. Das erinnert an die Verheißung der Offenbarung (Offenbarung 21,1.4): »Dann sah ich einen neuen Himmel und eine neue Erde; denn die alte Erde und der alte Himmel waren verschwunden (...) Er wird alle ihre Tränen abwischen, und es wird keinen Tod und keine Trauer und kein Weinen und keinen Schmerz mehr geben. Denn die erste Welt mit ihrem ganzen Unheil ist für immer vergangen.«

Idee für einen gemeinsamen Filmabend

Ob wir ernsthaft glauben, dass wir um unserer selbst willen geliebt sind und nicht für unsere Leistungen, unser tolles Aussehen und unseren Charme, zeigt sich mitunter daran, wie wir mit einem Tag reinen Nichtstuns umgehen. Wie geht es Ihnen mit dem Sonntag? Können Sie es ertragen, einmal einen ganzen Tag lang Ihre Arbeit ruhen und sich einen ganzen Tag lang lediglich lieben zu lassen? Tauschen Sie sich über Ihre Erfahrungen aus! Und suchen Sie gemeinsam nach Wegen, wie Sie sich gegenseitig der bedingungslosen Liebe Gottes, die Ihnen in Jesus zuteilwird, vergewissern können.

Big Fish

»Dad, das sind doch alles Lügen!«, jammert William (Billy Crudup), als er am Sterbebett seines Vaters Edward Bloom (Albert Finney) sitzt. William wird gerade selbst Papa. Nun will er wissen, wie das ist. Denn das neue Leben, das im Bauch seiner Frau heran- und auf ihn zuwächst, ängstigt ihn durchaus. Zumal er befürchtet, die Beziehung zum eigenen Kind könnte ähnlich angespannt geraten wie zu seinem Vater, bei dem er sich nie sicher sein kann, ob der ihm die Wahrheit sagt.

Denn Edward Bloom ist ein munterer Geschichtenerfinder; selbst im Angesicht des Todes entwirft er sein Leben unverdrossen weiter. »Erzähl mir, wie es *wirklich* war!«, beharrt der Sohn, doch der Vater gibt sich stur. Und in der Tat entblättert sich Edwards Leben nun in Rückblicken vor unseren verdutzten Augen, als entspränge es einem Bilderbuch – mit Edward (diesmal dargestellt von Ewan McGregor) als Helden eines jeden Kapitels.

Da wächst Edward als Kind derartig schnell, dass man ihn drei Jahre lang ans Bett fesselt. Später wird seine Heimatstadt von einem Riesen namens Karl (Matthew McGrory), der Schafe und Kornfelder gleichermaßen verdrückt, heimgesucht. Edward spricht mit ihm, woraufhin beide gemeinsam fortgehen. In einem Zirkus findet der baumlange Kerl seine Bestimmung, Edward aber trifft Sandra (Alison Lohman), die Liebe seines Lebens, die er bald darauf jedoch wieder aus den Augen verliert. Unentgeltlich arbeitet er jetzt für Amos Calloway (Danny DeVito), den Zirkusdirektor, um mehr über Sandra zu erfahren. Als Calloway sich eines Nachts in einen Werwolf verwandelt, Edward sich aber

Big Fish, Columbia Tristar

entschieden zur Wehr setzt, verrät ihm Calloway endlich, wo Sandra steckt. Kaum hat Edward Sandra gefunden, hält er um ihre Hand an. Die Narzissen, die er ihr pflanzt, weil es Sandras Lieblingsblumen sind, wachsen prompt zu einem gigantischen Heer an. Nach der Heirat wird Edward zum Koreakrieg eingezogen. Dort meldet er sich zu allen gefährlichen Einsätzen, um möglichst schnell zu Sandra zurückzukehren. Als er feindliche Dokumente stehlen soll, helfen ihm zwei vietnamesische Zwillinge, die Edward daraufhin zum Dank in die USA mitnimmt. Ein abenteuerlicher Lebensreigen, so schillernd wie ein Regenbogen; kein Wunder, dass William ungläubig den Kopf schüttelt!

Doch nun, nachdem ein Schlaganfall Edward ans Krankenhausbett fesselt und er im Sterben liegt, fehlen dem lebenslustigen kleinen Mann mit einem Mal die Worte. Denn zwar behauptete er stets, er habe als Kind den eigenen Tod vorausgesehen, weshalb ihn im Leben nichts zu erschrecken vermochte, aber weiß er wirklich, wie er stirbt? Da blickt Edward den Sohn entschieden an und fordert: »Erzähl du mir, wie ich sterbe!«

William windet sich und schluckt. Bis ihm ein Licht aufgeht. Denn stets wollte er die Wahrheit vom Vater erfahren; der jedoch schenkt ihm etwas Größeres: die Klugheit, das eigene Leben in den Farben der Liebe, der Hoffnung und des Vertrauens zu erzählen, es – selbstbestimmt – bunt auszumalen.

»Gut, ich erzähl dir, wie du stirbst«, sagt William und fängt, stockend zunächst, dann immer flüssiger an: Beide flüchten aus dem Krankenhaus. Schon fahren sie hinunter zum Fluss, wo der Sohn den Vater auf die Arme nimmt und ins Wasser trägt, während all diejenigen am Ufer auftauchen, die schon so lange in Edwards Leben herumspazierten: der Zirkusdirektor, die Zwillinge, der Riese.

Als William hüfttief im Fluss steht, verwandelt sich Edward. Er wird zu einem Fisch, dem *Big Fish*, der dem Film den Titel gibt und von dem Edward stets erzählte. Denn am Tag von Williams Geburt, so die hartnäckig hervorgekramte Legende, sei er damit beschäftigt gewesen, einen sehr großen Fisch, einen, den keiner je zu fassen bekam, aus den Fluten zu ziehen. Und einzig deshalb fing er ihn, weil er seinen Ehering benutzte, den Köder der Liebe. »Ja, so wird es sein!«, sagt Edward. Er lächelt zufrieden und schließt die Augen.

Die Beerdigung folgt, und William staunt. Denn da entsteigt ein hünenhafter Mensch, einem Riesen nicht unähnlich, dem Auto, da erscheint ein Zirkusdirektor mit wirrem Haar, da tauchen Zwillingsschwestern auf, die zwar keine vietnamesischen sind, sich zweifelsohne aber ziemlich ähneln.

So endet *Big Fish* allerdings nicht: Jahre später erzählt Williams eigener Sohn die Geschichten des Großvaters seinen Freunden. »So war es doch, Papa?«, ruft er William zu. Und der antwortet: »Ja, genau so!«

Dass ein Mensch seine Lebensgeschichten erzählt und zwar derart beharrlich, dass er am Ende selbst zu dem wird, wovon er spricht, stellt Fragen auch an uns. Denn sicherlich entwerfen auch wir unser Leben, wenn wir davon erzählen. Und natürlich wissen auch wir, dass es mehr über uns und unsere Sicht der Dinge verrät als über den Zustand derselben, ob wir ein Glas nun als halbvoll oder als halbleer bezeichnen.

Und, mal ehrlich, zaudern Sie nicht auch manchmal, wenn Sie jemand fragt: »Wie geht es dir?« Denn wir ahnen wohl, dass unsere Sprache mehr ist als ein Kommunikationsmittel und dass es durchaus einen Unterschied macht, *wie* wir von uns erzählen.

Unser Reden prägt unseren Alltag, am Ende gar uns selbst; so jedenfalls behauptet es *Big Fish*. Unweigerlich schaffen die Worte, die wir verwenden, eine Wirklichkeit – was William schließlich einsieht: Denn die Geschichten seines Vaters bilden für diesen einen tieferen Lebensgrund als alle äußeren Umstände; ja, so tragbar werden sie für Edward, dass er letztlich damit sterben kann.

»Wer auf mich hört und danach handelt, ist klug und handelt wie ein Mensch, der ein Haus auf massiven Fels baut!«, sagte Jesus (Matthäus 7,24). Worte als Existenzgrundlage, Worte, auf die man bauen darf und mit denen es sich leben lässt. So sah es Jesus.

Sehen Sie das genauso?

Oder macht es Sie wütend?

Schließlich suchen wir uns ja nicht aus, wie wir unser Leben erzählen! Manch einer malt die Dinge eben nun mal schwarz, weil er nichts als ein großes Übel sieht, wo ein anderer die Welt noch lange rosa pinselt. Wie wir von uns sprechen, lernen wir von klein auf, sagen wir; daran gibt es nichts zu rütteln.

Oder vielleicht doch?

»Was immer in deinem Herzen ist, das bestimmt auch dein Reden!«, sagte Jesus (Lukas 6,45).

Aber sogar unser Herz kann sich verändern.

Denn so sehr es auch stimmen mag, dass wir in unserer Sicht der Dinge verfangen sind, so zutreffend ist auch das andere. Und vielleicht ist es noch grundlegender als alles, was wir je über uns gelernt haben, weil es von dem kommt, der die Welt schuf und uns gleich mit: Gott selbst nämlich erzählt uns, wer wir sind, weil uns weder unsere Gefühle noch unser Verstand verlässlich bezeugen, wer wir sind, sondern Gottes Wort. »So seid ihr nicht länger Fremde und ohne Bürgerrecht, sondern ihr gehört zu den Heiligen, zu Gottes Familie« (Epheser 2,19). Als Christen lassen wir unseren Schöpfer uns unser Wesen zusprechen.

Williams Vater stirbt getröstet in der Erzählung seines Sohns. »Ja, so wird es sein!«, flüstert er. Sagen wir das auch zu dem, was wir Gott über uns sagen hören?

«Und so seid ihr alle Kinder Gottes durch den Glauben an Jesus Christus« (Galater 3,26). »Jetzt seid ihr keine Diener mehr, sondern Gottes Kinder, und als seinen Kindern gehört euch alles, was ihm gehört« (Galater 4,7).

Ob wir nun aber leben – oder sterben wie Edward – stets bleiben wir umfangen von dem, was Theologen »die größte Geschichte aller Zeiten« genannt haben: Die wundersame Geschichte vom Sohn Gottes, der unser Retter wurde, weil er für uns starb und von den Toten auferstand. Und Sie wissen natürlich, in welchem Zeichen sie sich verdichtet hat, ob es nun Zufall ist oder der Regisseur Tim Burton es von Anfang an beabsichtigte: Im Bild des *Fisches*, eines ziemlich großen Fisches, um genau zu sein.

Denn die Anfangsbuchstaben der griechischen Worte *Iesous Christos Theos Hyos Soter* (Jesus Christus Sohn Gottes Retter), mit denen die ersten Christen das unfassliche Geschehen von Jesu Menschwerdung, Tod und Auferstehung kurz und bündig umschrieben, ergeben zusammengelegt das griechische Wort *ichthys*, das bedeutet Fisch.

Ein Fisch dient als Symbol für das neue Leben, das wir in Christus beginnen. Wie nämlich einst ein großer Fisch den untergehenden Propheten Jona verschluckte, so ist auch unser altes Leben mit Jesus am Kreuz ins Wasser hinabgetaucht. In Jesu Auferstehung aber sind wir – es ist ein Bild für die Taufe – in einem neuen Leben wieder aufgestanden. »Ihr seid gestorben, als Christus starb und euer Leben ist mit Christus in Gott verborgen« (Kolosser 3,3). So unglaublich ist diese Geschichte, dass wir sie kaum glauben können. Und dennoch glauben wir sie.

»Ein Mann erzählt seine Geschichten so lange, bis er selbst zu seinen Geschichten wird«, heißt es über Edward Bloom. Und auch wir, die wir Jesus vertrauen, werden verwandelt in das, was wir ihn über uns sagen hören und deshalb selbst so von uns erzählen. Die Schweizer Theologin und Therapeutin Antje Sabine Naegeli hat das ungefähr so ausgedrückt: »Wir sind angesehene Menschen, weil Gott uns ansieht.«

Das verschiebt Perspektiven – und nicht erst am Lebensende! Denn heute schon dürfen wir uns darin üben, unser Leben mit Worten der Liebe und der Hoffnung zu schildern, wie es Edward Bloom wohl ausgedrückt hätte. Und ich ertappe mich dabei, dass das auch für mich gilt:

Jeden Morgen knapse ich mir ein paar Minuten vom Schlaf ab, ich will stillsitzen vor meinem Gott, zumindest versuche ich es. Ich stelle meinen Wecker. Doch am Wochenende wird es schwierig. Plötzlich wachen die Kinder früher auf als an Schultagen. Unser Jüngster, inzwischen stolzer Erstklässler, will mit den sieben Buchstaben, die er schon gelernt hat, eine Geschichte schreiben. Während ich über meiner Bibel brüte, erkläre ich ihm nebenbei das L, das er für den Ball braucht, den Helden seiner Handlung. Unterbrochen von seinen Fragen, komme ich später als sonst zum Waldlauf, der wegen eines anschließenden Termins bescheiden ausfällt.

Als mich mein Mann beim Frühstück fragt, wie es mir ergangen ist, hole ich Luft und will schon loslegen: Ich bin *viel zu spät* aufgestanden heute, dabei hätte ich doch wissen können, dass die Jungs am Wochenende noch früher aufstehen als sonst, ich Döskopp, das lerne ich wohl NIE. Beim Bibellesen wurde ich *ständig* unterbrochen, sodass ich *überhaupt* nichts vom Bibeltext verstanden habe. Zum Laufen kam ich auch zu spät und ich lief auch *viel zu kurz*; so kann das ja nichts werden mit meiner Kondition. Doch HALT!

Mir fällt *Big Fish* ein, und so erzähle ich, mich behutsam vorantastend, *anders*: Denn obwohl es gestern spät war, bin ich doch früh aufgestanden. Während ich in meiner Bibel blätterte, lernte Benni das L und schrieb eine Geschichte. Zwar bin ich später los zum Waldlauf und ich rannte nicht besonders lange. Aber dafür trabten der Hund und ich an einem Reh vorbei, das uns anblickte, als dächte es über uns nach. Und als ich über den Hügel zum Haus zurückkeuchte, ging just die Sonne auf und tauchte alles in Licht wie aus Gold.

Es sind dieselben Fakten, und trotzdem erscheint es mir, als hätte Gott mir soeben ein anderes Leben geschenkt.

Ist das positives Denken?

Oder ist es ein realistisches Denken, weil ich mein Reden in dem verankere, was ich Gott über mich sagen höre: dass ich sein geliebtes Kind bin, ganz gleich, was geschieht?

Wenn Sie also heute jemand fragt, wie Ihr Leben verläuft, was erzählen Sie dann?

Die Bibel sagt es so: »Wir sind nicht wie die Menschen, die sich von Gott abwenden und in ihr Verderben rennen. Weil wir an unserem Glauben festhalten, werden wir das Leben bekommen« (Hebräer 10,39).

So einfach ist das.

So wunderbar.

Fragen

- Wie erfahre ich mein Leben? Wie erzähle ich es?
- Menschen erleben Dinge unterschiedlich. Der eine spricht von Bewahrung, wo ein anderer nur Verlust und Widerwärtigkeit sieht. Was hilft mir, mein Leben als ein von Gott geliebtes Kind zu erzählen?
- Wie öffne ich mein Herz für Gottes Zusagen? Glaube ich, was ich höre? Will ich glauben, was ich höre?

Mein Gebet

Herr – du nennst mich Freundin, Freund, Bruder, Schwester, geliebtes Kind, Miterbe der Herrlichkeit (Römer 8,17; 1. Petrus 3,7). So wie du mich siehst, möchte ich mich und andere heute schon behandeln. Putze mir die Ohren, dass ich deine Worte verstehe, und stärke mein Vertrauen, damit ich annehme, was du über mich sagst. Amen.

Für Hand und Fuß

Wer sein Leben in Worten der Liebe erzählt, kann sich auch für morgen Wege ausdenken, die er gehen kann. Wir sind dann nicht länger Opfer der Umstände, sondern entfalten das Drama unseres Lebens selbst, als Hauptdarsteller in einer grandiosen Geschichte: Gottes Weg mit uns Menschen.

Werden Sie zum Regisseur! Schreiben Sie über einen Vorfall in Ihrem Leben, ein Ereignis aus Ihrer Kindheit, an das Sie sich gut erinnern, oder berichten Sie von dem Tag, der hinter Ihnen liegt. Die Art, wie Sie erzählen, wen Sie einbeziehen, wen Sie weglassen, verrät Ihnen eine Menge über sich selbst.

Fragen Sie sich in einem nächsten Schritt, wie Gott wohl Ihre Geschichte erzählen würde.

Sicherlich kennen Sie die kleine Erzählung: Rückblickend über sein Leben, das wie eine Spur im Sand verlief, beschwert sich ein Mensch bei Gott, dass in schweren Zeiten nur eine Fußspur zu sehen sei. »Wo warst du da?«, fragt er, vorwurfsvoll. »In jenen Tagen trug ich dich!«, lautet Gottes Antwort.

Könnten Sie jetzt manches, was Ihnen in Ihrer Beschreibung trostlos erscheint, umschreiben?

Weitersehen

- Der große Fisch, der immer wieder auftaucht, verdichtet sich und wird zu einem Symbol. Der Ausdruck Symbol geht auf das griechische Wort für zusammenfügen (*symbállō*) zurück. Ursprünglich diente das Symbol verschiedenen Parteien dazu, sich wiederzuerkennen. Dabei wurde ein Gegenstand entzwei gebrochen und aufgeteilt. Trafen sich die Gruppen wieder, fügten sie die Bruchstücke aneinander und hatten somit einen Beweis für die Rechtmäßigkeit des Vertragspartners. Das Symbol vereint demnach, was zusammengehört, wie auch unser Leben heil wird in Jesu Rettungstat, die sich im Symbol des Fisches ausdrückt. Übrigens: In der Bibel wird der Teufel manchmal als *diabolos* bezeichnet, von dem griechischen Grundverb *werfen*, *treffen* oder auch *verwunden*. Der Teufel wäre folglich das, was unser Leben durcheinanderwirbelt, es entzweit.

- Zur Zeit der Dreharbeiten litt der Regisseur Tim Burton selbst an einer ungelösten Beziehung zu seinem Vater, der kurz zuvor gestorben war. Der Film diente ihm als Aufarbeitung seiner eigenen Kindheitswunde.
- *Big Fish* ist im Stil des Southern Gothic gedreht, ein Genre, das allein im Süden der Vereinigten Staaten von Amerika verankert ist. Mit grotesken Charakteren und kleinen absurden Szenen, sogenannten Vignetten, spricht es die dort vorherrschenden sozialen Themen und kulturellen Eigenheiten an.

Idee für einen gemeinsamen Filmabend

»Der Mensch lebt nicht vom Brot allein, sondern von einem jeden Wort, das aus dem Mund Gottes kommt« (Matthäus 4,b), sagte Jesus bezeichnenderweise, als er vom Teufel in seiner Identität als Sohn Gottes angefochten wurde. Überlegen Sie, welche Bibelverse Sie sich zusagen können, wenn Sie wackelig auf den Beinen sind, entmutigt sind, zweifeln. Beschenken Sie sich beim nächsten Mal mit kleinen Kärtchen, auf denen Sie solche Zusagen füreinander notiert haben.

Was wäre dieser Mann ohne sein Auto, zumal es sich um einen echten 72er Gran Torino handelt? Wenn Walt Kowalski (Clint Eastwood), Koreakriegsveteran, ehemaliger Ford-Arbeiter, Träger des Silver-Star-Ordens und stolzer Besitzer eines Zippo-Feuerzeugs der ersten US-Kavalleriedivision abends auf der Veranda im Schaukelstuhl wippt, mit einem Bier in der Hand, den Hund zu Füßen, und die letzten Sonnenstrahlen auf seinem frischpolierten Wagen funkeln, ist Walt mit sich und der Welt – zumindest augenblicklich – voll und ganz zufrieden.

Eben hat Walt seine Frau beerdigt. Pater Janovich (Christopher Carley), der die Trauerpredigt hielt, drängt Walt zur Beichte – Walts verstorbene Frau hätte das gerne so gesehen. Doch Walt schiebt den jungen Mann beharrlich zur Tür: Adieu, kommen Sie nicht wieder!

Walt lebt jetzt allein im Haus mit Daisy, der zwischenzeitlich ebenfalls ergrauten Hundedame, und getrocknetem Fleisch, Bier und Zigaretten im Küchenschrank. Längst sind Walts ehemalige Nachbarn weggezogen. Inzwischen bewohnen überwiegend Hmong, ein Bergvolk aus Vietnam, das Viertel. Walts Söhne bestürmen ihren Vater, eben diese Detroiter Vorstadtsiedlung, der man den Niedergang der Autoindustrie erkennbar anmerkt, gleichfalls zu verlassen. Doch Walt bleibt stur. Ohnehin ist das Verhältnis zu seinen Söhnen zerrüttet, weil sie japanische Autos fahren.

Bald ziehen auch ins Nachbarhaus Hmong ein. Nur die jugendlichen Kinder Sue (Ahney Her) und Thao (Bee Vang) der Familie Lor sprechen Englisch; die Oma dagegen beschimpft Walt – auf Hmong –, warum er nicht auch abhaut; dann spuckt sie vor ihm aus.

Gran Torino, Warner

Die Schimpfwörter, die die Menschen hier übereinander prasseln lassen, erzählen vom Leben in festgefügten Grenzen: Bambusfresser, Bimbo, Spaghettifresser, Polacke. Walt, selbst nicht glimpflich, nennt Thao unverdrossen Mao. Dabei möchte der Junge nur in Ruhe gelassen werden und seine Liebe zu den kleinen Dingen leben: Bücher lesen, Blumen umtopfen. Doch die Gang seines Cousins lässt es nicht zu. »Weiberarbeit«, knurrt der, schlägt Thao die Pflanzkelle aus der Hand und nötigt ihn zu einer Mutprobe. Thao soll ausgerechnet Walts Gran Torino stehlen. Die Tat misslingt: Walt stürzt – allzeit auf der Hut, das Gewehr im Anschlag – in die Garage. Und die Sache wäre gewiss übel ausgegangen für Thao, wäre Walt nicht über einen Eimer gestolpert.

Als Walt allerdings am anderen Tag einen weiteren Übergriff der Gang auf Thao verhindert, wird er im Viertel wie ein Held verehrt: Hmong pilgern zu seinem Haus und überreichen Geschenke – die Walt freilich zu den Mülltonnen stellt. Als Entschädigung für den versuchten Diebstahl wird Thao von seiner Mutter an Walt »ausgeliehen«; eine Woche lang steht der Bursche ihm zu Diensten, wobei sich schnell herausstellt, dass Thao nicht böswillig handelte, sondern sich nicht gegen die Gang zu erwehren weiß. »Der Junge hat hier keine Zukunft«, erkennt Walt. Sue bringt es auf den Punkt: »Die Mädchen gehen aufs College, die Jungs wandern in den Knast.«

Als Walt auch Sue aus einer brenzligen Lage befreit, lädt sie ihn zu einer Geburtstagsfeier in ihr Haus ein und etwas wie Freundschaft wächst zwischen den ungleichen Nachbarn. Für ein Date leiht Walt Thao sogar seinen Gran Torino. Er stattet den Jungen mit Werkzeug aus und besorgt ihm einen Job auf dem Bau. Doch als die Gang Thao abfängt und mit einer glühenden Zigarette brandmarkt, schlägt Walt zu: Er verprügelt ein Mitglied aus der Gang, die daraufhin das Haus der Lors beschießt und Sue zusammenschlägt und vergewaltigt.

»Keine Gewalt!«, warnt der kleine Priester und sitzt nachts bei Walt im Sessel, ein Bier in der Hand, wie ein Freund nunmehr, aber ratlos. Doch Walt ist längst entschieden. Der starke Kettenraucher, inzwischen spuckt er Blut, hat eben erfahren, dass er nicht mehr lange leben wird. Am nächsten Morgen mäht er den Rasen, bringt den Hund nach nebenan, lässt sich – zum ersten Mal im Leben – einen Anzug maßschneidern und eine Rasur verpassen. Dann geht er zur Beichte. Da schlägt der Priester das Kreuz über ihn: »Geh hin in Frieden!«, sagt er. »Oh, ich habe meinen Frieden!«, antwortet Walt.

Zu Hause wartet Thao; er will kämpfen, schießen. Töten. Walt aber lockt ihn in den Keller. »Du hast dein Leben noch vor dir«, sagt er und sperrt den Jungen ein, »aber ich bin der, der die Dinge zu Ende bringt; ich mache das alleine!«

Wenig später steht Walt vor dem Haus der Gang, die hinter den Fenstern lauert, bebende Finger am Abzug. Doch als Walt in seine Jackentasche greift und alle abdrücken, war es nur das Feuerzeug, das er hervorkramte. Walt stirbt, ein Ave Maria auf den Lippen, mit ausgebreiteten Armen, im Kugelhagel.

Als Sue und Thao, den Sue unterdessen aus dem Keller befreit hat, am Tatort eintreffen, können sie nur noch zusehen, wie Walts Leiche weggetragen wird, während die Gang mit gefesselten Händen am Boden kniet. Denn diesmal gibt es Zeugen. »Sie kommen hinter Gitter – für lange Zeit!«, erklärt ein Polizist.

Walt vermacht sein Haus der Kirche, das hätte seiner Frau gewiss gefallen. Den Gran Torino aber schenkt er Thao. Und der saust mit geöffneten Fenstern, das Haar flatternd im Wind, im Auto davon. Und neben ihm sitzt Daisy.

»Anscheinend wissen Sie mehr vom Tod als vom Leben«, sagt der Priester zu Walt. »Mag wohl sein, Pater«, stimmt Walt zu. Denn warum sollte er, der Kriegsveteran, auch leugnen, dass er zu töten versteht? Als er aber Sue und Thao trifft und mit den Hmong, »den Schlitzaugen von nebenan«, Bier trinkt und ihre mit Hähnchen gefüllten Teigtaschen nascht, versteht Walt, was es hätte bedeuten können zu leben, *erfüllt zu leben* – und nicht erst, wenn er stirbt.

»So wie Sie leben, hat Ihr Essen keinen Geschmack«, sagt es auch der Hmong-Schamane Walt unumwunden ins Gesicht. »Sie haben zu viele Sorgen! In Ihrem Leben gibt es keine Fröhlichkeit, so als hätten Sie keinen Frieden!« Denn obwohl Walt alles zu besitzen scheint – sein Auto, um das ihn viele beneiden, sein Bier, seinen Hund und seine Ruhe – Lebensfrieden besitzt Walt nicht.

Schalom nennt die Bibel das und meint damit nicht das Gegenteil von Krieg und Waffengewalt, sondern Heil und Wohlergehen, das Menschen schon zu Lebzeiten beglückt. Dieses Wort, das man einander im biblischen und im modernen Hebräisch zur Begrüßung und zum Abschied wünscht, ließe sich im Deutschen vermutlich am treffendsten mit »Lebe wohl!« übersetzen.

»Ist der Tod das Ende oder ist er der Anfang?«, fragt Pater Janovich und stellt gleich zu Beginn die Frage, die sich wie ein roter Faden durch den Film zieht: »Was ist das Leben?«

Eine Antwort liefert er umgehend selbst: »All diese Fragen können uns hilflos machen, deshalb müssen wir uns an den Herrn wenden, denn der Herr ist die süße Liebe.«

Das liegt Walt freilich ziemlich fern. Zumindest anfangs. Doch dann trifft er Sue, die ihn aus seinem Schneckenhaus lockt. Die etwas in ihm sieht, was Walt selbst noch gar nicht kennt: etwas Liebenswertes, Bezauberndes, ein Licht und eine Gabe, die selbst ihn, den Fachmann des Todes, zum Segen für andere werden lässt.

Doch bevor Walt dies entdeckt, wird noch einiges geschehen. Und leider ist es viel Bitteres, bis er schließlich im Sterben sogar selbst mit Gott spricht und durch seinen Tod für Sue und Thao eine Zukunft schafft.

Wow!

Aber womöglich kennen wir das auch? Wir starten mitten ins Leben und meinen, wir wüssten, wie es geht. Und doch läuft manches manchmal richtig schief. Vielleicht sogar von Anfang an, als uns unsere Eltern einen Namen mit auf den Weg gaben und der Name auf uns lastete wie eine Hypothek?

Und trotzdem kann sich jedes Leben wenden und zum Glücksbringer werden, sobald wir dem begegnen, der das Leben ist und alles Leben will, jederzeit. »Ich bin die Auferstehung und das Leben. Wer an mich glaubt, wird leben, auch wenn er stirbt!«, sagte Jesus (Johannes 11,25). »Ein Dieb will rauben, morden und zerstören. Ich aber bin gekommen, um ihnen das Leben in ganzer Fülle zu schenken« (Johannes 10,10). Und er lud uns ein, zu ihm zu gehen, damit wir es selbst erfahren.

Aber so beginnt es meistens freilich nicht.

Fersenhalter, Betrüger hatten die Eltern ihren Jungen genannt – zumindest klang das in seinem hebräischen Namen *Jakob* mit an. Vielleicht, man weiß es nicht genau, bedeutete der auch »Gott möge dich schützen«, und doch verhielt sich Jakob eher wie ein Betrüger, als er seinen Bruder um das Recht des Erstgeborenen prellte.

Jahre später, als Jakob längst erwachsen und verheiratet ist und Kinder und Besitz hat, sucht er die Versöhnung mit dem Älteren und macht sich auf – dem Bruder entgegen.

Mitten in der Nacht aber stellt sich ihm einer in den Weg, der mit ihm ringt, bis der Morgen graut. »Lass mich los!«, ruft der Unbekannte da, doch Jakob umklammert ihn nur umso fester, als würde er ertrinken und der fremde Mann wäre ein Rettungsring. Denn nun hat er den Lebendigen geschmeckt und mit ihm die Möglichkeit eines neuen Lebens: Alles soll sich jetzt ändern, sein ganzes Dasein! »Ich lasse dich nicht los«, ruft er, »bevor du mich gesegnet hast!«

Da rührt der fremde Mann, der ein Engel Gottes ist, Jakobs Hüfte an, dass sie verrenkt, und schenkt ihm einen neuen Namen: »Du sollst nicht länger Jakob heißen«, sagt er. »Von jetzt an heißt du Israel, einer, der mit Gott kämpft. Denn du hast sowohl mit Gott als mit Menschen gekämpft und gesiegt« (1. Mose 32,23-32).

Der alte Name ist fort; aus dem einstigen Betrüger ist Israel, einer der Erzväter der Israeliten geworden, ein wahrer Segen! Und doch wird Jakob die Spuren dieser Gottesbegegnung mit sich tragen wie ein Brandzeichen und ein Leben lang durchs Leben hinken – woran die Juden bis heute denken, wenn sie den Muskel über dem Hüftgelenk nicht essen; so lesen wir es in 1. Mose 32,33.

Wir dachten, alles sei geregelt und klar. Doch dann tritt uns der lebendige Gott in den Weg, und siehe da, die Dinge ändern sich.

Gibt es dafür ein Zuspät? Nein. Aber mitunter dauert es.

Martinus ist der Sohn eines römischen Offiziers. Als solcher soll er selbst einmal für den Kaiser kämpfen. Deshalb hat ihn sein Vater auch nach Mars, dem Kriegsgott der Römer, benannt. Doch mit zehn Jahren lässt sich Martin taufen und will hinfort nur noch ein Soldat Christi (*miles Christi*) sein. Lange bleibt ihm dieser Wunsch verwehrt, und erst nach Ablauf seiner fünfundzwanzigjährigen Dienstzeit, entlässt ihn Kaiser

Julian aus seinem Heer. Martin wird zunächst ein Einsiedler, später gründet er ein Kloster und wird im Jahr 372 schließlich zum Bischof geweiht. Und so erinnern wir uns an ihn jedes Jahr aufs Neue, wenn wir im November, unsere Laternen schwenkend, durch neblige Gassen taumeln: Der Heilige Martin von Tours, der seinen Soldatenmantel einst mit einem Bettler teilte. Trotz der Bestimmung, die man ihm zugedacht hatte und trotz seiner kriegerischen Vergangenheit war er zum Segen für andere geworden, ein Licht, das bis in unsere Tage strahlt.

»Lasst euer Licht scheinen vor den Menschen!«, ermutigte Jesus alle, die ihm folgten (Matthäus 5,15). Denn wer mit Jesus, dem Leben selbst, unterwegs ist, erkennt in seinem Licht das Licht und weiß nun, was im Leben zählt. »Ich bin das Licht der Welt. Wer mir nachfolgt, braucht nicht im Dunkeln umherzuirren, denn er wird das Licht haben, das zum Leben führt« (Johannes 8,12).

»Hat jemand Feuer?«, fragt Walt, ehe er stirbt. Und antwortet sich gleich selbst: »Nein, ich habe Feuer!«

Denn das Licht lodert ja in ihm, er wusste es nur lange nicht.

Wir mögen Hinkende sein, nachdem wir Gott begegnet sind, Gezeichnete ein Leben lang – wie Jakob oder auch wie Walt. Und dennoch erzählen diese Spuren, dass wir mit dem Leben unterwegs sind und deshalb tragen wir die Narben doch wie Orden und fördern fortan, was dem Leben dient. Dann leben wir Gottes Frieden, Schalom, schon zu Lebzeiten – dann leben wir wohl.

Fragen

- Was bedeutet für mich erfülltes Leben? Fördere ich das Leben – in mir und um mich herum? Oder gibt es Dinge, von denen ich zwar behaupte, sie täten mir gut, und doch weiß ich, dass sie mir und womöglich anderen schaden? (Sie wissen schon: Zigarettenschachteln versprechen Freiheit – liberté toujours – aber sind wir wirklich frei, wenn die Finger ohne Glimmstängel zittern?)

- Kenne ich einen Menschen wie den jungen Priester, der mir zwar immer wieder auf den Schlips tritt, mir aber in alledem doch die Wahrheit sagt?
- Weiß ich um das Licht, das aus mir leuchten will? Sorge ich dafür, dass es auch andere sehen? Oder verstecke ich es?

Mein Gebet

Lieber Gott, in dir begegnet mir die Fülle des Lebens, und wenn ich mit dir unterwegs bin, schenkst du das Licht, das zum Leben führt. So hast du es versprochen. Und trotzdem fürchte ich mich oft und decke das Licht, das aus mir strahlen will, mit anderen Dingen zu. Bitte schenke mir den Mut, mein Feuer leuchten zu lassen, so hell wie Walt es tat – weil auch ich ein Segen sein darf. Amen.

Für Hand und Fuß

Gegen Ende seines Lebens erkennt Walt, wie schön ein Leben in der Liebe gewesen wäre: Schalom – zu Lebzeiten! Wie wäre es, wenn Sie einmal einen ganzen Tag lang all diejenigen, denen Sie begegnen, mit unverhohlener Liebe überschütten würden? Den Kindern hören Sie mit gespitzten Ohren zu. Wenn Sie sich unterhalten, sprechen Sie die Worte achtsam – wie Perlen aus Ihrem Mund. Sie grüßen die Arbeitskollegen, als sähen Sie einander zum ersten (oder zum letzten) Mal. Auch die Katze bekommt ihr Futter mit einem Lob, und den Hund kraulen Sie mit Hingabe. Sie decken den Tisch wie zu einem Fest, und wenn Sie lächeln, lächelt auch Ihr Herz. Und vergessen Sie nicht, sich bei alledem auch selbst zu lieben!

Wie fühlt sich das an? Verändern wir durch unser Tun auch unser Denken? Und stellen sich die dazugehörigen Gefühle dann mit ein?

Weitersehen

- Wenn Walt von Kugeln getroffen zu Boden stürzt, liegt er mit ausgestreckten Armen da – wie gekreuzigt. Mit seinem Tod bringt er zwar nicht den Frieden, wie ihn Jesus am Kreuz für uns bewirkte (Jesaja 54,5; Epheser 2,14f), doch schafft er damit immerhin eine Zukunft für Sue und Thao.

Das Motiv des Kreuzes begegnet uns häufiger im Kino, wenn die Bilder von Erlösung erzählen: In *Dead Man Walking* stirbt Matthew Poncelet in eben dieser Haltung. In *Die Truman Show* taucht Truman an den Mast des Schiffes gebunden mit ausgebreiteten Armen wieder aus den Fluten auf.

- Walt Kowalski lautet der echte Name eines legendären Ringers: Walter »Killer« Kowalski. Im englischsprachigen Raum wird Kowalski zuweilen als Bezeichnung für einen Polen gebraucht, weil dieser Nachname in Polen ungefähr so häufig vorkommt wie Schmidt im Deutschen (was Kowalski in seiner im Polnischen gebräuchlichen adjektivierten Form sogar bedeutet; Kowalski wäre demnach ein Schmied).

- Der Film enthält einen vergnüglichen Goof, einen Schnitzer (von englisch *to goof* – vermasseln, patzen), der normalerweise stört (bei logischen Anschlussfehlern zum Beispiel), hier hingegen eher belustigt: Wenn Walt in Sues Küche Bier trinkt, wird sein Glas nicht etwa leerer, sondern voller. Das würden wir doch auch gerne mal erleben, oder? Allerdings muss man schon recht flink sein (oder die Pausetaste benutzen), um den Goof zu erspähen!

Idee für einen gemeinsamen Filmabend

Wissen Sie um das Feuer, das aus Ihnen strahlt, oder erkennen Sie es selbst womöglich nicht? Wir können einander helfen, unser Licht zu entdecken. Machen Sie sich gegenseitig Komplimente! Du backst die leckersten Torten ... Du kannst wunderbar organisieren ... Als du letztens mit mir geredet hast, war ich zutiefst getröstet ... Wenn du singst, klingst es so schön, dass ich davon eine Gänsehaut bekomme ... Vielleicht entdecken Sie auf diese Weise, dass Sie viel häufiger schon ein Segen für andere sind, als Ihnen das bewusst ist?

Wenn Gott schreibt – an jedem Tag ein Liebesbrief:

e-m@il für Dich

(Regie: Nora Ephron, USA 1998, 114 Minuten, FSK 6)

Sie erkennen sich nicht und kennen einander doch. Es ist Advent in New York City. Kathleen Kelly (Meg Ryan), die Betreiberin eines winzigen, aber liebevoll und mit Sachverstand eingerichteten Kinderbuchladens, schmückt den Baum. Doch ihr Blick fällt aus dem Schaufenster auf die gegenüberliegende Straßenseite, wo soeben eine Buchhandelskette ihre Pforten öffnet: Fox & Sons lockt Kathleens kleine Kunden mit Sonderangeboten und Billigpreisen fort wie der Rattenfänger von Hameln einst die Kinder mit der Flöte. Bald wird sie ihr Geschäft aufgeben müssen, es rechnet sich nicht mehr. Trost findet sie im Internet. In einem Chatroom für über Dreißigjährige tauscht sie sich mit einem einfühlsamen Unbekannten aus, der sie im Kampf gegen den unliebsamen Konkurrenten Joe Fox (Tom Hanks), den Sohn des Buchhandelskettenbesitzers, unterstützt. »Kämpfe!«, ermuntert sie der Namenlose, »setze dich zur Wehr!« Was niemand ahnt: Im wirklichen Leben kennen die beiden einander längst. Denn hinter dem Kürzel NY 152, das der Internetfreund als Decknamen benutzt, verbirgt sich niemand anderes als Joe Fox selbst.

Auf einer Party begegnen sich Kathleen und Joe, und schon ist Kathleen überzeugt: Dieser Mann ist ein ausgekochtes Ekel, der leibhaftige Schurke, wie er sonst nur in ihren Kinderbüchern herumspukt, der hinterlistige Fuchs, der ihr die Gans, pardon!, den Laden stiehlt. Und so bekriegen sich die beiden, sobald sie einander auf der Straße treffen, während sie im Internet einträchtig miteinander plaudern. Denn dort, in jenem gesichtslosen, keimfreien Raum aus tausendundeiner Möglichkeit, Suchmaschinen und Links, fällt auch in einer Beziehung manches leichter. Hier blicken sie sich nicht in die Augen, während sie

Email für dich, Warner

über ihre ungeklärten Fragen sprechen, bleiben Makel und Schwächen verborgen und wenn man seine Fehler erwähnt, so geschieht es doch wie unter einem schützenden Mantel – anonym eben, verhüllt.

»Ich würde dir gerne gespitzte Bleistifte schicken«, schreibt Joe Fox alias NY 152, »wenn ich deine Adresse wüsste. Aber andererseits hat diese Geheimnistuerei auch ihren Reiz.« Doch irgendwann hört genau dies auf, spannend zu sein. Soll ihre Beziehung weiter wachsen, müssen sie einander *begegnen*, von Angesicht zu Angesicht, und so tippt Joe die lang umtänzelte, nun aber unleugbar überfällige Frage in den PC: »Wollen wir uns treffen?« Als hätte sie sich verbrannt, zuckt Kathleen zurück. Dann tippt sie: »Ja!«

Doch die begehrte Unbekannte, die Joe im Café zu treffen hofft, entpuppt sich als niemand anderes als die zänkische Kathleen Kelly, die ihn vor Ort nach Strich und Faden als blutsaugendes Ungeheuer verunglimpft. Joe kneift und offenbart sich nicht. Und doch zwingt er sich, als er wieder zu Hause am PC sitzt und Kathleen eine Erklärung schreiben will, zur Ehrlichkeit. Denn der Computer, als wäre er ein Blatt Papier, bleibt geduldig und duldet keine Ausflüchte. »Ich kann dir nicht sagen, warum ich nicht da war!«, schreibt Joe schließlich. Es ist die unverblümteste Antwort, die ihm von den Fingern geht, und die aufrichtigste. Und Kathleen antwortet: »Ich habe diesem Menschen gegenüber so böse Worte gesagt; es tut mir leid.«

Prompt macht es auch in ihren Köpfen und nicht nur auf den Tasten klick, denn Tatsache bleibt: Kathleen mag den einfühlsamen Unbekannten aus dem Netz für ihren Traumprinzen halten, aber, wie Joe glasklar schlussfolgert, »er war nicht da!« Joe aber ist es zweifelsohne, und langsam gewinnt er, auch im echten Leben, Kathleens Vertrauen. Bald berät er sie, wie sie mit dem geheimnisvollen Unbekannten umgehen soll, der sie so schmählich versetzt hat. Bis die beiden ein neues Treffen vereinbaren.

Dann aber stehen sie einander endlich unverstellt gegenüber, und es braucht nur einen klitzekleinen Augenblick, ehe Kathleen begreift, wem sie da in die Augen sieht. »Ich hatte mir gewünscht, dass du es bist!«, seufzt sie und sinkt in Joes Arme; und die Kamera taumelt in den frühlingsblauen Himmel, während die Geigen »Somewhere over the rainbow« jauchzen. Ach, wie schön.

Und ich ertappe mich dabei, wie ich denke: Vielleicht zu schön, um wahr zu sein, Hollywoodglück allenfalls und ein Spiel mit unseren Träumen. Denn, seien wir mal ehrlich, gefiele es uns nicht auch, wenn uns einer ansähe, ohne all unsere Masken, und spräche: »Du bist der geliebte Mensch!«?

Aber gibt es das denn? Und könnten wir es überhaupt aushalten, dass einer uns sieht, wie wir sind - ungeschminkt, ungeschützt, mit all unseren Fehlern und Mängeln? Das muss schon eine große Liebe sein! Aber wie oft scheitert es bereits daran, dass wir abgelenkt sind!

Wir sind schon einige Jahre verheiratet und haben wieder so etwas wie einen Eheabend. Ich versuche, meinen Mann an meiner Freude über eine Ausstellung von Louise Bourgeois teilhaben zu lassen. Die Künstlerin hat noch im hohen Alter Kunstwerke von Rang geschaffen, und in der Hamburger Kunsthalle bin ich unverhofft in eine Ausstellung ihrer Spätwerke geschneit. Louise ist mir auf meinem eigenen Weg eine ungeheure Ermutigung; vielleicht weil sie in mir die Hoffnung weckt, dass ich, so Gott will und ich lebe, durchaus noch mit neunzig etwas von bleibendem Wert zustande bringen könnte?

Die Worte fallen mir nicht leicht; ich bemühe mich, auszudrücken, was mir selbst noch in mancher Hinsicht unklar ist. Doch mein Mann guckt mich mit glasigen Augen an und ist mit seinen Gedanken ganz woanders. Morgen wird er eine Vorlesung halten, sie ist noch nicht zu Ende gereift, und in seinen Pupillen sehe ich die Zahlen und Kurven aufmarschieren, die er seinen Studenten unterbreiten will. Das wird wohl nichts heute, denke ich, dass wir einander ganz verstehen - so wie letztens ja auch ich nicht besonders aufmerksam war, ich gebe es zu.

Und vielleicht, überlege ich weiter, kommt der Zeitpunkt auch nie: dass wir einander in Gänze erkennen und uns dabei durch und durch geliebt wissen.

Aber eigentlich verwundert das nicht, wo wir uns doch selbst manchmal kaum verstehen! Nicht von ungefähr erzählt die Offenbarung des Johannes (Offenbarung 2,17) davon, dass wir am Ende aller Tage von Gott einen Stein geschenkt bekommen, auf dem ein Name geschrieben steht, *unser* Name. Der wird ein Zeichen dafür sein, dass wir zu einem gehören, der uns kennt, durch und durch, und innig liebt.

Denn eines hat Gott längst getan: Er hat uns seinen Liebesbrief geschrieben. Und wenn wir unsere Bibel aufschlagen, können wir ihn lesen, jeden Tag: »Der Herr, dein starker Gott, der Retter ist bei dir. Begeistert freut er sich an dir. Vor Liebe ist er sprachlos ergriffen und jauchzt mit lauten Jubelrufen über dich« (Zefanja 3,17).

e-m@il für Dich mag uns wie ein Hollywoodtraum erscheinen. Für Menschen aber, die Jesus nachfolgen, ist er in Erfüllung gegangen: Wir sind von Gott Erkannte und Geliebte. Halleluja, Amen, welch ein Glück! Denn jetzt heißt es jederzeit: Post für dich, ein Liebesbrief von Gott!

Fragen

- Wo sehne ich mich nach Liebe, glaube aber, dass es sie nicht für mich gibt?
- Wie, wann, wo könnte ich anderen mehr von mir zeigen?
- Gibt es einen Menschen, der heute in besonderer Weise meine Liebe braucht und für den ich Gottes Postbote sein könnte?

Mein Gebet

Herr, nicht immer gelingt es uns, dass wir einander erkennen, wie wir sind, und uns dabei geliebt wissen. Du aber kennst mich durch und durch. Du siehst mich und du siehst mich in Liebe an. Bitte lass mir dies zur Gewissheit werden, damit ich auch die Menschen, die mir heute begegnen, in deine Liebe einhüllen kann. Amen.

Für Hand und Fuß

Glauben Sie, dass Sie ein von Gott geliebter Mensch sind? Gott hat sein Ja zu uns gesprochen; machen Sie es sich zu eigen! Wiederholen Sie Gottes Zusagen, bis sie wie ein Echo in Ihnen widerhallen, zum Beispiel:

»Ich habe dich schon immer geliebt. Deshalb habe ich dir meine Zuneigung so lange bewahrt« (Jeremia 31,3).

»Wenn Gott uns Christus gab, wird er uns mit ihm dann nicht auch alles andere schenken?« (Römer 8,32b).

»Christus ist das göttliche Ja – die feste Zusage Gottes« (2. Korinther 1,19).

Weitersehen

- Auch wenn Kathleen und Joe glauben, sie wären völlig verschieden und hätten nichts gemeinsam, bewegen sie sich doch in einer Welt. Auf dem Weg zur Arbeit gehen beide, leicht hintereinander versetzt, in einem Bild. Kein Schnitt trennt sie. Solch einen Bildaufbau nennt man *mise en scène*, die Anordnung der Figuren im Raum.
- Liebe veraltet nicht. Auch wenn die Medien, mit denen wir einander begegnen, sich verändern, die Sehnsucht nach einem Gegenüber besteht unvermindert. Deshalb handelt es sich bei *e-m@il für Dich* folgerichtig um eine Neuverfilmung von Ernst Lubitschs Klassiker *Rendezvous nach Ladenschluss* von 1940. Damals freilich verlief der Austausch noch gemütlicher: per Schneckenpost.
- Der Originaltitel des Films *You've Got Mail* gilt als Musterbeispiel für das *product placement* in der Filmindustrie. Dabei werden Markenprodukte gezielt ausgestellt, eine Art Schleichwerbung. »You've got mail« hören die Nutzer des Onlinedienstes AOL, wenn sie eine E-Mail erhalten.

Idee für einen gemeinsamen Filmabend

Wann zeigen wir uns voreinander, wie wir sind, und wie merken wir dabei, dass wir geliebt werden? Jesus hat seinen Jüngern die Füße gewaschen und sie aufgefordert: »Weil ich, der Herr und Meister, euch die Füße gewaschen habe, sollt auch ihr einander die Füße waschen! Ich habe euch ein Beispiel gegeben, dem ihr folgen sollt. Tut, was ich für euch getan habe!« (Johannes 13,14f). Denn wenn wir uns gegenseitig die Füße waschen, offenbaren wir uns voreinander und nehmen uns zugleich an, wie wir sind. In meiner ursprünglichen Gemeinde war die Fußwaschung ein fester Bestandteil des Abendmahls; wir genossen das stets sehr. Probieren Sie es aus: Waschen Sie sich gegenseitig die Füße. Wenn es Ihnen lieber ist, teilen Sie sich dabei nach Männern und Frauen getrennt auf.

Dankbar stirbt, wer dankbar lebt:
Das Beste kommt zum Schluss

(Regie: Rob Reiner, USA 2007, 93 Minuten, FSK 0)

Sie sind so unterschiedlich wie zwei Pole einer Leitung. Der reiche, allzeit aufbrausende Edward Cole (Jack Nicholson) und der immerzu genügsame, freundliche Carter Chambers (Morgan Freeman). Beide finden sich ungewollt in einem gemeinsamen Krankenhauszimmer wieder, und dabei ist dieser Umstand Edward selbst geschuldet. Denn Edward besitzt das Krankenhaus, in dem die beiden liegen, und hat soeben verfügt: »Ein Zimmer, zwei Betten, keine Ausnahme!« Das war, bevor er mit Blut vorm Mund zusammenbrach und neben Carter wieder aufwachte.

Die beiden Männer jenseits der sechzig haben Krebs, und ihre Aussichten auf ein langes Leben stehen schlecht. Der Arzt gibt ihnen noch drei Monate, bestenfalls ein halbes Jahr. Edward kümmert's wenig. Mit einer wegwerfenden Handbewegung und gerümpfter Augenbraue schickt er den Mann in Weiß fort, als der sich vor dem Fernseher aufbaut und ihm die schlechte Nachricht überbringt: »Doc, hey, Doc – Sie versperren mir die Sicht!« Auch wenn es lediglich ein Footballmatch ist, das dort über die Mattscheibe flimmert. Denn Edward will das Leben genießen, tun, was ihm gefällt, und es stört ihn nicht, was andere dabei von ihm denken.

Das Beste kommt zum Schluss, Warner

Und doch gibt es einen wunden Punkt in seinem Leben: Weil er sich nicht gerade zimperlich in die Ehe seiner Tochter einmischte, hat sie die Verbindung zu ihm abgebrochen. Das schmerzt, doch würde Edward das nie zugeben,

Mit Gott im Kino

und auch nicht, was nach ein paar Filmminuten klar zutage tritt: Trotz seiner Bissigkeit, die keine Grenzen kennt und seine Unabhängigkeit bezeugt, ist Edward einsam.

Ganz anders sieht dagegen Carters Leben aus: Stets sitzt ein Besucher auf seiner Bettkante, und mit jedem weiteren Tag im Krankenhaus verdoppeln sich die Enkelkinderbildchen an der Wand: »Grandpa, I love you!« Carter ist, was Edward auch nach vier gescheiterten Ehen nie sein wird: der unerschütterliche Anker einer großen Familie und von dieser heiß geliebt.

Da fischt Edward eines Tages einen zerknüllten Zettel vom Boden und streicht ihn glatt: »Was, bitteschön, soll das sein?« Carter windet sich, ihm ist das peinlich, doch der Zettel ist nun mal gefunden und verlangt nach einer Erklärung. »Okay«, gibt Carter zu, »es ist eine Löffelliste.« Folgendes hat es damit auf sich: Als Carter noch von einem Leben als Geschichtsprofessor träumte und studierte, empfahl der Professor seinen Studenten, sie sollten einmal all das aufschreiben, was sie im Leben noch gerne tun würden, bevor sie sterben, den »Löffel abgeben« also.

Das ist freilich lange her. Carters Frau wurde schwanger, und die Kinder purzelten, eins, zwei, drei. Und so hat er den Traum vom Gelehrtendasein mit dem Anblick von Motorhauben vertauscht. Oder sollten wir sagen darunter begraben? »Automechaniker zu sein war sicherer«, seufzt Carter, »wir brauchten das Geld.«

Vier Punkte zieren Carters Liste: etwas Majestätisches bestaunen; einem Fremden etwas Gutes tun; lachen, bis ich weine; einen Shelby-Mustang fahren. »Nicht, dass ich es werten würde!« Edward zieht die Augenbrauen kraus. »Aber das sind nicht gerade Brüller!« Mit ein paar Bleistiftstrichen ergänzt er kurzerhand die Liste und reicht sie zurück: Fallschirmspringen. Ein Tattoo. Das schönste Mädchen der Welt küssen.

Für Edward steht augenblicklich fest: »Wir können es tun, wir *sollten* es tun!« Denn noch sind sie nicht tot, noch lassen sich Wünsche verwirklichen und Träume in Taten verwandeln.

Carter aber sträubt sich. Die Löffelliste war doch bloß Spaß, ein Spiel, die Punkte darauf Metaphern, nichts, das für den Alltag taugen würde! Dann aber denkt er nach. Denn es stimmt schon, dass er über aller Pflichterfüllung manchmal nicht mehr weiß, wer er wirklich ist.

Und dass er trotz seiner Tugendhaftigkeit längst die zweite Hälfte des Gebotes vergessen hat: »Liebe deinen Nächsten wie dich selbst!« Wenn überdies zutrifft, dass die fünfundvierzig Jahre, die er verölt unter Autos hing, verzogen sind wie Rauch durchs Schlüsselloch, wie sollte er nicht jetzt, da er stirbt, endlich anfangen zu leben?

Virginia, Carters Frau (Beverly Todd), fasst es nicht. Sie ist Krankenschwester und hat schon manchen sterben sehen. Nicht, dass sie den Tod fürchtet, aber der Gedanke, dass ihr Mann weggehen könnte, während er stirbt, ist ihr unerträglich. Doch wenn einer sich bewegt, bewegen sich die anderen gleich mit. Auch Virginia wird sich verändern und die Gefühle entdecken, die hinter der Umtriebigkeit stehen, mit der sie ihren Mann umwirbelt: die Traurigkeit, die Ohnmacht. Und so geschieht es, dass sie, als Carter zurückkehrt, zu ihm sagen kann: »Du gingst als Fremder und kamst wieder als Ehemann.«

Doch vorerst brechen die beiden Todkranken auf, sie verlassen die Enge des Krankenhauses, das überwachte Sterben, die verordnete Traurigkeit. Und fangen an. Beharrlich haken sie Punkt um Punkt ab, springen am Fallschirm aus dem Flugzeug und liefern sich ein Wettrennen in Shelby-Mustangs. In Edwards Privatjet düsen sie um die Welt und kehren zum Sterben zurück.

Dass es aber keines unerschöpflichen Geldbeutels bedarf, um selbst im Angesicht des Todes noch Lebenslust zu entdecken, haben Edward und Carter längst eingesehen. Die Freude am Dasein blüht dort, wo sie gerade stehen, hier, jetzt, in ihrem Körper. Denn die Chemo haben sie schon hinter sich: Die verlorenen Haare. Das Würgen auf dem Klo. Das Zittern. Das Schwitzen.

»Carter, du siehst beschissen aus!«, schmettert Edward dem Freund mitten ins Gesicht und trifft die Sache damit auf den Kopf. Carter geht es schlecht, sehr schlecht; er wird die anstehende Operation nicht überleben. Und doch lachen beide im nächsten Augenblick, bis die Tränen kullern, als Edward die Herkunft seines Edelkaffees erfährt: Bohnen, die aus den Exkrementen einer Schleichkatzenart gewonnen werden.

Wie nah beieinander liegen Lachen und Weinen, die Freude, der Schmerz. Wohl dem, der beides als Teile des Lebens anerkennt!

Der Prediger des Alten Testamentes konnte die Gegensätze des Lebens noch zusammen denken, ohne sich gedanklich zu verknoten. »Alles hat seine Zeit«, lesen wir da in Kapitel 3,1-8: »Geboren werden hat seine Zeit wie auch das Sterben. Pflanzen hat seine Zeit wie auch das Ausreißen des Gepflanzten. Töten hat seine Zeit wie auch das Aufbauen. Weinen hat seine Zeit wie auch das Lachen. Klagen hat seine Zeit wie auch das Tanzen. Steine zerstreuen hat seine Zeit wie auch das Sammeln von Steinen. Umarmen hat seine Zeit wie auch das Loslassen. Suchen hat seine Zeit wie auch das Verlieren. Behalten hat seine Zeit wie auch das Wegwerfen. Zerreißen hat seine Zeit wie auch das Flicken. Schweigen hat seine Zeit wie auch das Reden. Lieben hat seine Zeit wie auch das Hassen. Krieg hat seine Zeit wie auch der Frieden.«

Beides gehört zum Leben: Sonne und Schatten. Denn jeder Augenblick und jeder Atemzug, den wir auf dieser Erde schöpfen, wird uns von Gott zuteil. Darum konnte der Prediger auch ein paar Kapitel später raten: »Wenn es dir gut geht: Freu dich daran! Und wenn du von Unglück betroffen bist: Denk daran, dass dieser Tag wie auch jener von Gott gekommen ist!« (Prediger 7,14).

Hoffentlich aber bedürfen wir, um dies zu begreifen, nicht erst einer Deadline – einer Galgenfrist –, wie sie für Edward und Carter im Wortsinn zu verstehen ist. Hoffentlich genügt dafür allenfalls so etwas Harmloses wie eine Kur!

Nach vier Söhnen, die ich im Zweijahresabstand geboren hatte, als hätte ich sie im Abonnement bestellt, und nachdem bei mir zu allem Überdruss noch eine Autoimmunerkrankung diagnostiziert worden war, gab ich es zu: Ich brauchte dringend eine Pause. Und so beantragte ich die erste Kur meines Lebens. Die mir prompt bewilligt wurde.

Unsicher und zweifelnd, ob mir (und meiner Familie) die verordnete Auszeit nützen würde, traf ich wenig später in dem kleinen Städtchen in der Lüneburger Heide ein. Drei Wochen lagen vor mir, drei Wochen nur für mich alleine!

Nach einer Woche die Erfahrung: Na, so was, es gibt mich ja noch! Ich zog Schuhe und Strümpfe aus und stapfte los. Sand unter den Füßen, Steine, Gras. Und, ach, da waren auch die vielen anderen Dinge, die mir gefielen: Der Mond, der sich auf der Wasseroberfläche des kleinen

Weihers spiegelte. Das im Abendwind wogende Schilf drum herum. Die Entenmutter mit ihren sieben Küken (sie hat mehr Kinder als ich!), die sich in der Mitte auf einem Stein versammelten. Ich staunte, fing an, eine Freudenliste zu führen, in der ich all das eintrug, das ich genoss. Auch als ich von einem Regenschauer überrascht und bis auf die Haut durchtränkt wurde, schrieb ich es auf. Regen wie Sonne, Gutes wie (vermeintlich) Schlechtes – mit einem Mal konnte ich annehmen, was mich umgab, weil mir klar geworden war: Der größte Schatz ist immer noch der, dass ich bin. Denn offensichtlich gibt es einen, außerhalb meiner selbst, der mein Leben will. Mein Atem, der mich durchströmt ohne mein Zutun, erzählt mir davon, und auch mein Herz, das pocht, ohne dass ich es bremsen könnte.

Manchmal braucht es womöglich eine Unterbrechung, damit wir uns wieder darauf besinnen, dass wir nicht dazu gemacht sind, Deadlines hinterherzuhecheln, Staub zu saugen oder anderen zu gefallen. Und wie viel sinnvoller wäre es doch da, wenn wir nicht erst an unserem Lebensende eine Löffelliste erstellten, sondern heute schon das Leben genießen würden, das Gott uns gibt.

Wer aber so im Hier und Jetzt lebt, dankt Gott für das, was er schenkt; und wer auf diese Weise dankbar lebt, der kann am Ende sogar dankbar sterben.

Abdanken, nennen das die Schweizer.

Glauben Sie das?

Fragen

- Wo bin ich wie Carter darum bemüht, das Rechte zu tun und vergesse dabei, dass ich in erster Linie deswegen da bin, weil Gott mich will? Wie kann ich mich meines Lebens freuen?
- Gibt es Empfindungen und Situationen, denen ich – wie Edward und Virginia – ausweiche? Glaube ich, dass mir alles, auch vermeintlich Schlechtes, von Gott zuteilwird?

- Wo würde ich gerne Nein sagen und traue mich nicht, weil ich befürchte, mein Nein könnte die Beziehung zerstören? Oder kann ich hoffen, dass aus der Ehrlichkeit, mit der ich für mich sorge, sogar eine tiefere Verbundenheit mit anderen entsteht?

Mein Gebet

Ich bitte dich, mein Schöpfergott, um die Kraft und den Mut und die Bescheidenheit, heute so zu leben, als sähe ich alles zum ersten Mal. Vielleicht würde ich dann wieder begreifen, wie mir alles, was mich umgibt, von dir geschenkt wird. Und ich würde deine Wunder neu entdecken und das größte Wunder mittendrin: dass ich bin, dass ich bin, dass ich bin – ohne mein Zutun, allein, weil du es willst. Dafür danke ich dir! Amen.

Für Hand und Fuß

Stellen Sie Ihren Wecker! Schreiben Sie fünf Minuten lang, ohne groß zu grübeln, fröhlich von der Leber weg, zehn Dinge auf, die Sie immer schon mal tun wollten, sich aber nie getraut haben – vielleicht weil Sie Ihnen zu egoistisch erschienen?

Und ein Zweites: Gehen Sie eine halbe Stunde spazieren, so hat es die Kreativberaterin Julia Cameron empfohlen, und zählen Sie dabei, Schritt für Schritt, die Segnungen Ihres Lebens auf. Sie atmen? Gottes Geschenk an Sie! Ihr Herz pocht? Gott lässt es schlagen! Vergessen Sie auch das vermeintlich Kleine nicht! Den Sonnenstrahl am Morgen, Tau an den Füßen, die schnurrende Katze und den Drucker, der heute einmal anstandslos die Texte ausspuckte. Wenn Ihnen diese Übung zusagt, machen Sie es sich zur Angewohnheit, ein Freudentagebuch zu führen. Listen Sie darin all das auf, was Sie an diesem Tag genossen haben. Es wird Ihnen auch in weniger sonnigen Zeiten eine wahre Fundgrube sein!

Weitersehen

- Unermüdlich spielen Edward und Carter miteinander Karten, als würden sie das Leben als ein Spiel betrachten – selbst im Angesicht des Todes, dem sie damit ins Gesicht lachen.
- »Es ist schwer, das Leben eines Menschen in seiner Bedeutung zu beurteilen.« Mit diesem Satz von Carter beginnt der Film. Dazu passen

die vielen Nahaufnahmen, die uns so dicht an das Geschehen heran-
rücken, dass wir weder in gefühlslose Distanz noch in eine wertende
Überblickshaltung abrutschen.
- Der Film beginnt und endet mit Carters Berg, dem Himalaya, von dem
  er beständig träumt. Eine filmische Erzählbewegung wie ein Kreis,
  der nicht aufhört, als wäre der Tod lediglich ein Übergang – was er ja
  auch ist. Schließlich steht das Beste in der Tat noch aus: Wenn Jesus
  uns einst zu neuem Leben auferweckt, wird es wieder weitergehen,
  irgendwie, in jedem Fall jedoch mit ihm.

Idee für einen gemeinsamen Filmabend

Ein Abend zum Danken: Erstellen Sie eine Dankbarkeitsliste für Ihren
Hauskreis. Benennen Sie all die Dinge, die sie an Ihrem Hauskreis mögen und für die Sie dankbar sind. Staunen Sie, was den anderen alles
dazu einfällt!

Film ab in der Gruppe:
Sieben Hilfen (und eine Randbemerkung)

1. Filme dauern unterschiedlich lange – natürlich, das wussten Sie – und jeder von uns besitzt eine andere Schmerzgrenze, ehe man in Tiefschlaf sinkt, das wissen Sie auch. Planen Sie deshalb Ihren Filmabend! Besprechen Sie ehrlich und offen, wie lange er dauern darf und ob Sie den Film in ganzer Länge ansehen oder lieber aufteilen wollen.

Dauert ein Film länger als hundert Minuten, Ihr persönliches Zeitlimit liegt jedoch bei zwei Stunden, sind auch zwei Abende möglich: Sehen Sie sich dann beim ersten Treffen den Film in einem Rutsch an. Beim nächsten Mal greifen Sie lediglich die Schlüsselszene heraus, bevor Sie über das Gesehene reden.

Diese Szene, in der sich die Kernaussagen des Films verdichten, erkennen Sie bereits beim ersten Durchlauf. Meist sind es jene Augenblicke, in denen etwas in uns aufblitzt: ein Staunen, ein Erkennen, ein Widerspruch.

Vergessen Sie nicht, an dieser Stelle einen Blick auf die Uhr zu werfen, damit Sie sie rasch wiederfinden! Der Filmvorführer in *Cinema Paradiso* stopfte noch Verleihzettel in die Filmspule, um die unerlaubten Küsse zu vermerken; heutzutage lässt sich ein Lesezeichen auf jeder DVD oder Blue-ray setzen – mit Mausklick.

2. Bei manchen Filmen liegt das Thema auf der Hand, als hätte es jemand in Buntstiften auf die DVD-Hülle gekitzelt (und gelegentlich steht es auch wirklich da). Dann bietet sich zum Einstieg eine kurze Austauschrunde an, bei der Sie Ihre Gedanken – themenbezogen – sprudeln lassen, zum Beispiel: Was bedeutet für mich Erlösung (etwa beim Film *Dead Man Walking*)? Welche Rolle spielen Engel in meinem Leben (*Stadt der Engel*)? Wie stelle ich mir den Himmel vor (*Wie im Himmel*)? Wie lebe ich dankbar? (*Das Beste kommt zum Schluss*)?

Halten Sie Ihre Ideen gegebenenfalls auf einem Blatt Papier fest. Wenn Sie es am Ende des Abends wieder hervorkramen, können Sie leicht feststellen, ob sich zwischenzeitlich etwas in Ihren Ansichten verändert hat.

3. Ist der Film vorbei, sammeln Sie erste Eindrücke. Denkbar ist, dass es dabei stürmisch zugeht – schließlich sieht jeder mit seinen eigenen Augen. Überlegen Sie deshalb, ob in Ihrem Kreis bestimmte Regeln gelten sollen. Sie wollen achtsam miteinander umgehen? Dann beurteilen Sie einander nicht. Hören Sie sich zu. Lassen Sie sich ausreden, aber auch zu Wort kommen!

Nicht zuletzt gilt dies für die Filme selbst. Sie mögen uns nicht immer gefallen und bleiben doch der Ausdruck eines Menschen, der unsere Achtung verdient. Oder wollen wir wirklich zu jenen Miesepetern gehören, über die der Schriftsteller und Drehbuchautor Giovanni Guareschi (dessen wunderbare Filme *Don Camillo und Peppone* viele kennen und lieben) einst schrieb: »Kritiker sind Hennen, die gackern, wenn andere legen«?

4. Nicht immer blinken uns biblische Bezüge so unmittelbar an wie Leuchtreklame in der Nacht. Doch was uns in einem Film anrührt, kann eine Tür aufstoßen, Gott mitten in den Geschichten zu entdecken, die das Leben schreibt – wie es auch die Bibel tut! Bleiben Sie geduldig, begeben Sie sich gemeinsam auf Entdeckungsreise. Bestimmt fällt bald jemandem eine Bibelstelle ein, die das Gesehene untermalt oder in einen spannungsvollen Widerspruch versetzt.

5. Lassen Sie den Abend nicht zerfransen; runden Sie ihn lieber mit einer kurzen Austauschrunde ab: »Vom Film und unserem Gespräch habe ich mitgenommen ...« »In dieser Woche will ich versuchen, ...« Schließen Sie mit einem Gebet. Das kann auch in der Stille geschehen, in der Sie Unausgesprochenes an Gott abgeben.

6. Überlegen Sie, ob es ein Symbol gibt, das das Thema zusammenfasst und das Sie nach Hause tragen können – wie ein Souvenir! Ging es um Schuld (*Wie auch wir vergeben*), könnte dies als Zeichen der Versöhnung ein Kreuz sein. Ein Herz, war Liebe das Thema (*e-m@il für Dich*), aber nun ist es Gottes umfassende Liebe, an die wir dabei denken. Ein Vögelchen, wo wir über die Hoffnung sprachen, die Mauern überwindet (*Die*

Verurteilten) oder ein Vexierbild, wenn wir uns daran erinnern wollen, dass manche Dinge da sind, auch wenn wir sie nicht sehen (*Horton hört ein Hu*).

Dafür braucht es, zugegeben, jemanden, der sich vorbereitet. Warum versuchen Sie es nicht reihum? Jeder stellt einmal einen Film vor, der ihn berührt, bewegt, begleitet hat.

Wie auch immer Sie Ihre Abende gestalten, eins steht jedenfalls fest: Sobald der Film in Ihre Mitte kommt, werden Sie eine Menge Ungeahntes über sich selbst und einander erfahren. Deshalb kann der letzte Tipp nur lauten:

7. Fangen Sie an!

P.S.: Sie möchten andere zu Ihrem Filmabend einladen oder Ihr Kreis steht ohnehin allezeit allen offen und das wird in dieser Form auch öffentlich erkennbar? Dann bedenken Sie bitte, dass Sie die Filmvorführrechte brauchen! Wie das geht, erfahren Sie im folgenden Gespräch *Kino in der Kirche*.

Kino in der Kirche: Ein Gespräch

Wenn das Kino in die Kirche kommt und die Leinwand den Raum vor dem Altar füllt, füllt sich auch das Kirchenschiff mit knisternder Erwartung. Da kreuzen selbst diejenigen auf, die sonst eher einen Bogen um die Kirche machen. Denn im Kino sehen wir unser Leben gespiegelt, und vielleicht ahnt mancher da, aber es ist nur eine Vermutung, auch die Kirche könnte einmal Raum in ihm gewinnen, wo schon das Kino in ihr Platz genommen hat. Rücken dann die biblischen Texte an die Seite der Filmbilder und sie ergänzen, widersprechen und erweitern einander, wird rasch klar, dass die Bibel – wie das Kino – mitten im Leben steht und, mehr noch, Worte enthält, die durchs Leben tragen (Johannes 6,68).

Einer, der bereits jahrelang das Wechselspiel zwischen Kino und Kirche erprobt, ist Pfarrer Dr. Albrecht Schödl. Seit September 2007 wirkt er am Christus-Pavillon im Kloster Volkenroda. Der Christus-Pavillon wurde im Auftrag der evangelischen und katholischen Kirche auf der EXPO 2000 in Hannover errichtet und ein Jahr später 2001 im Kloster Volkenroda in Thüringen erneut aufgebaut. Dort wird er dauerhaft von der Jesus-Bruderschaft genutzt, die heute auf dem Klostergelände lebt.

Ich habe Albrecht Schödl zum Kino im Christus-Pavillon befragt; wir kennen einander schon lange, logisch, dass wir uns da duzen.

Albrecht, seit einigen Jahren bist du nun schon Pfarrer am Christus-Pavillon und dort auch zuständig für den Bereich »Kunst & Kultur«. Wie kamst du auf die Idee, das Kino in die Kirche zu holen?

In der Geschichte ging von den Klöstern oft kulturell Wegweisendes aus, und ich freue mich, dass dies in Volkenroda einen festen Platz hat.

Sommerkino in der Ferienzeit hatte mein Vorgänger schon etabliert. Ich habe das gern übernommen, kam dann aber schnell auf die Idee, von einer etablierten Veranstaltung eine Brücke zum Gottesdienst zu schlagen.

Wieso nutzt du den Film in der Kirche?

Jeder gute Film reißt Fragen auf, die die Menschen umtreiben. Eine gute Predigt sollte selbstverständlich auch nahe an den Menschen sein. Und dabei können Filme helfen, weil sie ja ein Spiegel unserer Zeit sind. Den Film hole ich in den Gottesdienst hinein, weil er mir hilft, die Brücke zu den Menschen zu schlagen und auch die Bibel noch einmal anders aufgeschlossen wird.

Wie darf ich mir den Ablauf solch eines Gottesdienstes vorstellen?

Ich zeige den Film am Freitagabend vor dem Gottesdienst. Der Gottesdienst selbst ist nicht sehr viel anders als sonst, aber die Predigt ist anderes als gewohnt – eben eine Predigt zum Film. Wenn vorhanden, habe ich manchmal die Filmmusik eingespielt. Auch die biblischen Lesungen passe ich entsprechend an.

Meistens beschreibe ich einige Grundzüge des Films, aber immer so, dass alle folgen können, auch wenn sie den Film nicht gesehen haben.

Welche Erfahrungen machst du mit dem Kino in der Kirche?

Die Leute kommen gern, besonders in unserer ländlichen Region, wo das Kinoangebot sehr überschaubar ist ...

Und wie viele Leute kommen?

Die Besucherzahlen des Filmabends schwanken zwischen 30 und 100 Personen. Was mich dabei freut: Es sind Menschen, die sonst nicht unbedingt den Weg in ein Konzert oder in den Gottesdienst finden würden.

Auf die Gottesdienstbesucherzahlen haben die Filmabende aber keinen nennenswerten Einfluss.

Was unterscheidet den Gottesdienst nach einem Filmabend von einem anderen Predigtgottesdienst?

Normalerweise hast du als Pfarrer einen vorgeschlagenen Bibelabschnitt, von dem her du versuchst, Bezüge zum Leben der Zuhörer herzustellen. Wenn ich beim Film einsteige, ist es umgekehrt: Du gehst von einem Lebensthema aus, das der Film anspricht und fragst

dann: Was sagt die Bibel dazu? Dadurch kommst du auf ganz andere Themen, die in den vorgeschlagenen Predigttexten so nicht oder nur am Rande auftauchen, z.B. das Thema Freundschaft. Und nicht zuletzt: Die Bibel als Buch des Lebens zeigt so noch einmal ganz neu ihren Facettenreichtum.

Rudolf Bohren, einer meiner Lieblingstheologen, spricht von der »ungepredigten Bibel«, die sehr viel mehr Reichtum enthält, als landläufig über die Predigt erschlossen wird. Die Filmpredigten helfen mir, und hoffentlich auch den Hörern, die Bibel auch aus ungewohnten Perspektiven zu befragen.

Welche Impulse versprichst du dir vom Kino für dein Publikum?

Schon ziemlich am Anfang habe ich die Rückmeldung bekommen, dass ich anders predigen würde. Ich bin überzeugt, dass ich über die Verknüpfung von Film und Predigt die Menschen besser auf der emotionalen und der existenziellen Ebene ansprechen kann.

Siehst du im Film auch ein Mittel zur Evangelisation?

Ich würde es so sagen: Der Film kann helfen, das Evangelium nahezubringen.

Manche Filmwissenschaftler haben den Theologen vorgeworfen, das Kino für die Kirche und ihre Botschaft zu missbrauchen. Wie siehst du das: Spricht etwas dagegen, sich mithilfe eines Films über existenzielle Grundfragen zu unterhalten?

Wer Kunstwerke für seine eigenen Aussagen instrumentalisiert, ist kein guter Pädagoge – ebenso wenig wie jemand, der seine eigene Meinung mit Bibelstellen dekoriert, ein guter Theologe sein kann. Auf der anderen Seite müssen wir ernst nehmen, dass alle Kunstwerke »offene Texte« sind, die verschiedenste Deutungsmöglichkeiten zulassen. Deswegen kann ich den Film sehr wohl als Medium aufgreifen, das mir und anderen hilft, über existenzielle Grundfragen ins Gespräch zu kommen.

Hast du Tipps, Empfehlungen, Vorschläge für Kolleginnen und Kollegen, die das auch einmal ausprobieren wollen? Was sollten sie bedenken, wenn Sie den Film in ihre Kirche holen?

Die kirchlichen Medienzentralen sind gut mit Filmen ausgestattet. Auf Internetseiten wie www.medienzentralen.de, www.filmwerk.de oder www.oekumenischer-medienladen.de kann man gut stöbern. Dort wird man auch beraten, wenn man einen Film zu einem bestimmten Thema sucht. Mir haben außerdem Filmbesprechungen in christlichen Zeitschriften weitergeholfen, auch bei der Auswahl guter Filme. Die finde ich überhaupt ganz entscheidend. Ich bemühe mich um ansprechende, berührende Filme mit Tiefgang.

Welche rechtlichen Fragen gilt es zu beachten?

In der Regel handelt es sich um nicht gewerbliche, öffentliche Vorstellungen. Deshalb müssen die Aufführrechte vorab geklärt sein. In der Regel wird dafür eine Gebühr fällig. Wir selbst zahlen eine überschaubare Jahresgebühr an die für uns zuständige kirchliche Medienstelle. Meist ist damit die Verpflichtung verbunden, nicht mit dem Titel des Films oder konkreten Schauspielern in der Öffentlichkeit zu werben. Manchmal beziehe ich die Aufführrechte aber auch unmittelbar vom Rechteinhaber. Meist ist der auf der DVD-Hülle vermerkt, zum Beispiel Warner Brothers, und gelegentlich steht dort auch die Telefonnummer. Ein Anruf klärt, wie hoch die Aufführgebühr ist. Und wer sie bezahlen will – wobei sie sogar niedriger sein kann als bei einem gewinnorientierten Verleih, aber auch das ändert sich bisweilen von Jahr zu Jahr – darf seine selbsterworbene DVD nutzen und überdies mit dem Titel werben.

Welche technischen Dinge sollte man bedenken?

Tontechnik, Lichttechnik, Projektionsfläche, Bestuhlung und die Lichtverhältnisse – weil sich der Christus-Pavillon nicht verdunkeln lässt, beginnen wir erst abends um neun ...

Wie wirbst du für die Veranstaltung?

Im Gottesdienst, mit Handzetteln, auf der Homepage, in der Tagespresse – da aber ohne Titelnennung! Und über Mund-zu-Mund-Propaganda, hier darf ich Titel und Schauspieler nennen!

Wenn du an die nächsten Jahre Film im Christus-Pavillon denkst, ...

... bin ich jetzt schon gespannt, welche Filme uns dann berühren werden. Und vor allem: Welche neuen Einsichten uns damit aufgehen – für unser Leben und für unseren Glauben.

Vielen Dank für das Gespräch!

Kurz und knapp: Die Filme von A–Z im Überblick

Menschen kommen nicht in Backförmchen auf die Welt. Keiner von uns ist maßgeschneidert, passgenau, einordbar. Wie sollte es ein Publikum sein? Wollen wir mit Filmen arbeiten, brauchen wir demnach ein gesundes Quäntchen Selbsteinschätzung, auch Menschenkenntnis wäre nicht verkehrt. Schließlich lachen wir nicht alle bei denselben Stellen, manch einen rührt das auch zu Tränen. Betrachten Sie die folgenden Kurzbeschreibungen deshalb bitte als *Empfehlungen*, kleine Wegweiser, an denen allenfalls ein Warnlicht blinkt – zu Ihrer Übersicht.

Big Fish: In dieser trubeligen Schelmengeschichte, in der die Bilder Purzelbäume schlagen, sollte man nicht alles wörtlich nehmen. Denn die aberwitzigen Handlungsverläufe und wunderlichen Gestalten (Werwölfe und Hexen etwa), die das Leben des Helden füllen, verraten weit mehr über die Erfindungskraft ihres Schöpfers als über die Wirklichkeit. Trotzdem macht es schon einen Unterschied, wie wir von uns erzählen, denn auch Worte prägen unser Leben. Und ist es nicht Gott selbst, der die schönsten Dinge über uns sagt?

Billy Elliot – I will dance: Dass manche Träume auch gegen Widerstände wahr werden, davon erzählt dieser bewegt-bewegende Film mit seinem jungen, ausdrucksstarken Helden. Eingebettet in den nordenglischen Bergarbeiterstreik der Jahre 1984/85 und durch die detailgenaue Schilderung des Arbeitermilieus bietet *Billy Elliot – I will dance* auch demjenigen etwas, der sich für den historischen und sozialgeschichtlichen Hintergrund interessiert.

Blind Side – die große Chance: Mancher mag den Film für kitschig halten. Doch wer sich mit dem Leben des echten Michael Oher beschäftigt, merkt rasch, dass die Wirklichkeit bei Weitem kitschiger war. Man muss kein American-Football-Fan sein, um diesen Film zu mögen. Denn im Grunde geht es hier um etwas, was uns alle betrifft: Fühlten wir uns ganz und gar beschützt wie ein Quarterback durch einen unschlagbaren Linken Tackle, was könnte noch Großartiges in unserem Leben geschehen?

Chocolat – ein kleiner Biss genügt: Wir würden gerne lebendig sein und uns ausdrücken, aber die Angst – vor wem oder was? – lässt es nicht zu. Ein Film, der zum Nachdenken anregt und gleichzeitig so verlockend luftig daherkommt wie ein Schokokuss. Dabei geht es nicht darum, jede Form von Verzicht zu verunglimpfen, sondern zu dem zu stehen, wie wir sind. Und das ist nun mal einzigartig, schillernd, bunt.

Das Beste kommt zum Schluss: Wer Morgan Freeman mag und Jack Nicholson dazu, sollte sich diese beschwingte Komödie nicht entgehen lassen, die wie ein Kammerspiel beginnt, dann aber in Düsenjetgeschwindigkeit als Roadmovie um die Welt jagt. Gelächter ist vorprogrammiert, doch liegen Lachen und Weinen in diesem Streifen nahe beieinander Nun, manche Krebskranke sagen: Tumor ist, wenn man trotzdem lacht – weil angesichts der Begrenztheit des Lebens auch die Dankbarkeit für das Leben wächst.

Das Leben der Anderen: Schonungslos deckt das Drama um zwei ungleiche Männer in der DDR, die sich von bedenkenlosen Staatsdienern zu unerschrockenen Widerständlern wandeln, die Abgründe einer Diktatur auf. Die mannshohen Zettelwalzen, welche die Daten der Bespitzelten verwalten und die Filmfiguren beinahe zermalmen, musste Regisseur von Donnersmarck nicht erfinden: Es gab sie wirklich. Das macht beklommen und lässt doch hoffen: Menschen können sich verändern – sogar im Verborgenen, wo niemand hinsieht. Oder vielleicht gerade dort?

Dead Man Walking: Dieser Film ist nichts für schwache Nerven. Denn er setzt ungeschönt um, was Todeszellenhäftling Poncelet seinen Opfern angetan hat, und auch seine Hinrichtung wird mit mikroskopischer Genauigkeit ins Bild gesetzt. Damit zeigt der Film jedoch die Kompromisslosigkeit des Kreuzes auf, in der jeder Vergebung findet, der zu Jesus kommt – egal, was er getan hat. Wer also imstande ist, das Böse und seine Folgen anzuschauen, weil er darauf vertraut, dass Jesus auch dafür gestorben ist, für den ist dieser Film ein echter Gewinn.

Die Chroniken von Narnia – Der König von Narnia: Ob man sich auf die FSK-Empfehlung ab sechs verlassen will? Immerhin beginnt die Handlung mitten im Krieg, und mit Krieg und Morden geht es sogleich weiter: Menschen und Tiere werden geschlagen, versteinert, getötet. Das Böse bleibt kein Hirngespinst, und es schmerzt durchaus, wenn Aslan, der Löwe, hingerichtet wird. Doch setzt die Verfilmung der Chroniken-Bücher von C. S. Lewis lediglich in Bilder um, was die Evangelien berichten – als wäre die Bibel ein Drehbuch geworden. Somit lädt der Fantasystreifen auch uns zum Vertrauen ein: in Aslan, den König, der ein Sinnbild ist für Jesus Christus.

Die Truman Show: Es macht Freude zuzusehen, wie sich Truman Burbank alias Jim Carrey vom (ungewollten) Hauptdarsteller einer gigantischen Fernseh-Live-Show zu einer eigenständig denkenden Persönlichkeit entwickelt. Ein lockerer, flotter Film, der seine tiefen Fragen rüberbringt, als wäre er ein Werbeclip für Philosophie. Geeignet ist er für die ganze Familie, und doch weckt er den durchaus erschütternden Verdacht in uns, auch wir steckten möglicherweise lieber in einem selbst gewählten Gefängnis fest, statt selbstbestimmt zu neuen Ufern aufzubrechen. Aber keine Sorge: Truman zeigt uns, wie das geht.

Die Verurteilten: Es stimmt natürlich, dass der Film mit seinen 142 Minuten eher einem Epos gleicht. Und dennoch fesselt er derart, dass »er sich nie beeilen muss«. So hätte es der legendäre und 2013 verstorbene Filmkritiker Roger Ebert gewiss auch über *Die Verurteilen* äußern können, wie er es einst über Coppolas *Der Pate* tat.
Voller Gewalt und ungeheuer zärtlich zugleich erzählt *Die Verurteilten* von der Hoffnung inmitten alles überragender Gefängnismauern. Auch Tim Robbins und Morgan Freeman brennen sich uns als ungewöhnliches Freundesduo unvergesslich ins Hirn. Und ins Herz.

e-m@il für Dich: Eine gefühlvoll feinsinnige New-York-Romanze ganz im Stil der Drehbuchautorin Nora Ephron, aus deren Feder wir bereits *Schlaflos in Seattle* und *Harry und Sally* kennen. Sehen Sie sich diesen Film an, wenn Sie zu den Menschen gehören, die es freut, wenn sich zwei Liebende finden und am Ende endlich, endlich küssen, während die Geigen *Somewhere over the Rainbow* schluchzen. Schließlich hüpft auch unser Herz, wenn es heißt: Sie haben eine neue E-Mail! Oder etwa nicht?

Erin Brockovich: Wenn Sie Nervenkitzel suchen und sich zugleich entspannen wollen, ist dieser Film genau der Richtige für Sie: Im Mittelpunkt steht eine Frau, die einen Milliardenkonzern in die Knie zwang und nebenbei noch ihre Kinder jonglierte, als müsste sie nie schlafen ... Und, zugegeben: Julia Roberts alias Erin Brockovich wirkt in ihren kurzen Kleidchen und trotz (oder wegen?) ihres unverschämt losen Mundwerks unvergleichlich geschmackvoll und – tja, sexy.

Evan Allmächtig: Gott erhört Gebete, mitunter jedoch anders, als wir uns das dachten. Evan ist ein aufstrebender Politiker, Gott aber macht ihn zum Retter wider Willen. Die flotte Komödie aus Hollywood mit einem unverwechselbaren Morgan Freeman als Gott höchstpersönlich bereitet großen und kleinen Leuten gleichermaßen Vergnügen und sorgt für Lachspaß sowie Tiefgang. Denn schließlich geht die Botschaft auch an uns: Gehorchten wir Gott, könnten wir wohl die Welt verändern.

Fahrraddiebe: Der in Schwarz-Weiß gedrehte Film stammt aus dem Jahr 1948, und doch rührt das Meisterwerk des italienischen Neorealismus bis heute unvermindert an: Einem Vater wird das Fahrrad gestohlen, das er für seine Arbeit braucht. Nun irrt er auf der Suche danach mit seinem kleinen Sohn durch die Gassen eines labyrinthischen Roms – bis er selbst zum Dieb wird. Das aber kennen wir! Denn auch unsere Moral verschiebt sich, je nachdem, was wir brauchen. Anschauen, aber Taschentücher nicht vergessen, weil es schmerzt, wenn der Glanz eines Vaters in den Augen seines Kindes zerbricht!

Gran Torino: Wer Autos mag und dazu Clint Eastwood, den Veteranen unter den Hollywoodschauspielern, kommt an *Gran Torino* kaum vorbei. Die Handlung, erzählt man sie nach, klingt härter, als es die visuelle Umsetzung hergibt: Bandenkriege, eine auf der Backe ausgedrückte

Zigarette, Prügeleien – das Leben in der Detroiter Vorstadtsiedlung könnte schwerlich trostloser ausfallen. Dabei ist *Gran Torino* ein überaus witziger Film, der zeigt: Es ist nie zu spät, das Leben zu lieben. Und andere gleich mit. Das liegt vor allem an Clint Eastwood, der sich nicht zu schade ist, einen hässlichen, alten Fiesling zu spielen, knurrig, wie ein ausgehungerter Kampfhund – mit gutem Kern, versteht sich.

Horton hört ein Hu: Der vergnügliche Animationsfilm über einen liebenswürdigen Elefanten, der die ganze staubkornkleine Welt der Hus beschützend auf seiner Rüsselspitze schaukelt, begeistert Kinder wie auch Erwachsene. Unschlagbar bleibt die Szene, in welcher der Bürgermeister seinen siebenundneunzig Kindern (sechsundneunzig Mädchen und ein Sohn) abends ein Glas Wasser ans Bett bringt. Doch neben allem Lachen beflügelt *Horton hört ein Hu* auch Gespräche mit all jenen, die wie die Kängurumutter behaupten: »Was man nicht sehen, nicht hören und nicht fühlen kann, gibt es nicht.« Aber ist dem wirklich so?

Ice Age: Die Eiszeit bricht an. Alle Tiere flüchten in den Süden, bis auf drei äußerst unterschiedliche (Jung-)Gesellen, die über ihrer Aufgabe, ein Menschenkind zu seinem Vater zurückzubringen, zu einer Herde zusammenwachsen. *Ice Age* bietet Kinospaß für die ganze Familie, obgleich der gewaltvolle Tod von Roshans Mutter (sie ertrinkt) besorgte Fragen aufwerfen mag (weshalb auch die FSK-Empfehlung ab null Jahren umstritten ist). Es könnte also durchaus geschehen, dass der Computeranimationsfilm Sie mitten in die schmerzlichen Seiten des Lebens hineinwirft – trotz herzhafter Lacher und einem anrührenden Happy End.

Italienisch für Anfänger: Vielleicht würden wir diese Helden eher übersehen, liefen sie uns über den Weg? Vom Alltag gebeutelt, manche verschüchtert und zart, andere grantig und grob, machen sie sich dennoch auf und lernen eine neue Sprache. Am Ende fahren alle gemeinsam nach Venedig – wie zu einem Fest. Denn auch viele kleine Schritte ergeben letztlich einen Weg, und das gilt auch für uns. Dass der Film den strengen Regeln des Dogma 95 folgt, stört wenig und manche lieben das ja auch. Sehr nervenaufreibend bleibt allerdings das Filmmenü, bei dem man die einzelnen Punkte wie in einem Buch anwählt. Das braucht Zeit und verlangt Umdenken – wo wir doch seit Langem gewöhnt sind, dass ein Klick genügt!

Johnny – Jeder Mensch hat eine Mission: Ein zehnjähriger Junge, so bibelfest wie ein Cowboy im Sattel, stirbt langsam an Leukämie. Und doch ist Johnny zutiefst davon überzeugt, dass Gott ihn liebt und für ihn noch eine Spezialmission hat.

Wer Bibelworte und Bekehrungen ohne jede Gefühlsduselei im Film erleben will, kommt hier gewiss auf seine Kosten. Das Drama (FSK 6) lässt sich auch gut mit älteren Kindern ansehen und bietet gerade wegen seines jungen Helden reichlich Gesprächsstoff für Eltern und Kinder sowie für all diejenigen, die sich angesichts von Schuld und menschlichem Versagen fragen, wie wir noch an einen Gott glauben können, der zu uns steht.

Stadt der Engel: Dieser Film erzählt vieles: wie kostbar es ist, ein Mensch zu sein, der schmecken, riechen und tasten kann – so kostbar, dass Engel vom Himmel fallen, weil sie sich danach sehnen; aber auch, dass manches wahr ist – ob wir daran glauben oder nicht. Und natürlich geht es auch um Liebe: Wenn Meg Ryan und Nicholas Cage (der allerdings die meiste Zeit mit Dackelblick und ungläubig geöffnetem Mund spielt) einander umkreisen und am Ende lediglich die wenigen Stunden, die ihnen vergönnt sind, dankbar annehmen können, bringt der Film seine Kernaussage auf den Punkt: Lebe jeden Augenblick deines Lebens voll und ganz. Ob allerdings eine Herzmassage am offenen Organ jedermanns Geschmack trifft, sei dahingestellt.

Vaya con Dios. Und führe uns in Versuchung: Drei Mönche verlassen die Abgeschiedenheit ihres Klosterlebens und brechen in eine unbekannte und von Versuchungen erfüllte Welt auf. Das spritzige Roadmovie, temporeich und wortgewandt, mit einer taktvollen Liebesszene und wunderbar anrührender Musik, gibt die Frage an uns weiter: Was ist Führung? Wo beginnt Verführung? Einziger Wermutstropfen bleibt das stark vereinfachte und schwarz-weiß gepinselte Bild des Jesuitenordens.

Wer früher stirbt, ist länger tot: Die herzerfrischende Sommerkomödie poltert unmittelbar aus dem bayerischen Oberland heran. Zwar braucht es *scho e meng*, um sich in den Dialekt hineinzufuchsen, doch gerade daraus bezieht der Film seine unverwechselbare Komik. Obwohl *Wer früher stirbt, ist länger tot* einen Elfjährigen zum Helden hat, ist der Film kein Kinderfilm, sondern eher etwas für diejenigen unter uns, die ihre Kindheit nicht vergessen haben: Erinnern Sie sich nicht auch mit Schaudern all der vielen Fragen, die wir nie zu stellen wagten und die sich deshalb nachts ins Unermessliche auswuchsen?

Wie auch wir vergeben: ... erzählt die wahre Begebenheit eines furchtbaren Amoklaufs. 2006 stürmte ein mit Gewehren bewaffneter Mann eine Schule der Amish und erschoss fünf Mädchen. Der Film beeindruckt vor allem durch das Schauspiel seiner beiden Hauptfiguren: Ida, die Mutter eines der getöteten Mädchen, die nicht verzeihen will und doch um Vergebung ringt, und Amy, die Ehefrau des Attentäters. Beider Schmerz berührt uns, weil wir ihnen abnehmen, was wir sehen.

Wie im Himmel: Stardirigent Daniel Daréus träumte schon als Kind davon, eine Musik zu machen, die die Herzen der Menschen berührt. Doch ehe er dies erleben darf, braucht es noch einiger Irrwege und eines kleinen schwedischen Kirchenchors, der ihn auf die rechte Fährte setzt. Wie aber steht es um unsere Träume? Und wer, bitteschön, liebt das Kind, das wir einmal waren? Ein gefühlvoller Film zum Seele-baumeln-Lassen, auch wenn Daniel am Ende stirbt. Das mag uns betrüben, aber die Musik überdauert schließlich sogar das.

Zeiten des Aufruhrs: Dieser Film ist nichts für Zartbesaitete, schließlich ist er auch kein Liebesfilm, sondern die ungeschönte Analyse einer in die Jahre gerutschten Ehe, bei der die immer gleichen Vorwürfe und Schimpftiraden allmählich in tiefe Sprachlosigkeit münden. Wer sich dem Streifen dennoch aussetzt, mag sich am Ende fragen, wie seine eigene Beziehung gelingen kann. Und vielleicht reden Eheleute ja dann wieder miteinander ...

Abspann: Im Dunkeln

Das Licht auf der Leinwand erlischt. Wir sind allein in jenem Raum, den Jesus »deine Kammer« (Matthäus 6,6) nannte, das *tameion*, die Vorratskammer, das noch nicht einmal ein Fenster besaß und in dem wir die Tür vor den anderen zuziehen – alleine mit Gott in unserem inneren Gemach.

Bilder, Töne und Worte mögen noch nachhallen.

Doch wenn auch sie verstummt sind, hebt eine andere Stimme an zu klingen, leise, fast wie ein Säuseln (1. Könige 19,12b) oder ein »verschwebendes Schweigen«, wie es der Religionsphilosoph Martin Buber ausdrückte.

Hören Sie es?

Credits: Vielen Dank!

Soli deo gloria! – schrieb Johann Sebastian Bach über seine Werke. Gott allein sei die Ehre! Aber die Güte Gottes und seine Hilfe, der wir nicht genug danken können, zeigen sich in unserem Leben auf vielfältige Weise und in vielerlei Gestalt. Deshalb sind hier nicht einmal annähernd alle Menschen genannt, denen mein herzlichster Dank gilt! Sie mögen es mir bitte nachsehen, *uncredited* ...

Die Idee zu diesem Buch ist über längere Zeit hinweg gereift. Sie hat sich entwickelt. Und verändert. Mein besonderer Dank gilt darum den Lektorinnen Annette Penno und Silke Gabrisch, die mich geistreich und geduldig begleiteten und mit bewundernswerter Klarsicht diesem Buch zu größerer Schärfe und Lesbarkeit verhalfen.

Ich bummelte gerade durch die Schluchten von New York City, als Silke Gabrischs Anfrage in meinen Mailkasten plumpste. Meine anfängliche Entzückung verwandelte sich allerdings rasch in Zittern und Zagen! Und doch hat sich während des Schreibens gezeigt, dass Filme tatsächlich in unser Leben hineinsprechen, sogar in meines! Dass sie Mut machen, weiterzugehen. Und anzufangen – jeden Tag aufs Neue. »Es gibt immer eine kleine Tat, die wir tun können«, sagt Gott alias Morgan Freeman in *Evan Allmächtig*, und das galt auch für den nächsten Buchstaben, den ich in den PC tippte.

Des Weiteren danke ich meiner Familie, die mich ertrug, auch wenn ich schmollte, weil die Worte sich vor mir verkrochen hatten. Mein innigster Dank gilt meinem Mann Martin, der mir manche freien Stunden ermöglichte, auch jene, in denen ich scheinbar zweckfrei durch die Museen der Stadt streifte und angesichts vieler fremder Bilder wieder mit eigenen Bildern angefüllt wurde. Darüber hinaus ist Martin der unvergleichlich kostbare, mir wohlgesonnene und dennoch unbestechliche Erstleser mancher meiner Schreibversuche. Danken möchte ich meinen vier Söhnen, die mir, wenn ich glaubte, nichts zu wissen und niemals fertig zu werden, sagten: »Ist doch klasse, Mama, dass du ein Buch schreibst!« (Auch wenn es mir leidtut, lieber Benni, dass es keine Gute-Nacht-Geschichten geworden sind!)

Dank sei meinen Eltern! Als ich vor vielen Jahren in Marburg und Bochum Filmwissenschaften und Theologie studierte, konnten sie nicht wissen, ob aus ihrer großzügigen finanziellen Zuwendung einmal etwas wie Frucht erwachsen würde. Manche Dinge brauchen eben ihre Zeit. »Der Traum im Frühling wird im Herbst Marmelade«, sagte Peter Bamm.

Dank an meine Freundin Carmen, die mir mit ihrer unvergleichlichen Offenheit Mut machte, dass es jemanden geben könnte, der all das einmal lesen würde. Ebenso Dank an Michaela, Bettina, Doris, Heike, Astrid, Almut, Eva, Rainer, Natascha und Andrea.

Dank an Anja, die immer für mich da ist!

Dank sei meinen Schwiegereltern für theologische Unterstützung und gesponserte Nackenmassagen!

Dank an meinen Hauskreis für alles Beten und Nachfragen. Im gemeinsamen Erzählen und Zuhören entdeckte ich vieles, was mir sonst verborgen geblieben wäre.

Danken möchte ich meinem wunderbaren Saxophonlehrer Michael Breitenbach, der mich glauben lehrte, dass es keinen Fehler gibt, außer dem, aufzuhören.

Dank an Yvonne Lützkendorf, meine bezaubernde Tanzlehrerin, die mir Muskeln zeigte, von denen ich zuvor nichts gewusst hatte. Es stimmt: Wir fallen um, aber wir stehen immer wieder auf!

Wäre er ein Mensch, würde ich auch meinem Hund danken, der nicht von meiner Seite weicht, sei es beim Lauf durch die Heide oder wenn er neben mir döst, während ich schreibe. Mit bemerkenswerter Gelassenheit erträgt er es, wenn ich beim Gassi stehenbleibe und Sätze ins Notizbuch kritzele.

Zu guter Letzt aber danke ich all denen, die das Wagnis eingingen, einen Film zu machen: Unversehens wurden ihre Werke, die ich wieder und wieder angesehen habe, selbst zu etwas, das mich ermutigte. Eine Lebenshilfe. Eine Begleitung.

«Denk daran«, erinnert Andy Dufresne seinen Freund in Frank Darabonts Film *Die Verurteilten*: »Hoffnung ist eine gute Sache, vielleicht die allerbeste; eine gute Sache stirbt niemals.« In diesem Sinne: Danke an alle, die Hoffnung verbreiten!